Resilienz und psychologische Schutzfaktoren im Erwachsenenalter

Stand der Forschung zu psychologischen Schutzfaktoren von Gesundheit im Erwachsenenalter

Jürgen Bengel und Lisa Lyssenko

Forschung und Praxis der Gesundheitsförderung Band 43

Bibliografische Information der Deutschen Bibliothek:
Die Deutsche Bibliothek verzeichnet diese Publikation in der Deutschen Nationalbibliografie; detaillierte bibliografische Daten sind im Internet über http://dnb.ddb.de abrufbar.

Die Beiträge in dieser Reihe geben die Meinung der Autorinnen und Autoren wieder, die von der Herausgeberin nicht in jedem Fall geteilt werden muss. Die Fachheftreihe ist als Diskussionsforum gedacht.

Forschung und Praxis der Gesundheitsförderung, Band 43
Resilienz und psychologische Schutzfaktoren im Erwachsenenalter – Stand der Forschung zu psychologischen Schutzfaktoren von Gesundheit im Erwachsenenalter. Köln: BZgA, 2012

Herausgeberin
Bundeszentrale für gesundheitliche Aufklärung (BZgA)
Ostmerheimer Str. 220, 51109 Köln
Tel.: 0221/8992-0
Fax: 0221/8992-300

Projektleitung
Stephan Blümel
E-Mail: stephan.bluemel@bzga.de

Die Bundeszentrale für gesundheitliche Aufklärung ist eine Fachbehörde im Geschäftsbereich des Bundesministeriums für Gesundheit.

Lektorat: René Zey, Frechen
Satz: Königsdorfer Medienhaus, Frechen
Druck: Warlich, Meckenheim

Auflage: 3.2.08.14

ISBN 978-3-942816-22-9

Band 43 der Fachheftreihe ist erhältlich unter der Bestelladresse BZgA, 51101 Köln,
und über Internet unter der Adresse http://www.bzga.de

Diese Broschüre wird von der BZgA kostenlos abgegeben. Sie ist nicht zum Weiterverkauf durch die Empfängerin/den Empfänger oder Dritte bestimmt.

Bestellnummer: 60643000

» Vorwort

Zentrales Anliegen der gesundheitlichen Aufklärung ist es, gesundheitliche Risiken und Belastungen so weit wie möglich zu vermindern. Verhaltensänderungen werden jedoch im Alltag von den Zielgruppen oftmals nur zum Teil umgesetzt und durchgehalten. Wissenschaftliche Erkenntnisse legen nahe, dass die Ausprägung psychologischer und psychosozialer Schutzfaktoren wie Optimismus, Selbstwirksamkeitserwartung, angemessenes Copingverhalten und soziale Unterstützung für die erfolgreiche Umsetzung und Beibehaltung von Einstellungs- und Verhaltensänderungen eine wichtige Funktion haben.

Die Stärkung von Schutz- und Resilienzfaktoren könnte dementsprechend die Wirkung von gesundheitsfördernden und präventiven Maßnahmen und auch die Fähigkeit von Menschen, sich für ein gesundheitsförderliches Lebensumfeld einzusetzen, verbessern.

Ziel der vorliegenden Expertise ist es, die wissenschaftliche Basis für eine solche Strategie zu verbreitern. Ausgangspunkt bildet Band 6 dieser Fachheftreihe mit dem Titel »Was erhält Menschen gesund?« zu Antonovskys Modell der Salutogenese. Die theoretische und empirische Weiterentwicklung der Salutogeneseforschung zu einer Schutz- und Resilienzforschung wurde zehn Jahre später für den Bereich Kinder und Jugendliche in Band 35 aufgegriffen.

In der aktuell vorgelegten Expertise beschreiben Jürgen Bengel und Lisa Lyssenko den Stand der Forschung zu psychologischen Schutz- und Resilienzfaktoren für die Gesundheit von Erwachsenen. Durch die systematische synoptische Aufbereitung des derzeitigen Wissens liegt nun auch für den Erwachsenenbereich eine aktuelle Grundlage für die Planung präventiver und gesundheitsfördernder Maßnahmen vor.

Köln, im September 2012

Prof. Dr. Elisabeth Pott
Direktorin der Bundeszentrale
für gesundheitliche Aufklärung

Inhalt

01

» Einleitung

Die Sichtweise der westlichen Industriegesellschaften auf Gesundheit und Krankheit ist durch eine überwiegend pathogenetische Betrachtungsweise gekennzeichnet: Im Mittelpunkt stehen Beschwerden, Symptome und Schmerzen der Patientinnen und Patienten. Schon früh in der Geschichte der Medizin hat es jedoch auch Anstrengungen gegeben, Krankheiten zu verhüten und Vorkehrungen zur Gesunderhaltung zu treffen. In den 1950er-Jahren wurde bei der Erforschung der koronaren Herzerkrankung ein Risikofaktorenmodell entwickelt, das seitdem als Beispiel und Basis für viele Präventivmaßnahmen gilt.

Ein wichtiger Meilenstein bei der Erweiterung dieser Perspektive auf Aspekte der Gesundheitsförderung und Gesunderhaltung war die Deklaration der Weltgesundheitsorganisation von Alma-Ata im Jahr 1978 (»Health for all«). Ein weiterer wichtiger Impuls ging vom Konzept der Salutogenese aus. Der Medizinsoziologe Aaron Antonovsky (1923–1994) hat dieses Konzept in die gesundheitswissenschaftliche und gesundheitspolitische Diskussion eingebracht und die Frage, warum Menschen gesund bleiben, in den Mittelpunkt seines Modells gestellt. Dieses Modell hat eine enorm stimulierende Wirkung auf die Forschung und die Praxis der Gesundheitsförderung entwickelt. Die Bundeszentrale für gesundheitliche Aufklärung hat Mitte der 1990er-Jahre eine Expertise zum Thema Salutogenese in Auftrag gegeben, um für einen breiten Adressatenkreis das Modell und die Forschungsbefunde in einer Zusammenfassung darzustellen und kritisch zu diskutieren. Seit der von Jürgen Bengel, Regine Strittmatter und Hildegard Willmann im Auftrag der BZgA veröffentlichten Expertise »Was erhält Menschen gesund?« (1998) wurden im deutschen Sprachraum verschiedene Bücher zum Konzept der Salutogenese veröffentlicht (zum Beispiel Bartsch und Bengel 1997, Bock 2010, Hafen 2007, Krause und Lorenz 2009, Lorenz 2004, Margraf, Siegrist und Neuner 1998, Schiffer 2009, Schüffel et al. 1998, Wydler, Kolip und Abel 2000).

Obwohl diese Werke die Fachdiskussion zur Salutogenese erweitern und komplettieren, sind keine grundlegenden Ergänzungen oder Veränderungen des Konzepts erfolgt. Die in den letzten Jahren veröffentlichten empirischen Forschungsarbeiten zum Konzept der Salutogenese konzentrieren sich – wie auch die Studien, die in der Expertise von 1998 bereits beschrieben wurden – vor allem auf den Zusammenhang zwischen dem Kohärenzgefühl (»sense of coherence«, SOC) und verschiedenen Maßen psychischer und körperlicher Gesundheit. Die Schlussfolgerung, dass das Gesamtkonzept Antonovskys in seiner Komplexität nicht empirisch bestätigt werden kann, ist heute weiterhin gültig.

Die Forschung zu gesundheitlichen Schutzfaktoren erfährt nicht nur unter dem Stichwort Salutogenese, sondern seit den 1970er-Jahren insbesondere unter dem Begriff »Resilienz« zunehmend Resonanz und Verbreitung. Der Begriff Resilienz bezeichnet dabei die psychische Widerstandsfähigkeit. Emmy Werner war eine der Ersten, die diese Widerstandskraft in ihrer Längsschnittstudie, die seit 1955 auf Kauai durchgeführt wurde, untersucht hat. Seit den 1990er-Jahren wurde dieser Forschungsschwerpunkt auf die Frage erweitert, was Erwachsene angesichts widriger Umstände gesund hält. Neben psychosozialen Faktoren wird heute auf verschiedenen Ebenen – unter anderem auf neurologischer, psychologischer und molekularbiologischer Ebene – nach Schutzfaktoren, Reparaturgenen und Puffermechanismen geforscht.

Die Befunde zur Wirkung dieser Schutzfaktoren im Kindes- und Jugendalter wurden 2008 im Auftrag der BZgA von Jürgen Bengel, Frauke Meinders-Lücking und Nina Rottmann zusammengetragen und bewertet (Bengel, Meinders-Lücking und Rottmann 2009). Einige der dort beschriebenen personalen Schutzfaktoren – wie zum Beispiel Widerstandsfähigkeit (»Hardiness«), dispositioneller Optimismus oder Selbstwirksamkeitserwartungen hinsichtlich gesundheitsbezogenen Verhaltens – scheinen auch im Erwachsenenalter eine protektive Funktion zu haben. Es werden jedoch darüber hinaus zusätzliche Faktoren diskutiert, die Erwachsene befähigen, stressreiche Erfahrungen ohne gesundheitliche Schäden zu bewältigen. Unter anderem unterscheiden sich die sozialen Schutzfaktoren im Erwachsenenalter von denen, die die Entwicklung von Kindern und Jugendlichen schützen.

Während die Forschung zu Schutzfaktoren im Kindes- und Jugendalter »gute Ergebnisse von Entwicklung« als Nachweis für die schützende Wirkung von einzelnen Faktoren annimmt (Masten 2001a), wird in der Forschung im Erwachsenenalter die erfolgreiche Bewältigung stressreicher und potenziell traumatischer Ereignisse als Zielgröße betrachtet. Gegenstand vieler Forschungsarbeiten sind dementsprechend Befragungen der Opfer von Katastrophen wie den Anschlägen vom 11. September 2001 oder anderen traumatischen Ereignissen wie zum Beispiel Kriegserlebnissen. Andere Arbeiten beschäftigen sich mit häufigeren Phänomenen wie der Reaktion auf den Tod einer nahe stehenden Person oder den Umgang mit körperlichen Erkrankungen. Angesichts dieser in Qualität und Intensität sehr unterschiedlichen Stressoren stellt sich noch stärker als bei den Schutzfaktoren bei Kindern und Jugendlichen die Frage, ob die oben genannten Schutzfaktoren eine generelle Wirkung haben oder spezifisch für bestimmte Situationen sind.

Die bereits erwähnte Expertise zur Salutogenese liegt inzwischen in mehreren Auflagen vor. Sie ist Arbeitsgrundlage für viele in der Prävention und Gesundheitsförderung tätige Personen. Obwohl explizit allgemeinverständlich verfasst, dient sie auch Kollegen aus der Wissenschaft als Nachschlagewerk und als Textbuch für den Unterricht. Da das Modell der Salutogenese weiterhin insbesondere für Akteurinnen und Akteure in der Prävention und Gesundheitsförderung eine große Bedeutung besitzt, sollte der Band aus dem Jahr 1998 nicht unverändert nachgedruckt, sondern neu bearbeitet werden. Eine Neuauflage unter dem Titel »Salutogenese« hätte jedoch die zwischenzeitliche Entwicklung unter dem Stichwort Resilienz nur unzureichend abgebildet.

Das vorliegende Fachheft dient als Weiterführung der Expertise zum Thema Salutogenese »Was erhält Menschen gesund?« von 1998 (Bengel, Strittmatter und Willmann 1998). Die Publikation richtet den Blick über die Salutogenese hinaus und bildet eine Ergänzung der Expertise zu den Schutzfaktoren bei Kindern und Jugendlichen für das Erwachsenenalter. Dabei soll deutlich werden, wie sich die psychosoziale Schutzfaktorenforschung nach dem wichtigen Impuls durch das Modell der Salutogenese heute darstellt.

In der vorliegenden Expertise werden Forschungsbefunde zu psychologischen Schutzfaktoren bei Erwachsenen zusammengetragen und gewichtet. Im Einzelnen werden die folgenden Aspekte bearbeitet:

- Welche psychosozialen Schutz- und Resilienzfaktoren werden untersucht?
- Welchen Stellenwert und welche wissenschaftliche Fundierung besitzen die Konzepte?
- Welche empirischen Belege liegen für Schutz- und Resilienzfaktoren vor?
- Welchen Stellenwert und Nutzen haben die Konzepte für die Prävention und Gesundheitsförderung?

Die Expertise konzentriert sich auf psychologische bzw. psychosoziale Faktoren. Gesellschaftliche und ökonomische Einflussgrößen können hier ebenso wenig berücksichtigt werden wie biologische und genetische Faktoren.

02

» Entstehungshintergrund der Schutzfaktorenforschung

Die aktuelle Forschung zu Resilienz und psychosozialen Schutzfaktoren baut, wie bereits in der Einleitung angedeutet, auf verschiedenen Forschungstraditionen auf. Erste Impulse zu einer Orientierung an Gesundheit und Gesundheitserhaltung kamen aus den Gesundheitswissenschaften. Antonovsky (1979a) nahm in seinem Konzept der »Salutogenese« einige dieser zentralen Entwicklungen und Strömungen auf, vor deren Hintergrund sein Modell betrachtet und interpretiert werden sollte. Unabhängig von den Entwicklungen in den Gesundheitswissenschaften bildete sich in den 1950er-Jahren, gewissermaßen als Nebenprodukt von Studien zur Entwicklungspsychologie bzw. -pathologie bei Kindern und Jugendlichen, eine mittlerweile interdisziplinäre Forschungsrichtung heraus; sie kann unter dem Oberbegriff »Resilienz« zusammengefasst werden. Die Forscherinnen und Forscher kamen damals zu dem unerwarteten Befund, dass sich manche Kinder trotz widriger Bedingungen zu gesunden Erwachsenen entwickelten (Werner 1993). Dieses scheinbare »Kuriosum« führte zu der Frage, welche Faktoren eine »gesunde« Entwicklung bedingen. Diese verschiedenen Ursprünge und Forschungstraditionen, aus denen sich die Forschung zu psychosozialen Schutzfaktoren speist, wirken sich bis heute bisweilen in Definitionsunterschieden und Kommunikationsschwierigkeiten zwischen einzelnen Forschergruppen aus und werden daher im Folgenden kurz dargestellt.

Entwicklungen in den Gesundheitswissenschaften

Zu Beginn des 19. Jahrhunderts entwickelte sich unter dem Einfluss naturwissenschaftlichen Denkens ein Krankheitsverständnis, das als »biomedizinisches Krankheitsmodell« bezeichnet wird (vgl.

zum Beispiel Faltermaier 1994). In diesem Modell wird davon ausgegangen, dass der menschliche Körper mit einer Maschine verglichen werden kann. Deren Funktionen können verstanden werden, indem die Organsysteme und -strukturen sowie die physiologischen Prozesse möglichst genau analysiert werden. Krankheitssymptome (körperliche Beschwerden und Veränderungen, aber auch psychische Auffälligkeiten) werden primär durch organische Defekte erklärt. Die Bestimmung, ob eine Person als krank bezeichnet werden kann, hängt dementsprechend davon ab, ob anatomische oder physiologische Veränderungen bzw. Defekte festgestellt werden können. Dieser traditionellen Definition von Gesundheit als Abwesenheit von Krankheit setzte die World Health Organization bereits 1948 eine idealtypische Definition entgegen (World Health Organization 1948). Gesundheit ist demnach ein Zustand des vollkommenen psychischen und physischen Wohlbefindens. Aktuelle sozialwissenschaftliche Definitionsversuche weisen ebenfalls darauf hin, dass Gesundheit auch positiv definiert werden und somit Aspekte des körperlichen und psychischen Wohlbefindens einschließen sollte.

Das System der Gesundheitsversorgung bzw. Krankenbehandlung ist bis heute stark vom biomedizinischen Modell geprägt. Im Mittelpunkt stehen die Beschwerden, Symptome oder Schmerzen der Patientinnen und Patienten. Die Behandlung zielt darauf ab, Beschwerden zu mildern und Defekte zu beheben. Das Modell impliziert die Gefahr, dass der leidende und kranke Mensch als Subjekt und Handelnder ausgeklammert bleibt. Obwohl in den letzten Jahrzehnten beeindruckende Erfolge in Diagnostik und Therapie vieler Erkrankungen erzielt wurden, ist von verschiedener Seite – insbesondere von den Sozialwissenschaften, der Psychologie und der Psychosomatik – Kritik an einer »Apparatemedizin« laut geworden, die aus einer zu engen Interpretation des biomedizinischen Modells resultierte. Gefordert wird eine Medizin, die nicht nur mit hohem technischen Aufwand diagnostiziert und behandelt, sondern die gesamte Person mit allen psychosozialen Aspekten in den Blick nimmt. Der Sozialmediziner Engel (1979) stellte dem biomedizinischen Krankheitsmodell ein erweitertes biopsychosoziales Modell gegenüber, in dem sowohl somatische (körperliche) als auch psychosoziale Faktoren zur Erklärung von Erkrankungen herangezogen werden. Sozialwissenschaftliche, psychologische und psychosomatische Forschungsbefunde belegen, dass psychische und soziale Faktoren eine wichtige Rolle bei der Entstehung und im Verlauf von Krankheiten spielen.

Parallel zur Entwicklung des biopsychosozialen Krankheitsmodells wurde in den 1970er-Jahren die Prävention von Krankheiten durch Konzepte der Gesundheitsförderung ergänzt. Basis für präventive Maßnahmen war bis dahin ausschließlich das Risikofaktorenmodell, das in den 1950er-Jahren bei der Erforschung der koronaren Herzerkrankung von Lebensversicherungsgesellschaften entwickelt worden war. Ziel der Präventionsmaßnahmen war die Reduktion sogenannter verhaltensgebundener Risikofaktoren (zum Beispiel Rauchen, Übergewicht, Bluthochdruck). Seit der WHO-Konferenz von Alma-Ata im Jahre 1978 und der ehrgeizigen Proklamation »Gesundheit für alle bis zum Jahr 2000« wurde zunehmend betont, Prävention im Rahmen eines mehrdimensionalen sozialökologischen Gesundheitsmodells zu sehen, das eine Erweiterung des Risikofaktorenmodells um psychosoziale Determinanten sowie umfeld- und verhältnisbezogene Faktoren vorsieht. Dieser Ansatz der Gesundheitsförderung wurde in der Ottawa-Charta der WHO (1986) in einem *Programm zur Gesundheitsförderung* (Health Promotion) konkretisiert. Einen weiteren Impuls zur Stärkung von Schutzfaktoren gab die WHO (1994) mit der Definition von zehn sogenannten »life skills« (Lebensfertigkeiten), die unter dem

Stichwort »Lebenskompetenzförderung« bei der Entwicklung von Interventions- und Präventionsprogrammen für Kinder und Jugendliche miteinbezogen werden sollten (siehe zur näheren Darstellung Bühler und Heppekausen 2005).

Historische Entwicklung der Resilienzforschung

Die Studien, die heute als Beginn der Resilienzforschung gelten, wurden in den 1950er-Jahren im Bereich der Entwicklungspsychologie bzw. -pathologie bei Kindern und Jugendlichen durchgeführt. Untersucht wurden die langfristigen Konsequenzen perinataler Komplikationen und risikoreicher Entwicklungsbedingungen für die individuelle Entwicklung und Anpassungsfähigkeit der Kinder. Lange Zeit bestimmte dieser Forschungszweig die Resilienzforschung. Die Frage nach gesund erhaltenden Faktoren wurde erst langsam auch auf das Erwachsenenalter ausgeweitet. Neben chronischen Stressoren wie widrigen Lebensumständen wurde zunehmend die Reaktion auf potenziell traumatische Ereignisse (»potentially traumatic events«, PTE) untersucht (Bonanno 2004).

Einige der frühen Studien zur gesunden Entwicklung von Kindern und Jugendlichen gelten als »die Klassiker« der Resilienzforschung. In der bekanntesten und umfassendsten Studie untersuchten Emmy Werner und Ruth Smith die gesamte Kohorte der 1955 auf Kauai (einer hawaiianischen Insel) geborenen Kinder und begleiteten sie über einen Zeitraum von 32 Jahren hinweg. Die Wissenschaftlerinnen kamen zu dem damals überraschenden Ergebnis, dass 72 von insgesamt 200 Kindern in der Hochrisikogruppe zu selbstständigen und erfolgreichen jungen Erwachsenen heranwuchsen, die sich durch eine positive, optimistische und verantwortungsvolle Lebenseinstellung auszeichneten (Werner 1993). Der britische Psychiater Michael Rutter (Rutter 2000) verglich zwischen 1964 und 1974 in einer epidemiologischen Studie Kinder auf der ländlichen Isle of Wight mit Kindern, die in der Londoner Innenstadt aufwuchsen. Glenn Elder (1974) untersuchte die Folgen der »Great Depression« nach dem Kurssturz an der New Yorker Börse am 24. Oktober 1929 auf die Entwicklung von Kindern und Jugendlichen durch den Vergleich zweier Kohorten aus bereits laufenden Längsschnittstudien, der Oakland Growth Study und der Berkeley Guidance Study. Norman Garmezy und seine Kollegen (Masten et al. 1995) untersuchten im »Minnesota Risk Research Project« von 1971 bis 1982 die Kinder psychisch kranker Eltern. Der hohe Anteil der Kinder, die man aus heutiger Sicht als resilient bezeichnen würde, veranlasste ihn, mit dem »Project Competence« erstmals eine Studie durchzuführen, in der gezielt nach den Faktoren gesucht wurde, mit denen diese positiven Entwicklungsergebnisse erklärt werden könnten (Garmezy, Masten und Tellegen 1984).

In diesen frühen Jahren der Resilienzforschung wurde eine gesunde Entwicklung angesichts schwerwiegender Risikofaktoren als Ausnahme betrachtet. Mit zunehmender empirischer Forschungsaktivität wurde jedoch deutlich, dass Resilienz ein verbreitetes Phänomen ist und die menschliche Psyche eine große Anpassungsfähigkeit besitzt (»ordinary magic«; Masten 2001a). Auch die ersten Studien zu Resilienz bei Erwachsenen zeigten, dass die Bewältigungsfähigkeiten aus dem Blickwinkel der pathogenetisch orientierten Modelle unterschätzt wurde; selbst nach der Konfrontation mit schwerwiegenden und katastrophalen Ereignissen bleiben in der Regel mindestens über die Hälfte der Betroffenen psychisch stabil (Bonanno 2004).

Phasen und Schwerpunkte der Resilienzforschung

Die Forschung zu Resilienz- und Schutzfaktoren im Kinder- und Jugendbereich vollzog sich in drei Phasen, in denen je unterschiedliche Fragestellungen im Vordergrund standen (O'Dougherty Wright und Masten 2006). Im Mittelpunkt der ersten Phase standen die Identifizierung von Faktoren, die zu einer günstigen Entwicklung beitragen, sowie die damit einhergehende (und bis heute andauernde) Diskussion über die Schlüsselkonzepte Resilienz, Vulnerabilität sowie Risiko- und Schutzfaktoren. In der zweiten Phase wandte die Forschung sich der Frage zu, wie diese Faktoren ihre protektive Wirkung entfalten. Es wurden dynamische und prozessorientierte Modelle entworfen und empirisch untersucht, um die komplexen Wirkmechanismen und Wechselwirkungen genauer zu erfassen. In dieser Phase, die bis heute andauert, wurden zwar vielfältige Wirkprozesse und Wechselwirkungen herausgearbeitet, ein umfassendes, differenziertes und empirisch fundiertes Modell konnte jedoch bislang nicht formuliert werden (siehe Bengel, Meinders-Lücking und Rottmann 2009). Etwa zeitgleich begann in einer dritten Phase die Entwicklung von Präventionsstrategien und Maßnahmen zur Förderung von Resilienz.

Aktuell wird von einer vierten Phase (»fourth wave«) der Resilienzforschung gesprochen (zum Beispiel Davydov, Stewart, Ritchie und Chaudieu 2010, Masten 2007), die die Forschung zu Resilienz bei Kindern wie auch bei Erwachsenen gleichermaßen betrifft. Der Fokus liegt nun auf der Entwicklung von Mehrebenenmodellen von Resilienz, in denen neben psychosozialen Merkmalen auch physiologische und neurobiologische Prozesse sowie Gen-Umwelt-Interaktionen berücksichtigt werden. Das Interesse an diesen Einflussfaktoren ist zwar nicht neu, jedoch sind die technologischen Möglichkeiten erst seit wenigen Jahren so weit verbreitet und verfügbar, dass Hypothesen zu ihrem Zusammenwirken in empirischen Studien getestet werden können (Masten 2007). Davydov und Kollegen (2010) entwerfen zum Beispiel in Analogie zum menschlichen Immunsystem ein theoretisches Modell, das individuelle (interne) und gesellschaftliche (externe) Mikro- und Makrofaktoren beinhaltet. Genotypische – also angeborene – und phänotypische – also erlernte und/oder in der Entwicklung und in Abstimmung mit der Umwelt ausgeprägte – Merkmale spielen dabei die zentrale Rolle und müssen dem Modell nach wiederum auf entsprechende Umweltbedingungen treffen, um adaptiv oder dysfunktional zu wirken. Eine besondere Herausforderung dieser vierten Phase der Resilienzforschung ist die Interdisziplinarität des Forschungsgegenstands. Es bedarf der Zusammenarbeit von Forscherinnen und Forschern der unterschiedlichsten Fachrichtungen, um Erkenntnisse auf neurologischer, psychologischer, molekularbiologischer und -genetischer Ebene zu integrieren und gleichzeitig Interaktionen dieser Faktoren mit der sozialen Umwelt zu berücksichtigen.

Die Schwerpunkte der ersten Phasen der Resilienzforschung sind in Studien zu Resilienz im Erwachsenenalter weniger deutlich voneinander abzugrenzen, da bereits auf Erkenntnisse zu protektiven Faktoren und Prozessen bei Kindern zurückgegriffen werden konnte. Neben der Identifizierung von Schutzfaktoren stehen hier insbesondere die Frage nach der differenziellen Wirksamkeit einzelner Schutzfaktoren in Abhängigkeit des kritischen Lebensereignisses bzw. der Art der chronischen Stressoren (siehe Kapitel 04.1.1) sowie die Frage nach der Entwicklung von Resilienz im Vordergrund. Bezüglich der Entwicklung von Resilienz wird einerseits diskutiert, wie sich einzelne Faktoren, die sich im Erwachsenenalter als protektiv erweisen, im Laufe der Kindheit und Jugend entwickeln bzw. wie sich der Einfluss von Faktoren, die in der Kindheit schützenden Charakter haben, im Erwachsenenalter auswirkt (siehe zum Beispiel Bengtsson und Mineau 2009, Watt, David, Ladd und Shamos 1995). Andererseits werden Theorien formuliert, die sowohl erklären sollen, wie sich die Widerstandsfähigkeit im Kontext lebensgeschichtlicher Erfahrungen entwickelt, als auch, welchen Einfluss das Erleben eines potenziell traumatischen Ereignisses auf zukünftige Anpassungsprozesse hat. Neben Autorinnen und Autoren, die in ihren Modellen auf (psycho-)biologische Ansätze zur Stressbewältigung zurückgreifen (zum Beispiel Logan und Barksdale 2008) gibt es auch Autorinnen und Autoren, die Resilienz als universelles Lebensprinzip konzeptualisieren. So geht zum Beispiel Richardson (2002) in Anlehnung an die transpersonale Psychologie davon aus, dass Resilienz aus einer dem Menschen innewohnenden Kraft resultiert, nach Selbstaktualisierung, Weisheit und Harmonie zu streben.

Bei der Erklärung der Resilienzentwicklung im Rahmen des Stressbewältigungsparadigmas wird im Wesentlichen von zwei Hypothesen ausgegangen: Abhärtungshypothese (toughening-hypotheses) und Stärkungshypothese (fortification-hypotheses) (Lepore und Revenson 2006). Nach der *Abhärtungshypothese* (zum Beispiel Dienstbier 1989) werden Individuen, die früh im Leben wiederholt mit Stressoren konfrontiert werden, gleichsam geimpft und können im weiteren Lebenslauf besser auf Stressoren reagieren. Nach der *Stärkungshypothese* bilden positive Erfahrungen (zum Beispiel Fredrickson und Joiner 2002) und die Abwesenheit von negativen Erfahrungen (Collishaw et al. 2007) eine sichere Basis, die es ermöglicht, besser mit belastenden Ereignissen umzugehen. Davydov und Kollegen (2010) weisen darauf hin, dass in beiden Theorien von einer Dosis-Wirkungs-Beziehung ausgegangen werden sollte. Das Aufwachsen in einer sehr geschützten Umgebung kann dazu führen, dass Individuen eine niedrige Stresstoleranzschwelle entwickeln und dementsprechend schon bei moderaten Stressoren Anpassungsprobleme bekommen. Aber auch extrem belastende Erfahrungen wie chronische Stressoren oder Traumata können die Stresstoleranzschwelle senken und damit die Resilienz gegenüber anderen zusätzlichen Stressoren schwächen (siehe auch Lepore und Evans 1996).

03

Salutogenetische Perspektive

03.1 Modell der Salutogenese

Die salutogenetische Fragestellung

Warum bleiben Menschen – trotz vieler potenziell gesundheitsgefährdender Einflüsse – gesund? Wie schaffen sie es, sich von Erkrankungen wieder zu erholen? Was ist das Besondere an Menschen, die trotz extremster Belastungen nicht krank werden? Der israelische Medizinsoziologe Aaron Antonovsky (1923–1994) hat für diese Perspektive den Neologismus »Salutogenese« geprägt (salus, lat. = Unverletztheit, Heil, Glück; genesis, griech. = Entstehung), um den Gegensatz zur bisher dominierenden »Pathogenese« des biomedizinischen Ansatzes und des derzeitigen Krankheitsmodells, aber auch des Risikofaktorenmodells hervorzuheben. Salutogenese bedeutet für Antonovsky nicht nur die Kehrseite einer pathogenetisch orientierten Sichtweise (Antonovsky 1989). Pathogenetisch denken heißt, sich mit der Entstehung und Behandlung von Krankheiten zu beschäftigen. Salutogenese bedeutet nicht das Gegenteil in dem Sinne, dass es nun um die Entstehung und Erhaltung von Gesundheit als einem absoluten Zustand geht. Antonovsky geht von einem Kontinuum mit den Polen Gesundheit und körperliches Wohlbefinden auf der einen und Krankheit und körperliches Missempfinden auf der anderen Seite aus (»health ease/dis-ease continuum[1]«). Die beiden Pole »völlige Gesundheit« oder »völlige Krankheit«

1 Die genaue Wortbedeutung lässt sich nicht übersetzen: Ease bedeutet Wohlbehagen, disease bedeutet Krankheit. Wörtlich könnte man es als Unbehagen, Unwohlsein (dis-ease) übersetzen.

sind für lebende Organismen kaum darstellbar. Jeder Mensch, auch wenn er sich überwiegend als gesund erlebt, hat ebenso kranke Anteile, und solange Menschen am Leben sind, müssen Teile von ihnen auch noch gesund sein: »Wir sind alle terminale Fälle. Aber solange wir einen Atemzug Leben in uns haben, sind wir alle bis zu einem gewissen Grad gesund« (Antonovsky 1989, S. 53). Die Frage ist dann nicht mehr, ob jemand gesund oder krank ist, sondern wie weit entfernt bzw. wie nahe er den Endpunkten Gesundheit und Krankheit jeweils ist. Antonovsky will also nicht auf die pathogenetisch orientierten Fragestellungen der medizinischen Forschung verzichten, sondern sieht in der salutogenen Blickrichtung eine wichtige und unverzichtbare Erweiterung. Salutogenese und Pathogenese ergänzen sich demnach in ihren Fragestellungen.

In einer Metapher vergleicht Antonovsky die vorherrschende Denk- und Handlungsprämisse der Medizin mit der salutogenetischen Perspektive: Die pathogenetische Herangehensweise möchte Menschen mit hohem Aufwand aus einem reißenden Fluss retten, ohne sich darüber Gedanken zu machen, wie sie da hineingeraten sind und warum sie nicht besser schwimmen können. Antonovsky benutzt für die Salutogenese eine andere Version dieser Metapher und fragt: »Wie wird man, wo immer man sich in dem Fluss befindet, dessen Natur von historischen, soziokulturellen und physikalischen Umweltbedingungen bestimmt wird, ein guter Schwimmer?« (Antonovsky 1997; Übersetzung durch Franke, Elsesser und Sitzler 1997, S. 92).

In diesen Bildern werden verschiedene Ebenen deutlich, die die Arbeit Antonovskys und auch die Diskussion um seine Ideen prägen: Die Metapher des Flusses als Abbild des Lebens und die Vorstellung, dass ein Mensch immer in einem mehr oder weniger gefährlichen Fluss schwimmt, spiegeln seine philosophischen Anschauungen wider. Ob Menschen kurz vor dem Ertrinken aus dem Fluss gezogen werden, ob der Flusslauf entschärft oder den Menschen das Schwimmen beigebracht wird, hängt von gesellschaftlichen und gesundheitspolitischen Rahmenbedingungen und Voraussetzungen ab. Die individuelle Fähigkeit »zu schwimmen« entspricht einer Persönlichkeitseigenschaft, die von Antonovsky Kohärenzgefühl (»sense of coherence«, SOC) genannt wird. Die Verknüpfung der verschiedenen Eigenschaften des Flusses und der schwimmenden Menschen ergibt sein im Kern psychologisches Modell zur Erklärung von Gesundheit.

Antonovskys Vorstellung über die Entstehung von Gesundheit ist von systemtheoretischen Überlegungen beeinflusst: Gesundheit ist danach kein normaler, passiver Gleichgewichtszustand, sondern ein labiles, aktives und sich dynamisch regulierendes Geschehen. Der Verlust von Gesundheit ist nach Antonovsky ein natürlicher und allgegenwärtiger Prozess; der Mensch ist jedoch in der Lage, immer wieder gesünder zu werden. »Der salutogenetische Ansatz betrachtet den Kampf in Richtung Gesundheit als permanent und nie ganz erfolgreich« (Antonovsky 1993a, S. 10). Allerdings bezieht sich Antonovsky in seinem Modell fast ausschließlich auf das körperliche Befinden und äußert sich sehr zurückhaltend über mögliche Beziehungen seiner Modellkomponenten zu Aspekten psychischer Gesundheit.

Antonovsky richtet sein Interesse nicht auf spezifische Symptome, sondern auf die Tatsache, dass ein Organismus seine Ordnung nicht mehr aufrechterhalten kann. Die genaue Art der Störung interessiert ihn dabei nicht. Antonovsky prägte hierfür den Begriff Zusammenbruch (»breakdown«) des Organismus (Antonovsky 1972). Anstatt der ausschließlichen Bekämpfung krank machender Einflüsse setzt der salutogenetische Ansatz zusätzlich auf die Stärkung von Ressourcen, um den Organismus gegen schwächende Einflüsse widerstandsfähiger zu machen. Das ressourcenorientierte Denken veranlasst zur Berücksichtigung der ganzen Person mit ihrer Lebensgeschichte sowie zur Beachtung des gesamten Systems, in dem die Person lebt (Antonovsky 1993b). Die individuelle Geschichte einer Person ist deshalb wichtig, weil sich nur in Kenntnis aller Lebensaspekte einer Person die Ressourcen auffinden und fördern lassen, die zur Genesung der Person beitragen können.

Das salutogenetische Modell der Gesundheit und das Kohärenzgefühl

Der Gesundheits- bzw. Krankheitszustand eines Menschen wird nach Antonovsky wesentlich durch eine individuelle psychologische Einflussgröße bestimmt: eine allgemeine sowohl kognitive als auch affektiv-motivationale Grundhaltung eines Individuums gegenüber der Welt und dem eigenen Leben – eine Weltanschauung, wie Antonovsky es einmal unter Verwendung dieses deutschen Wortes beschreibt (Antonovsky 1993c, S. 972). Diese Grundhaltung bezeichnet er als Kohärenzgefühl (»sense of coherence«, SOC). Kohärenz bedeutet Zusammenhang und Stimmigkeit. Je ausgeprägter das Kohärenzgefühl einer Person ist, desto gesünder sollte sie sein bzw. desto schneller sollte sie gesund werden und bleiben.

Das Kohärenzgefühl ist »eine globale Orientierung, die das Ausmaß ausdrückt, in dem jemand ein durchdringendes, überdauerndes und dennoch dynamisches Gefühl des Vertrauens hat, dass erstens die Anforderungen aus der inneren oder äußeren Erfahrenswelt im Verlauf des Lebens strukturiert, vorhersagbar und erklärbar sind und dass zweitens die Ressourcen verfügbar sind, die nötig sind, um den Anforderungen gerecht zu werden. Und drittens, dass diese Anforderungen Herausforderungen sind, die Investition und Engagement verdienen« (Antonovsky 1993a, S. 12; Übersetzung durch Franke und Broda).

Das Kohärenzgefühl setzt sich aus drei Komponenten zusammen:

a) *Gefühl von Verstehbarkeit* (sense of comprehensibility)
Diese Komponente beschreibt die Erwartung bzw. Fähigkeit von Menschen, Stimuli – auch unbekannte – als geordnete, konsistente, strukturierte Informationen verarbeiten zu können und nicht mit Reizen konfrontiert zu sein bzw. zu werden, die chaotisch, willkürlich, zufällig und unerklärlich sind. Mit Verstehbarkeit meint Antonovsky also ein kognitives Verarbeitungsmuster.

b) *Gefühl von Handhabbarkeit bzw. Bewältigbarkeit* (sense of manageability)
Diese Komponente beschreibt die Überzeugung eines Menschen, dass Schwierigkeiten lösbar sind. Antonovsky nennt dies auch instrumentelles Vertrauen und definiert es als das »Ausmaß, in dem man wahrnimmt, dass man geeignete Ressourcen zur Verfügung hat, um den Anforderungen zu begegnen« (Antonovsky 1997; Übersetzung durch Franke, Elsesser und Sitzler 1997, S. 35). Dabei betont Antonovsky, dass es nicht nur darum geht, über eigene Ressourcen und Kompetenzen verfügen zu können. Auch der Glaube daran, dass andere Personen oder eine höhere Macht dabei helfen, Schwierigkeiten zu überwinden, ist damit gemeint. Ein Mensch, dem diese Überzeugung fehlt, gleicht dem ewigen Pechvogel, der sich immer wieder schrecklichen Ereignissen ausgeliefert sieht, ohne etwas dagegen unternehmen zu können. Antonovsky betrachtet das Gefühl von Handhabbarkeit als kognitiv-emotionales Verarbeitungsmuster.

c) *Gefühl von Sinnhaftigkeit bzw. Bedeutsamkeit* (sense of meaningfulness)
Diese Dimension beschreibt das »Ausmaß, in dem man das Leben als emotional sinnvoll empfindet: Dass wenigstens einige der vom Leben gestellten Probleme und Anforderungen es wert sind, dass man Energie in sie investiert, dass man sich für sie einsetzt und sich ihnen verpflichtet, dass sie

eher willkommene Herausforderungen sind als Lasten, die man gerne los wäre« (Antonovsky 1997; Übersetzung durch Franke, Elsesser und Sitzler 1997, S. 36). Antonovsky sieht diese motivationale Komponente als die wichtigste an. Ohne die Erfahrung von Sinnhaftigkeit und ohne positive Erwartungen an das Leben ergibt sich trotz einer hohen Ausprägung der anderen beiden Komponenten kein hoher Wert des gesamten Kohärenzgefühls. Ein Mensch ohne Erleben von Sinnhaftigkeit wird das Leben in allen Bereichen nur als Last empfinden und jede weitere Aufgabe, die sich stellt, als zusätzliche Qual.

Ein stark ausgeprägtes Kohärenzgefühl führt nach Antonovsky (Antonovsky 1997) dazu, dass ein Mensch flexibel auf Anforderungen reagieren kann. Er aktiviert die für diese spezifischen Situationen angemessenen Ressourcen. Ein Mensch mit einem gering ausgeprägten Kohärenzgefühl wird hingegen Anforderungen eher starr und rigide beantworten, da er weniger Ressourcen zur Bewältigung hat bzw. wahrnimmt. Das Kohärenzgefühl wirkt also als flexibles Steuerungsprinzip, das nicht mit Copingstilen gleichzusetzen ist, sondern eine übergeordnete und steuernde Funktion einnimmt (Antonovsky 1993c).

Generalisierte Widerstandsressourcen

Ob sich ein starkes oder ein schwaches Kohärenzgefühl herausbildet, hängt für Antonovsky vor allem von den gesellschaftlichen Gegebenheiten, das heißt von der Verfügbarkeit sogenannter »generalisierter Widerstandsressourcen«, ab (Antonovsky 1993a). Damit meint Antonovsky ein breites Spektrum an Variablen, die eine erfolgreiche Bewältigung von Stressoren aller Art erleichtern und dadurch einen Einfluss auf den Erhalt oder die Verbesserung von Gesundheit haben. Hierunter fallen sowohl individuelle (zum Beispiel körperliche Faktoren, Intelligenz, Bewältigungsstrategien) als auch soziale und kulturelle Faktoren (zum Beispiel soziale Unterstützung, finanzielle Möglichkeiten, kulturelle Stabilität). »Generalisiert« bedeutet, dass sie in Situationen aller Art wirksam werden. »Widerstand« meint hier, dass die Ressourcen die Widerstandsfähigkeit der Person erhöhen. »Das Gemeinsame an allen generalisierten Widerstandsressourcen sei, so schlug ich vor, den unzähligen uns ständig treffenden Stressoren eine Bedeutung zu erteilen« (Antonovsky 1989).

Sind generalisierte Widerstandsressourcen vorhanden, die wiederholt konsistente Erfahrungen ermöglichen und die Einflussmöglichkeiten sowie eine Balance von Über- und Unterforderung beinhalten, dann entsteht mit der Zeit ein starkes Kohärenzgefühl (Antonovsky 1989). Erfahrungen, die überwiegend durch Unvorhersehbarkeit, Unkontrollierbarkeit und Unsicherheit geprägt sind, führen zu einem schwachen Kohärenzgefühl. Das heißt jedoch nicht, dass ein Mensch nie Unsicherheit und Unvorhergesehenes erfahren darf, um ein hohes Kohärenzgefühl zu erwerben. Für die Entwicklung eines starken Kohärenzgefühls ist nach Antonovsky ein ausgewogenes Verhältnis von Konsistenz und Überraschung, von lohnenden und frustrierenden Ereignissen erforderlich.

Stressoren und Spannungszustand

In Anlehnung an Lazarus (1966) vertritt Antonovsky ein Stresskonzept, in dem Stressoren nicht mehr grundsätzlich als krank machend angesehen werden, sondern als Stimuli, die einen physiologischen Spannungszustand (psychophysische Aktivierung) herbeiführen. Die Bewältigung dieser Spannungszustände ist für Antonovsky die zentrale Aufgabe des Organismus. Gelingt die Spannungsbewältigung, so hat dies eine gesund erhaltende bzw. gesundheitsförderliche Wirkung. Misslingt die Spannungsbewältigung, dann entsteht »Stress« (Belastung, Belastungsfolgen). Da Spannungsbewältigung nicht immer gelingen kann, sind Stressreaktionen und belastende Situationen ein allgegenwärtiges Phänomen. Dabei muss die entstandene Stressreaktion nicht zwangsläufig gesundheitsschädigende Folgen haben. Erst zusammen mit vorhandenen Krankheitserregern, Schadstoffen und körperlichen Schwachstellen führt die Stressreaktion zur Schwächung der körperlichen Gesundheit.

Wird ein Individuum mit einem Stressor konfrontiert, hat nach Antonovsky das Kohärenzgefühl entscheidenden Einfluss darauf, ob der Spannungszustand zu einer Belastung wird. Der SOC (sense of coherence) wirkt einerseits, indem er der Person mit einem starken SOC erlaubt, manche Reize als neutral zu bewerten, die eine andere Person mit schwächerem SOC als spannungserzeugend erfahren würde (sogenannte primäre Bewertung I[2]). Wenn aber eine Person mit hohem SOC einen Reiz als Stressor bewertet, dann kann sie unterscheiden, ob der Stressor bedrohlich, günstig oder irrelevant ist (sogenannte primäre Bewertung II). Die Bewertung als günstig oder irrelevant bedeutet, dass die Person annimmt, dass sich die wahrgenommene Anspannung auch ohne das Aktivieren von Ressourcen auflösen wird. Auch wenn der Stressor als potenziell bedrohlich definiert wird, wird eine Person mit hohem SOC durch ihr grundlegendes Vertrauen in die Bewältigbarkeit von Situationen geschützt – sie reagiert mit situationsangemessenen und zielgerichteten Gefühlen (zum Beispiel Ärger über einen bestimmten Sachverhalt). Personen mit schwachem SOC reagieren dagegen eher mit diffusen, schwer zu regulierenden Emotionen (zum Beispiel »blinde« Wut), die keine Handlungsmöglichkeiten eröffnen (sogenannte primäre Bewertung III).

In Antonovskys Modell hat das Kohärenzgefühl in seiner Funktion als Filter bei der Verarbeitung von Informationen dementsprechend sowohl direkten als auch indirekten Einfluss auf die körperliche Gesundheit. Es wirkt direkt auf verschiedene Systeme des Organismus (Zentralnervensystem, Immunsystem, Hormonsystem), da die vorgenommene Bewertung komplexe Reaktionen auf verschiedenen Ebenen auslöst. Außerdem mobilisiert das Kohärenzgefühl vorhandene Ressourcen und wirkt damit indirekt auf die physiologischen Systeme der Stressverarbeitung. Zuletzt geht Antonovsky davon aus, dass Menschen mit einem ausgeprägten Kohärenzgefühl eher in der Lage sind, sich gezielt für gesundheitsförderliche Verhaltensweisen zu entscheiden (zum Beispiel gesunde Ernährung, rechtzeitig eine Ärztin oder einen Arzt aufsuchen, an Vorsorgeuntersuchungen teilnehmen) und gesundheitsgefährdende Verhaltensweisen zu vermeiden.

Das Modell im Überblick und Zusammenspiel der Modellkomponenten

Abbildung 1 zeigt die vereinfachte Darstellung des Salutogenesemodells. Der zentrale Faktor für die Erklärung gesund erhaltender bzw. gesundheitsfördernder Prozesse ist das Konzept des Kohärenzgefühls.

- *Pfeil A:* Das Kohärenzgefühl entwickelt sich nach Antonovsky im Laufe der Kindheit und Jugend und wird durch Lebenserfahrungen geformt, die möglichst konsistent sind, die eine wirksame Einflussnahme der Person erlauben und die weder übernoch unterfordern.
- *Pfeil B:* Solche Lebenserfahrungen werden durch das Vorhandensein von sogenannten generalisierten Widerstandsressourcen (wie zum Beispiel körperliche Faktoren, Intelligenz, Bewältigungsstrategien, soziale Unterstützung, finanzielles Vermögen oder kulturelle Faktoren) ermöglicht.

---

2 Antonovsky bezieht sich hier auf die »primäre Bewertung« als Element des transaktionalen Stressmodells nach Lazarus (1966).

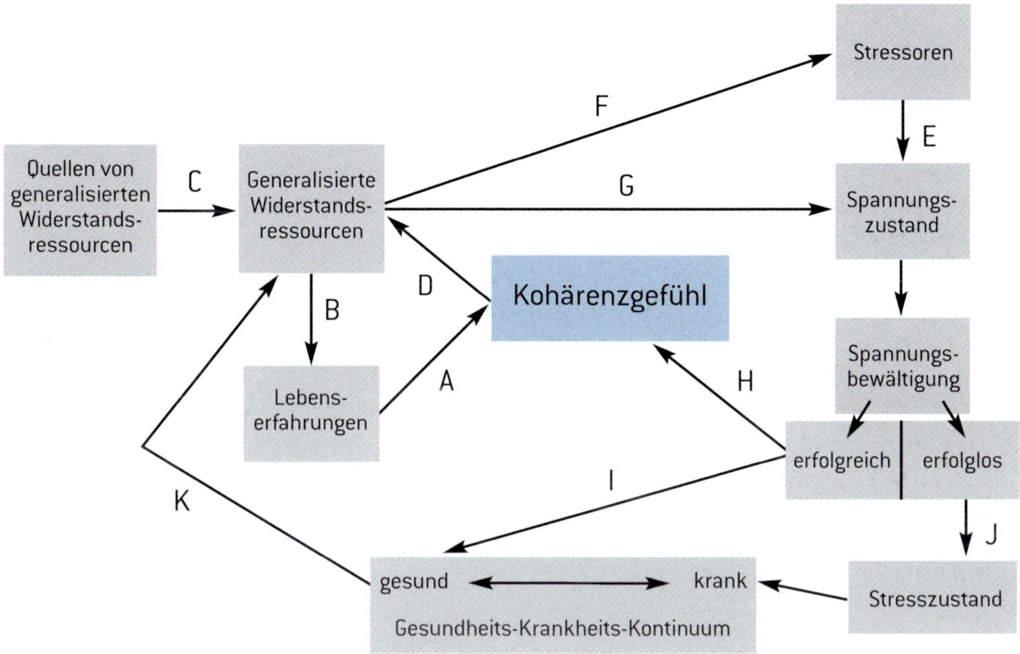

» Abb. 1: Vereinfachte Darstellung des Modells der Salutogenese (nach Antonovsky)

- *Pfeil C:* Die Entstehung bzw. das Vorhandensein von Widerstandsressourcen hängt vom jeweiligen soziokulturellen und historischen Kontext und den darin vorherrschenden Erziehungsmustern und sozialen Rollen ab. Einen Einfluss haben aber auch persönliche Einstellungen und schließlich auch zufällige Ereignisse.
- *Pfeil D:* Inwieweit diese einmal entstandenen generalisierten Widerstandsressourcen mobilisiert werden können, hängt von der Stärke des Kohärenzgefühls ab. Hier besteht also eine Rückbezüglichkeit, die schnell zu einem Teufelskreis werden kann: Sind zu wenig Widerstandsressourcen vorhanden, dann beeinflusst dies die Entstehung des Kohärenzgefühls negativ; ein niedriges Kohärenzgefühl wiederum verhindert die optimale Nutzung der vorhandenen Widerstandsressourcen.
- *Pfeil E:* Stressoren konfrontieren den Organismus mit nicht automatisch beantwortbaren Reizen und lösen daher Spannungszustände aus.
- *Pfeile F und G:* Die mobilisierten Widerstandsressourcen beeinflussen den Umgang mit den Stressoren und den Spannungszustand.
- *Pfeil H:* Auch hier besteht wieder ein Rückbezug: Das Gelingen der Spannungsreduktion hat eine stärkende Wirkung auf das Kohärenzgefühl.
- *Pfeil I:* Aufgrund der erfolgreichen Spannungsreduktion bleibt der Gesundheitszustand bzw. die Lokalisation auf dem Gesundheits-Krankheits-Kontinuum erhalten.

- *Pfeil J:* Erfolgloses Spannungsmanagement führt hingegen zu einem Stresszustand. Dieser Stresszustand steht in Wechselwirkung mit vorhandenen pathogenen Einflüssen und Vulnerabilitäten und wirkt sich damit negativ auf die Position auf dem Gesundheits-Krankheits-Kontinuum aus.
- *Pfeil K:* Eine günstige Position auf dem Gesundheits-Krankheits-Kontinuum erleichtert den Erwerb neuer Widerstandsressourcen.

» 03.2 Empirische Befunde und kritische Würdigung

Das Modell der Salutogenese sowie der Nutzen des Konzepts für verschiedene Anwendungsfelder wurde 1998 für die BZgA unter dem Titel »Was erhält Menschen gesund? Antonovskys Modell der Salutogenese – Diskussionsstand und Stellenwert« ausführlich dargestellt und diskutiert (Bengel, Strittmatter und Willmann 1998). Die Popularität des Konzepts ist insbesondere in der Gesundheitsförderung weiter ungebrochen. Die von Antonovsky entwickelte Skala zur Messung des Kohärenzgefühls (Sense of Coherence Scale) wurde mittlerweile in 33 Sprachen übersetzt und in 32 Ländern auf der ganzen Welt eingesetzt, darunter neben Europa und Nordamerika auch Länder wie Thailand, China, Japan und Südafrika (Eriksson und Lindström 2005). Die beiden psychologischen Datenbanken PsychInfo und Psyndex listen für die Jahre 1997–2010 über 800 Veröffentlichungen von empirischen Untersuchungen in Zeitschriften mit »peer-review«-Verfahren auf. Der Schwerpunkt der Forschung in diesem Bereich liegt jedoch nicht in den USA, sondern in Europa und dort vor allem in den skandinavischen Ländern und Großbritannien.

Der aktuellste systematische Review von Studien zum Modell der Salutogenese bzw. dem Konstrukt des Kohärenzsinns stammt von Monica Eriksson und Bengt Lindström (Eriksson und Lindström 2005, 2006, 2007) und schließt 458 Studien und 13 Dissertationsschriften in Englisch oder einer skandinavischen Sprache aus den Jahren 1992 bis 2003 ein, die mit dem Fragebogen zum SOC gearbeitet haben sowie einem methodischen Mindeststandard entsprechen (Eriksson und Lindström 2006). Obwohl in diesem Review, verglichen mit der Überblicksarbeit von Bengel, Strittmatter und Willmann (1998), mehr Studien aus einem längeren Zeitraum eingeflossen sind, kommen Autorin und Autor im Hinblick auf den Zusammenhang von Kohärenzgefühl und verschiedenen Parametern psychischer und physischer Gesundheit zu ähnlichen Schlussfolgerungen (Eriksson und Lindström 2006).

Nach wie vor ist das Gesamtmodell der Salutogenese so gut wie gar nicht Gegenstand empirischer Überprüfung, was in Anbetracht der Komplexität des Modells auch verständlich ist. Die veröffentlichten Studien beschäftigen sich vorwiegend mit eng umschriebenen Zusammenhängen zwischen dem zentralen Konstrukt des Modells – dem Kohärenzgefühl – und einer langen Liste von Gesundheits- oder Krankheitsparametern. Diese Eingrenzung auf diese Komponente des Modells ist so verbreitet, dass eine Literatursuche unter dem Stichwort »salutogenesis« nur einen Bruchteil der Resultate der Suche nach dem Schlagwort »sense of coherence« liefert und Antonovskys Modell selbst in einigen Veröffentlichungen nicht »Salutogenesetheorie«, sondern »sense of coherence theory« genannt wird (zum Beispiel Griffiths 2009).

Antonovskys Annahme, das Kohärenzgefühl habe einen direkten Einfluss auf die körperliche Gesundheit und sei mit der psychischen Gesundheit nur indirekt verknüpft, konnte empirisch nicht bestätigt werden. Im Gegenteil: Über die Studien hinweg zeigt sich ein hoher negativer Zusammenhang mit Konstrukten, die mit der Symptomatik psychischer Störungen assoziiert sind – wie Ängstlichkeit, Depressivität, Burn-out, Hoffnungslosigkeit und wahrgenommene Belastungen. Gleichzeitig besteht ein hoher positiver Zusammenhang mit Maßen psychischen Wohlbefindens wie Lebensqualität, Optimismus, Widerstandsfähigkeit, Selbstvertrauen, Selbstwirksamkeitserwartungen und Kontrollüberzeugungen (Eriksson und Lindström 2006, 2007). Der Zusammenhang zwischen dem Kohärenzgefühl und (objektiven) Maßen der körperlichen Gesundheit ist hingegen weniger eindeutig (vgl. Bengel, Strittmatter und Willmann 1998, Eriksson und Lindström 2006, Flensborg-Madsen, Ventegodt und Merrick 2005). Eriksson und Lindström (2006) gehen davon aus, dass die Wirkung des SOC auf die physische Gesundheit komplexer ist als in Antonovskys Modell angenommen. Andere Autorinnen und Autoren (zum Beispiel Flensborg-Madsen et al. 2005) erklären den fehlenden Zusammenhang mit der inhaltlichen Konzeptualisierung des Kohärenzgefühls in der »Sense of Coherence Scale«.

Der hohe Zusammenhang zwischen dem Kohärenzgefühl und Maßen psychischer Gesundheit wirft die Frage auf, wie hoch die Überschneidung zwischen den jeweiligen Konstrukten ist. Schon die Beschreibung eines sehr niedrig ausgeprägten Kohärenzgefühls weist eine deutliche Nähe zu kognitiven, emotionalen und motivationalen Symptomen bei Depression auf: Ressourcen werden nicht gesehen, auf Anforderungen kann nicht flexibel und situationsangepasst reagiert werden, das Leben erscheint sinnlos. In einer israelischen Studie konnte gezeigt werden, dass Kohärenzgefühl und psychische Gesundheit zwar hoch korrelieren, aber unabhängige Konstrukte darstellen (Cohen und Savaya 2003). Zukünftige Studien sollten klären, wie hoch die praktische Relevanz dieser Unabhängigkeit ist, das heißt, ob die Messung des Kohärenzgefühls zusätzlichen Informationsgewinn gegenüber Konstrukten (wie zum Beispiel Depressivität) mit langer und intensiver Forschungstradition mit sich bringt.

Eine wesentliche Einschränkung bei der Diskussion um die empirische Fundierung des Salutogenesemodells war und ist die Tatsache, dass es sich bei dem überwiegenden Teil der publizierten Studien um Querschnittsuntersuchungen handelt (zum Beispiel Bengel, Strittmatter und Willmann 1998, Blättner 2007, Faltermaier 2000). Die dort ermittelten Korrelationen eignen sich nicht zum Nachweis, dass das Kohärenzgefühl ein ursächlicher Faktor (das heißt die Voraussetzung oder Ursache) für Gesundheit und Gesunderhaltung ist. Mittlerweile liegt eine Reihe von Längsschnittstudien vor, deren Zeitrahmen sich zwischen einem und 19 Jahren bewegt (zum Beispiel Kalimo, Pahkin und Mutanen 2002, Kivimäki, Feldt, Vahtera und Nurmi 2000, Kouvonen et al. 2010, Nilsson, Holmgren, Stegmayr und Westman 2003, Richardson und Ratner 2005, Santavirta et al. 1996). Zwar hatte das Kohärenzgefühl in einigen – vor allem finnischen – Studien eine gute Vorhersagekraft für eine gesunde Entwicklung (zum Beispiel weniger Burn-out und Behinderungen: Kalimo, Pahkin, Mutanen und Toppinen-Tanner 2003, Santavirta et al. 1996), in anderen Studien wurden jedoch keine Effekte gefunden (Kivimäki et al. 2000, Smith, Breslin und Beaton 2003).

Eine Erklärung für die inkonsistenten Befunde der vorliegenden Längsschnittstudien könnte sein, dass das Kohärenzgefühl von den meisten Autorinnen und Autoren in Übereinstimmung mit Antonovsky als stabile und globale Lebensorientierung betrachtet wird (Kivimäki, Feldt, Vahtera und Nurmi 2000, Smith, Breslin und Beaton 2003). Antonovsky ging davon aus, dass größere Veränderungen des Kohärenzgefühls nur bis zum frühen Erwachsenenalter möglich seien, da zu diesem Zeitpunkt noch viele Wahlmöglichkeiten offenstehen und die Lebensbereiche noch nicht festgelegt sind. Allerdings scheint zumindest querschnittlich die Stärke des Kohärenzgefühls mit dem Alter zuzunehmen (siehe zum Beispiel Callahan und Pincus 1995, Frenz, Carey und Jorgensen 1993, Sack, Künsebeck und Lamprecht 1997). In anderen Studien wurde eine Abnahme des Kohärenzgefühls bei widrigen Lebensbedingungen wie zum Beispiel hoher Arbeitsunzufriedenheit festgestellt (zum Beispiel Feldt, Kinnunen und Maunao 2000). Diese Befunde werfen die Frage auf, ob das Kohärenzgefühl nicht, wie andere Protektivfaktoren auch, als variable Größe konzeptualisiert werden sollte, die in dynamischer Interaktion mit Entwicklungs- und Umweltbedingungen steht.

In mehreren seiner Schriften weist Antonovsky darauf hin, dass seine wissenschaftliche Arbeit sich vor allem durch die Besonderheit der Fragestellung und Blickrichtung von anderen Arbeiten unterscheidet. »In der Wissenschaft ist die Frage wichtiger als die Antwort« (Antonovsky 1993a) und »Wie die Frage gestellt wird, ist entscheidend für die Richtung, die man einschlägt, um die Antworten zu finden« (Antonovsky 1979b). Tatsächlich kann diese Besonderheit der Fragestellung – nämlich die explizite Hinwendung zur Frage nach Gesundheit – heute als einer der größten Verdienste des Modells der Salutogenese gelten.

Salutogenetische Empfehlungen und Konzepte können bis in die antike Medizin zurückverfolgt werden. Auch in jüngerer Zeit lassen sich Vorläufer und verwandte Konzeptionen finden. Antonovsky ist jedoch der Erste, der nicht nur das pathogenetische Modell kritisiert, sondern ihm ausdrücklich eine salutogenetische Theorie entgegensetzt, sie ausführlich beschreibt und mit empirischen Studien zu unterstützen versucht. Das Modell der Salutogenese kann daher als die erste und am weitesten entwickelte Theorie zur Erklärung von Gesundheit bzw. Gesunderhaltung bezeichnet werden (Dlugosch 1994, Faltermaier 1994). Das Modell der Salutogenese berücksichtigt Einflussgrößen auf sozialer, physiologischer, biochemischer, emotionaler und kognitiver Ebene. Es hat durch dieses Einbeziehen vieler Variablen und Ebenen einen hohen Integrationswert (Becker 1992). Zudem entspricht es einem komplexen, metatheoretischen und heuristischen Prozessmodell (Faltermaier 1994, Jerusalem 1997), das heißt, es bietet sich als Orientierungsrahmen an, der komplexe Zusammenhänge ordnen und veranschaulichen kann.

Betrachtet man das Modell der Salutogenese als Ganzes, sind es insbesondere diese vielfältigen Einflussgrößen, die einen wichtigen Beitrag – insbesondere für das Gebiet der Gesundheitsförderung und Prävention – geleistet haben. Antonovskys Postulat, die Entwicklung des Kohärenzgefühls hänge von den gesellschaftlichen Gegebenheiten – das heißt von der Verfügbarkeit »generalisierter Widerstandsressourcen« – ab, hat den Blick auf den Einfluss der individuellen Umwelt auf personale Ressourcen gelenkt. Für die Gesundheitsförderung und Prävention leitet sich daraus das Ziel ab, ein breites Spektrum an individuellen, sozialen und kulturellen Faktoren zu fördern. Auch Antonovskys Forderung nach einer interdisziplinären Erforschung der Frage, was Menschen gesund erhält, hat nicht an Aktualität eingebüßt. Die Frage nach dem Zusammenwirken von Nervensystem, Hormonsystem und Immunsystem und dessen Auswirkungen auf das Organsystem des Menschen, aber auch nach genetischen und psychophysiologischen Einflüssen wird in Studien zu Resilienz und Schutzfaktoren zunehmend berücksichtigt.

Viele der Annahmen des Modells der Salutogenese sind jedoch aufgrund ihrer Komplexität einer empirischen Prüfung nur schwer zugänglich oder haben sich als nicht zutreffend erwiesen. Die zentralen Kritikpunkte, die Bengel, Strittmatter und Willmann (1998) in ihrer Expertise herausarbeiten, gelten auch nach dem heutigen Stand der Forschung:

– die Konzentration auf kognitive und subjektive Dimensionen (Kohärenzgefühl) als entscheidende Größe,
– der geringe Stellenwert psychischer Gesundheit,
– geringe Analyse der Wechselwirkung zwischen körperlicher und psychischer Gesundheit,
– die ungeklärte Wechselwirkung zwischen Kohärenzgefühl und Gesundheit bzw. Krankheit, das heißt der Widerspruch zwischen Modell und Empirie bezüglich SOC und psychischer Gesundheit,
– die methodischen Probleme bei der empirischen Überprüfung des Modells.

Auch die Vorstellung eines Kontinuums mit Gesundheit und Krankheit als Polen hat zwar die Reflexion der Dichotomie von Gesundheit und Krankheit weiter gefördert, birgt jedoch den Nachteil, dass ein linearer Zusammenhang zwischen den Polen angenommen wird: Je weniger gesunde Anteile eine Person hat, desto mehr kranke muss sie zwangsläufig haben. Es scheint günstiger, Gesundheit und Krankheit als zwei voneinander unabhängige Faktoren zu konzipieren (Lutz und Mark 1995).

In der sozialwissenschaftlichen Forschung wird das Gesamtmodell der Salutogenese heute aufgrund dieser Einschränkungen meist nur noch als heuristisches Rahmenmodell erwähnt oder als historischer Impulsgeber gewürdigt. Die Forschung zum Kohärenzgefühl als personaler Ressource findet vorwiegend im Kontext der Resilienz- und Schutzfaktorenforschung statt. Das Kohärenzgefühl wird dabei meist als einer von vielen möglichen schützenden Faktoren bei der Anpassung an schwierige Lebenssituationen und/oder der Stressbewältigung gesehen. In dieser spezifischen Funktion stützen viele der empirischen Ergebnisse die Aussagen Antonovskys (siehe zum Beispiel Gallagher, Wagenfeld, Baro und Haepers 1994, McSherry und Holm 1994, Rena, Moshe und Abraham 1996; zusammenfassend Bengel, Meinders-Lücking und Rottmann 2009). Menschen mit hohem Kohärenzgefühl nehmen Ereignisse oder Anforderungen eher als Herausforderung und weniger als Belastung wahr. Wenn sie dennoch Stress erleben, können sie ihn schneller abbauen (siehe Kapitel 05.7).

04

» Definitionen und Konzeptualisierung von Resilienz und Schutzfaktoren

Der Begriff Resilienz leitet sich vom englischen Wort »resilience« (Spannkraft, Elastizität, Strapazierfähigkeit; lat. »resilere« = abprallen) ab. Er stammt ursprünglich aus der Physik und Materialkunde und charakterisiert die Eigenschaft eines Materials, seine ursprüngliche Form nach einer äußeren Einwirkung schnell wieder zurückzugewinnen. In den vergangenen Jahren wurde der Begriff von mehreren wissenschaftlichen Disziplinen wie der Psychologie, der Soziologie, der Pädagogik, aber auch der Ingenieurwissenschaften, der Ökologie und der Ökonomie aufgegriffen. Der Begriff beschreibt disziplinübergreifend die Toleranz eines Systems gegenüber Störungen bzw. die Widerstandskraft von Systemen.

In der psychologischen Fachliteratur wird mit Resilienz im weitesten Sinne die *Widerstandskraft von Individuen angesichts belastender Lebensereignisse* bezeichnet. Der Begriff hat in den vergangenen zwei Jahrzehnten eine enorme Verbreitung erfahren, was Rutter (Rutter 1999) dazu veranlasste, Resilienz den »Rorschachtest des neuen Jahrtausends« zu nennen (»Resilience as the millennium Rorschach«). Damit kritisiert er einerseits die unreflektierte Verwendung des Begriffs in der Populärliteratur, zum anderen weist er darauf hin, dass sich die Definitionen von Resilienz auch in der psychologischen Fachliteratur sehr unterscheiden (siehe auch Almedom und Glandon 2007, Layne, Warren, Watson und Shalev 2007).

Masten und Obradovic (2008) verstehen Resilienz dementsprechend als ein breit angelegtes hypothetisches »Dachkonstrukt« (»umbrella construct«), unter dem je nach fachlicher Ausrichtung und persönlicher Präferenz der Forscherinnen und Forscher verschiedene Facetten der psychischen Widerstandskraft angesiedelt sind. Der gemeinsame Kern der verschiedenen Definitionen von Resilienz ist nach Masten und Obradovic: »Individual resilience refers to the processes of, capacity for, or patterns of positive adaptation during or following exposure to adverse experiences that have the potential to disrupt or destroy the successful functioning or development of a person« (Masten und Obradovic 2008, S. 2).

Die meisten *Definitionen von Resilienz* beziehen sich auf drei verschiedene Bedeutungen bzw. Formen des Umgangs mit einem Stressor. Lepore und Stevens (2006) verdeutlichen diese drei Formen der Belastungsbewältigung mit der Analogie eines Baums, der einem Sturm ausgesetzt ist. Der Stamm und die Äste des Baums können so massiv sein, dass sie dem Sturm bewegungslos trotzen (Resistenz). Es wäre auch möglich, dass der Baum und seine Äste vom Wind durchgeschüttelt und verbogen werden. Nachdem der Sturm abgeflaut ist, kehrt er jedoch wieder in seine ursprüngliche Form zurück (Regeneration). Eine dritte Möglichkeit besteht darin, dass die Wuchsrichtung der Äste des Baums sich durch den Sturm so verändert, dass der Baum eine neue Form annimmt, die künftigen Stürmen weniger Angriffsfläche bietet (Rekonfiguration).

Resilienz als (Stress-)Resistenz (zum Beispiel Bonanno 2004): Nach dieser Definition bleiben resiliente Individuen angesichts eines Stressors psychisch stabil, vergleichbar mit der Immunität des Körpers gegenüber bestimmten Erregern. Die Arbeitsgruppe um Bonanno (2004) geht davon aus, dass diese Form der Resilienz die am weitesten verbreitete Form der Reaktion auf die meisten Stressoren – auch schwerwiegender Art – ist. Dazu führen sie zum einen Daten aus ihren Studien zur psychischen Belastung nach dem Tod naher Angehöriger an, in denen nahezu die Hälfte der Betroffenen keine schwerwiegende Trauerreaktion zeigte (zum Beispiel Bonanno et al. 2002). Zum anderen verweisen sie auf Untersuchungen nach den Terroranschlägen des 11. Septembers 2001, die zeigen, dass über 65 % der Bewohnerinnen und Bewohner New Yorks keinerlei Anzeichen von psychischer Belastung aufwiesen (Bonanno, Galea, Bucciarelli und Vlahov 2006). Diese Konzeptualisierung von Resilienz widerspricht der von Laien, aber auch der von Psychologinnen und Psychologen sowie Ärztinnen und Ärzten häufig vertretenen Annahme, es sei pathologisch, keine Reaktion auf belastende Lebensereignisse zu zeigen (Wortman und Silver 1989). Die auf Sigmund Freud zurückgehende Annahme, Traumata müssten psychisch »durchgearbeitet« werden, da die »Verdrängung« einen sonst einhole, ist noch weit verbreitet (Bonanno 2004).

Resilienz als (schnelle) Regeneration (zum Beispiel Agaibi und Wilson 2005): Nach der Konzeptualisierung von Resilienz als Fähigkeit zur Regeneration (»recovery«) gelten solche Individuen als resilient, die von einem Stressor zwar kurzfristig belastet sind, jedoch nach einiger Zeit ohne größere Probleme wieder in ihren Alltag zurückfinden. Diese Form der Resilienz wird auch als »normativer Anpassungsprozess« bezeichnet, da der Fokus auf dem Prinzip der Homöostase liegt, der selbstregulativen Fähigkeit eines Systems, einen stabilen Zustand zu bewahren (Zautra, Hall und Murray 2010).

Resilienz als Rekonfiguration (zum Beispiel Walsh 2006): In der Definition von Resilienz als Fähigkeit zur Rekonfiguration wird die Bedeutung der Anpassungsfähigkeit von Personen betont. Die Bewältigung einer traumatischen Erfahrung kann es erfordern, Verhaltensweisen oder zentrale Kognitionen (mentale Prozesse und Strukturen wie Gedanken, Meinungen, Einstellungen, Wünsche, Absichten) zu verändern; zum Beispiel wenn eine Person Opfer eines Raubüberfalls wird und dies nicht mit dem eigenen positiven Menschenbild in Einklang bringen kann. Dieser Aspekt ist besonders bei der Diskussion um Resilienz bei Kindern und Jugendlichen von Bedeutung, da eine gesunde Entwicklung unter widrigen Umständen häufig enorme Anpassungsleistungen von den betroffenen Kindern erfordert (Cicchetti und Cohen 2006). Im Erwachsenenalter überschneidet sich dieser Aspekt der Resilienz mit dem Konstrukt der Posttraumatischen Reifung. Da zum Verständnis der Abgrenzung der beiden Konstrukte Kenntnisse über die Konzeptualisierung von Posttraumatischer Reifung erforderlich sind, wird dieses Thema im Kapitel 04.2.2 behandelt.

Betrachtet man diese drei Facetten der Resilienz, so wird deutlich, dass verschiedene Forscherinnen und Forscher unterschiedliche Bewältigungsverläufe unterstellen, wenn sie von Resilienz sprechen. In Studien der Arbeitsgruppe um Bonanno (2005) werden Individuen, die nach der Konfrontation mit einem Stressor Anzeichen von psychischer Belastung aufweisen, zum Beispiel nicht zur Gruppe der resilienten Individuen gezählt. Allerdings zeigen selbst solche »resistenten« Personen irgendeine Form der Reaktion auf die Konfrontation mit dem Stressor. In einer Studie von Bisconti, Bergeman und Boker (2006) wurden Frauen aufgefordert, in den Wochen nach dem Tod ihres Ehegatten ihr Befinden täglich auf einer Ratingskala einzuschätzen. Dabei wurde deutlich, dass selbst Frauen, die nach der Definition von Bonanno (2004) als resilient gelten, in den ersten Tagen psychische Belastungen aufwiesen. Es stellt sich also die Frage, wie schnell eine Person sich nach der Konfrontation mit einem Stressor erholen muss, um als resilient im Sinne von »resistent« oder »regenerativ« zu gelten.

Während in den drei genannten Definitionen die Art der Belastungsbewältigung im Mittelpunkt steht, gibt es auch Definitionen, die Resilienz eher inhaltlich konzeptualisieren. Zautra und Kollegen (Zautra, Hall und Murray 2008) führen zum Beispiel eine Dimension von Resilienz ein, die relativ unabhängig vom aktuellen Stressor ist. Nach ihnen besteht Resilienz zu einem Drittel aus Regeneration, zu zwei Dritteln jedoch aus einem Phänomen, das sie Nachhaltigkeit (»sustainability«) nennen. Damit ist die Kraft oder Fähigkeit gemeint, trotz der Konfrontation mit einem potenziell traumatischen Ereignis die eigene Lebensenergie, Lebensfreude und den Glauben an den Sinn des Lebens nicht zu verlieren. Nach Zautra (Zautra et al. 2010) ist es diese Nachhaltigkeit, die eine langfristige und generelle Resilienz ausmacht.

Nach der Ansicht vieler Autorinnen und Autoren ist *Resilienz als Ergebnis der Belastungsbewältigung* oder allgemeiner als Zustand nach der Konfrontation mit einem Stressor zu betrachten. In der Literatur zu Resilienz bei Kindern und Jugendlichen besteht weitgehend Übereinstimmung darüber, diesen Zustand als Resultat eines hochkomplexen Zusammenspiels aus individuellen Merkmalen, der jeweiligen Lebensumwelt und dem größeren soziokulturellen Zusammenhang zu sehen (Bengel, Meinders-Lücking und Rottmann 2009).

Insbesondere in der Literatur zu Resilienz im Erwachsenenalter wird mit Resilienz allerdings häufig auch die psychische Widerstandskraft an sich bezeichnet (siehe auch Kapitel 04.1.2). Dabei wurde und wird Resilienz immer wieder als relativ stabiles Persönlichkeitsmerkmal betrachtet (zum Beispiel Block und Kremen 1996, Klohnen 1996, Letzring, Block und Funder 2005). Während diese Annahme in der Literatur zu Kindern und Jugendlichen in den Hintergrund gerückt ist, gibt es in der Forschung zu Resilienz im Erwachsenenalter eine Forschungstradition zur Erfassung von Resilienz als Persönlichkeitsmerkmal. Mit der Konzeptualisierung von Resilienz als Persönlichkeitsmerkmal ist jedoch eine Reihe von Risiken verbunden. Sie leistet der Annahme Vorschub, Resilienz sei eine gegebene Größe, die einige Individuen besitzen, andere jedoch nicht.

Diese Auffassung trägt weder zur Aufklärung der Prozesse bei, die der Resilienz zugrunde liegen, noch ist sie hilfreich für die Entwicklung resilienzfördernder Interventionsstrategien (Luthar, Cicchetti und Becker 2000). Außerdem birgt sie die Gefahr von Schuldzuschreibungen gegenüber Personen, die nicht über diese schützende Eigenschaft verfügen bzw. sich nicht resilient zeigen (»blaming the victim«; Wortman 2004).

Betrachtet man Resilienz als Ergebnis des Zusammenspiels verschiedener Einflussfaktoren, sind mehrere zentrale Charakteristika zu beachten:

1. **Resilienz ist dynamisch:** Die individuellen Merkmale, die eine resiliente Entwicklung bzw. einen resilienten Umgang mit Stressoren erleichtern, entwickeln sich prozesshaft im zeitlichen Verlauf und im Kontext der Mensch-Umwelt-Interaktion.
2. **Resilienz ist variabel:** Personen, die zu einem bestimmten Zeitpunkt ihres Lebens relativ resilient sind, können zu anderen Zeitpunkten wesentlich vulnerabler erscheinen. Besonders im Kindes- und Jugendalter sind verschiedene Phasen erhöhter Vulnerabilität im Entwicklungsverlauf zu unterscheiden (Scheithauer und Petermann 1999).
3. **Resilienz ist situationsspezifisch:** Personen, die sich gegenüber einem bestimmten Stressor (zum Beispiel Verkehrsunfall) resilient zeigen, können angesichts anderer Stressoren (zum Beispiel Tod des Ehepartners) durchaus größere Bewältigungsprobleme aufweisen. Dabei scheint weniger die Stärke des Stressors bedeutsam als die eigene Wahrnehmung desselben und dessen subjektive Bedrohlichkeit (siehe Kapitel 04.1.1).
4. **Resilienz ist multidimensional:** Anpassungs- und Bewältigungsleistungen können in verschiedenen Lebensbereichen unterschiedlich ausgeprägt sein. Es ist möglich, dass eine Person in einem Bereich (zum Beispiel intellektuelle Leistungsfähigkeit) gute Bewältigungskompetenzen zeigt, in anderen Feldern (zum Beispiel soziale Kompetenzen) jedoch größere Anpassungsprobleme aufweist.

Die Einflussfaktoren, die zu Resilienz führen, werden als *Schutz-, Protektiv- oder Resilienzfaktoren* bezeichnet. Diese Bezeichnung darf nicht unterstellen, das Vorhandensein eines oder mehrerer solcher Faktoren führe zu einer automatischen Immunität oder Resistenz gegenüber bestimmten Stressoren. Vielmehr vermindern Schutzfaktoren die Wahrscheinlichkeit für ein negatives Bewältigungsergebnis oder die Entwicklung von Störungen. Im Erwachsenenalter können diese Faktoren in personale, soziale und soziokulturelle Faktoren unterteilt werden. Für die Planung von Präventions- bzw. Interventionsmaßnahmen ist es darüber hinaus von Bedeutung, ob die Faktoren fixer, das heißt unveränderlicher Natur sind (zum Beispiel Geschlecht) oder ob sie variabel, also prinzipiell veränderbar (zum Beispiel soziale Unterstützung) sind.

In allen drei Bereichen – personal, sozial und soziokulturell – gibt es neben den Schutzfaktoren auch *Risikofaktoren*, die die Auftretenswahrscheinlichkeit von psychischen Störungen erhöhen. Um das Konzept von Resilienz und Schutzfaktoren nicht als »Risikoforschung mit umgekehrten Vorzeichen« (Laucht 1999) zu verstehen, ist es wichtig, Schutzfaktoren nicht lediglich als Abwesenheit von Risikofaktoren zu interpretieren. In der Forschung zu Resilienz bei Kindern und Jugendlichen wird daher gefordert, nur von Schutzfaktoren zu sprechen, wenn diese den schädigenden Einfluss eines Risikofaktors im Sinne eines Puffereffekts abmildern oder verhindern (Holtmann und Schmidt 2004, Luthar, Cicchetti und Becker 2000). Allerdings werden in diesem Forschungsbereich die sogenannten widrigen Bedingungen (»adversity«), unter denen die Schutzfaktoren wirksam werden, über einzelne oder mehrere dieser Risikofaktoren (zum Beispiel Frühgeburt, psychische Störung eines Elternteils, familiäre Armut) definiert. Bei der Forschung zu Resilienz im Erwachsenenalter stellt die Untersuchung solcher chronischer widriger Bedingungen (zum Beispiel sozioökonomische Benachteiligung, Minderheitenstatus) nur einen Teilbereich dar. Der größere Anteil von empirischen Studien beschäftigt sich mit der Bewältigung potenziell traumatischer Ereignisse – wobei es durchaus möglich ist, dass Individuen beim Eintritt eines solchen Ereignisses bereits unter chronisch widrigen Bedingungen leben. In diesem Fall ist also nicht nur die Interaktion zwischen Risiko- und Schutzfaktoren, sondern auch deren Wirkung angesichts eines schwerwiegenden Stressors zu beachten.

Soziale und soziokulturelle Schutzfaktoren werden in den letzten Jahren auch unter dem Gesichtspunkt von Systemresilienz betrachtet. Dabei wird angenommen, dass soziale Systeme wie Familie, Gemeinde oder Nachbarschaft, aber auch strukturelle Systeme wie Gesundheitswesen oder Katastrophenschutz gegenüber Störungen mehr oder weniger resilient sein können (siehe zum Beispiel Benzies und Mychasiuk 2009, Haimes 2009, Zautra, Hall und Murray 2008).

» 04.1 Resilienzforschung im Erwachsenenalter

Ziel der Resilienzforschung ist es, Schutzfaktoren zu identifizieren, Modelle zum Zusammenwirken dieser Faktoren zu erstellen und – darauf aufbauend – Interventions- und Präventionsansätze zur Stärkung von Schutzfaktoren zu entwickeln (vgl. Kapitel 02). Ein wichtiger Zwischenschritt zur Modellbildung und dem Transfer zur Entwicklung von Intervention ist die Zusammenfassung empirischer Arbeiten über die protektive Wirkung(sweise) einzelner Faktoren, wie sie auch in dieser Expertise erfolgt. Beim Vergleich einzelner Studien muss – neben der Frage nach Größe und Repräsentativität der Stichprobe – nicht nur beachtet werden, dass dieselben oder ähnliche Schutzfaktoren untersucht wurden, sondern auch, welche belastenden Lebensbedingungen oder -ereignisse vorlagen und welche Indikatoren zur Messung von Resilienz herangezogen wurden. Hier zeigt sich ein deutlicher Unterschied zwischen der Forschung zu Resilienz bei Kindern und Jugendlichen und derjenigen bei Erwachsenen.

In der Forschung zu Resilienz bei Kindern und Jugendlichen ist die Auffassung weit akzeptiert, Resilienz als »gute Ergebnisse von Entwicklung trotz ernsthafter Gefährdungen für Anpassung oder Entwicklung« zu verstehen (Masten 2001b, S. 193). Die in dieser Definition genannten »Gefährdungen für Anpassung oder Entwicklung« werden in den meisten Studien über einen Risikoindex operationalisiert, in dem organische (zum Beispiel genetische Prädispositionen, Schwangerschaftskomplikationen, Frühgeburt) und psychosoziale Belastungen kombiniert werden. Zu Letzteren gehören meist Merkmale der Eltern wie niedriges Bildungsniveau, beengte Wohnverhältnisse, disharmonische Partnerschaft, Alkoholismus, psychische Störungen, mangelnde soziale Integration und Unterstützung) (Laucht, Esser und Schmidt 1999, Werner 1996). Als Indikatoren für »gute Ergebnisse von Entwicklung« werden abhängig vom Alter der Kinder Kompetenzen gemessen, die allgemein als Merkmale von Entwicklung gelten wie grobmotorische Fertigkeiten, kognitive und sprachliche Leistungsfähigkeit und sozial-emotionale Entwicklung (Laucht et al. 1999). Darüber hinaus werden in einigen Studien auch psychische Auffälligkeiten (zum Beispiel Verhaltensauffälligkeiten, regelwidriges Verhalten) erhoben, von denen bekannt ist, dass sie gehäuft auftreten, wenn bestimmte Risikobedingungen (zum Beispiel Vernachlässigung durch die Eltern) vorliegen.

In der Forschungstradition zu Resilienz im Erwachsenenalter ist der Fokus der empirischen Arbeiten wesentlich breiter gefächert. Als Stressoren werden sowohl chronisch widrige Bedingungen (zum Beispiel sozioökonomische Benachteiligung, Minderheitenstatus) wie auch potenziell traumatische Ereignisse untersucht. Als Indikatoren von Resilienz bzw. des Ergebnisses einer resilienten Belastungsverarbeitung werden – teilweise in Abhängigkeit von der zugrunde gelegten Definition – verschiedenste Maße psychischer und physischer Gesundheit eingesetzt. Da diese Unterschiede eine wesentliche Einschränkung bei der Integration und Bewertung der empirischen Studien darstellen, werden sie in den folgenden Kapiteln ausführlicher dargestellt.

04.1.1 Schutz- und Resilienzfaktoren im Kontext verschiedener Stressoren

Aus der Forschung zu Anpassungs- und Posttraumatischen Belastungsstörungen nach belastenden Lebensereignissen ist bekannt, dass verschiedene Merkmale eines Stressors einen Einfluss darauf haben, wie dieser von den Betroffenen wahrgenommen wird und wie hoch die Wahrscheinlichkeit ist, als Reaktion auf den Stressor unter psychischen Belastungen zu leiden. Als Stressoren wird dabei eine Vielzahl verschiedener Reizbedingungen zusammengefasst. Eine verbreitete inhaltliche Klassifikation von Stressoren (siehe Bastine 1998, Perrez, Laireiter und Baumann 2005) ist die Unterteilung in Alltagsstressoren (Mikrostressoren) sowie kritische Lebensereignisse und traumatische Erfahrungen (Makrostressoren) (vgl. Tabelle 1; siehe auch Bengel und Hubert 2010).

Alltagsstressoren (»daily hassels«) sind wiederkehrende belastende Ereignisse oder chronisch widrige Lebensbedingungen (zum Beispiel chronische Krankheit eines Familienmitglieds, andauernder Ärger am Arbeitsplatz, finanzielle Belastungen). Unter *kritischen Lebensereignissen* versteht man Unterbrechungen im Lebensstrom, die zeitlich eindeutig bestimmbar sind und mit Verlust, Verletzung oder Bedrohung assoziiert sind (zum Beispiel Tod einer nahe stehenden Person, Autounfall). Häufig sind damit auch Veränderungen der Lebenssituation

Stressor	Beschreibung	Beispiele
Alltagsstressoren, belastende Alltagsereignisse (Mikrostressoren)	Situationen und Ereignisse des täglichen Lebens, die (bei Häufung verstärkt) zu Belastungen führen (können).	– Chronische Erkrankung – Armut – Konflikte im Arbeitsleben
Kritische Lebensereignisse (Makrostressoren)	Subjektiv belastende Lebensumstände, die räumlich und zeitlich begrenzt sind. Sie können normativ oder nicht normativ sein, vorhersehbar oder plötzlich.	– Verlassen des Elternhauses (normativ, erwartet) – Plötzlicher Tod einer nahe stehenden Person (unerwartet)
Traumatische Ereignisse (Makrostressoren)	Äußere Ereignisse außergewöhnlicher Bedrohung oder katastrophenartigen Ausmaßes – Typ-I-Trauma(tisches Ereignis): einmalig, begrenzte Dauer – Typ-II-Trauma(tische Ereignisse): wiederholte, lang andauernde Ereignisse	– Schwerer Verkehrsunfall – Naturkatastrophe (Typ-I) – Fortgesetzter sexueller Missbrauch (Typ-II)

» Tab. 1: Inhaltliche Klassifikation von Stressoren, modifiziert nach Bastine 1998, Perrez et al. 2005 (aus Bengel und Hubert 2010)

und der Lebensumstände verbunden. Als *traumatische Ereignisse* gelten Erfahrungen, bei denen die Person mit einer Lebensbedrohung oder Bedrohung der körperlichen Unversehrtheit bzw. der Bedrohung oder dem Tod einer anderen Person konfrontiert ist (zum Beispiel schwere Katastrophen, Vergewaltigung, Terroranschläge). Traumatische Ereignisse überfordern die Bewältigungskapazität einer Person in der Regel zumindest zeitweilig und rufen starke Angst, Hilflosigkeit oder Grauen hervor. Traumatische Ereignisse können auch chronischen Charakter annehmen, wenn sie wiederholt oder lang andauernd auftreten (zum Beispiel fortgesetzter sexueller Missbrauch, Soldaten im Kriegseinsatz, Geiselhaft, Folter). Diese Traumata werden im Gegensatz zu einmaligen traumatischen Ereignissen als Typ-II-Traumata bezeichnet.

Die Abgrenzung von kritischen Lebensereignissen und traumatischen Ereignissen gestaltet sich schwierig, da nicht die objektive Schwere eines Ereignisses, sondern die *subjektive Interpretation und Bewertung des Ereignisses* entscheidend ist. So kann zum Beispiel die Mitteilung einer Tumordiagnose die Kriterien für ein traumatisches Ereignis erfüllen, wenn die betroffene Person diese Diagnose als lebensbedrohlich empfindet. In vielen Studien zu Resilienz im Erwachsenenalter bleibt diese Unterscheidung unklar. Untersucht werden häufig »potenziell traumatische Ereignisse« (»potentially traumatic events«, PTE), die in den ansonsten normativ erwartbaren Alltag einbrechen (Bonanno 2004).

Ob diese Ereignisse jedoch im Einzelfall die Kriterien für ein traumatisches Ereignis erfüllen, also eine Lebensbedrohung mit intensiver Angst, Hilflosigkeit und Grauen einschließen, kann durch die Zusammenfassung vieler Studienteilnehmerinnen und -teilnehmer in der Ergebnisdarstellung in der Regel nicht beantwortet werden. Häufig gibt es auch Wechselwirkungen zwischen potenziell traumatischen Ereignissen und Alltagsstressoren. Einerseits ist es möglich, dass Personen, die bereits durch eine Reihe von Alltagsstressoren belastet sind, mit einem potenziell traumatischen Ereignis konfrontiert werden. Andererseits führen kritische und traumatische Lebensereignisse häufig im Alltag zu dauerhaften belastenden Stressoren (zum Beispiel der schwere Verkehrsunfall des Haupternährers der Familie, der zu finanziellen Belastungen führt).

Neben dieser Systematik nach Schwere, Intensität und Dauer der Einwirkung gibt es weitere Merkmale von Stressoren, die einen Einfluss auf die subjektive Wahrnehmung und Bewertung sowie (als Folge dessen) die individuelle Belastung haben:

- **Vorhersehbarkeit:** Normative, also vorhersehbare Ereignisse, wie etwa Geburt eines Kindes oder Berentung, gelten als weniger belastend als nichtnormative Ereignisse, wie zum Beispiel Arbeitsplatzverlust, Scheidung oder schwere Erkrankung.
- **Kontrollierbarkeit:** Unkontrollierbare Ereignisse (zum Beispiel Erkrankungen, Überfälle) sind stärker mit Gefühlen von Hilf- und Hoffnungslosigkeit sowie psychischen Beeinträchtigungen assoziiert als Stressoren, die zumindest teilweise beeinflussbar sind (zum Beispiel Ärger am Arbeitsplatz).
- **Ambiguität** (Unsicherheit bezüglich der Einschätzung des Stressors): Eine hohe Ambiguität, zum Beispiel durch fehlende Informationen über die Dauer der Stressoreinwirkung oder Unsicherheit über die Bedeutung des Stressors für den eigenen Alltag und persönliche Werte oder Ziele, gilt als zusätzliche Belastung.
- **Verursachung:** Von Menschen verursachte Traumata (zum Beispiel Gewalttaten) werden häufig als belastender wahrgenommen als gering beeinflussbare Ereignisse (wie zum Beispiel Naturkatastrophen).

Die Auflistung der Merkmale zeigt, dass sich Stressoren nicht nur objektiv deutlich voneinander unterscheiden können, sondern auch die individuelle

Bewertung sehr vielfältig sein kann. Bei der Vielfalt an Stressoren, die in der Forschung zu Resilienz im Erwachsenenalter untersucht werden (siehe Kasten 1 und 2), stellt sich wesentlich stärker als bei der Diskussion um Schutzfaktoren für Kinder und Jugendliche die Frage, ob die einzelnen Schutzfaktoren eine generelle Wirkung haben oder spezifisch für bestimmte Stressoren sind. So wäre es zum Beispiel möglich, dass bestimmte aktive Copingstrategien in Situationen mit hoher Kontrollierbarkeit und Vorhersehbarkeit einen besseren Schutz bieten als bei Stressoren wie zum Beispiel einer Naturkatastrophe, denen die Betroffenen zunächst hilflos ausgeliefert sind (vgl. Kapitel 05.10). Gleichzeitig erschwert diese Variabilität die Vergleichbarkeit einzelner Studien. Wurde die protektive Wirkung eines Faktors unter sehr unterschiedlichen Bedingungen bzw. beim Vorliegen sehr unterschiedlicher Stressoren untersucht, können widersprüchliche Befunde sowohl ein Hinweis darauf sein, dass es sich nicht um einen Schutzfaktor handelt, als auch darauf, dass der entsprechende Faktor seine Wirkung in Abhängigkeit des untersuchten Stressors entfaltet (spezifische oder differenzielle Wirkung).

Eine Einteilung von Stressoren muss die Art des Stressors, seine Schwere und die Dauer berücksichtigen. Für die folgende Gliederung wurden hier die deskriptiven Bezeichnungen Alltagsstressoren und/oder chronische Belastungen, kritische Lebensereignisse und/oder chronische Erkrankungen sowie potenziell traumatische (nicht normative) Ereignisse gewählt. Dabei ist jedoch zu berücksichtigen, dass die subjektive Interpretation durch die Betroffene bzw. den Betroffenen für die Wirkung und die Folgen entscheidend ist. Daher können selbstverständlich Ereignisse aus einer Kategorie minder schwerer Stressoren gleiche oder größere Wirkung entfalten als die aus einer Gruppe mit schwereren Stressoren. In den folgenden Kästen (Kasten 1–3) werden exemplarisch einige empirisch untersuchte Stressoren dargestellt und gruppiert. Dabei ist zu beachten, dass auch Stressoren, die unter den ersten beiden Kategorien aufgelistet sind, im Einzelfall als traumatisch erlebt werden können. Angesichts der großen Vielfalt an Studien, die in den letzten Jahren zum Thema Resilienz veröffentlicht wurden, kann diese Auswahl keine systematische Übersicht bieten. Betrachtet man die Situationen und Lebensumstände, die unter den einzelnen Stichworten zusammengefasst sind, wird deutlich, dass eine solche Unterteilung zwar einen Überblick ermöglicht, nicht jedoch eine individuelle Belastung adäquat abbilden kann.

Sozioökonomische Benachteiligung/Armut
- Afroamerikaner/-innen (USA) (Kaslow et al. 2005, Kaslow et al. 2002, Todd und Worell 2000)
- Hispanische US-Amerikaner/-innen (Campos, Podus, Anglin und Warda 2008, Luecken, Purdom und Howe 2009)
- Obdachlose (Payne 2008)
- Bewohner/-innen von US-amerikanischen Trailerparks (Notter, MacTavish und Shamah 2008)
- Sozialhilfeempfänger/-innen (Kalil, Born, Kunz und Caudill 2001, Tucker et al. 2005)

Berufliche Stressoren
- Unternehmer/-innen (Solcova und Kebza 2005)
- Manager (Ghorbani, Watson und Morris 2000, Luszczynska und Cieslak 2005)
- Professoren/Professorinnen (Paulík 2001)
- Anwälte/Anwältinnen mit dem Spezialgebiet »häusliche Gewalt« (Slattery und Goodman 2009)
- Fachleute, die mit misshandelten Kindern arbeiten (Stevens und Higgins 2002)

- Feuerwehrleute (Regehr, Hill, Knott und Sault 2003)
- Polizisten/Polizistinnen nach potenziell traumatischen Situationen (Hennig-Fast et al. 2009)
- Krankenpfleger/-innen (Gillespie, Chaboyer und Wallis 2009, Gillespie, Chaboyer, Wallis und Grimbeek 2007, Judkins und Rind 2005, Siu et al. 2009, Turnipseed 1999)
- Lehrkräfte (Brunetti 2006, Howard und Johnson 2004, Nishizaka 2002)
- Mobbingopfer (Nielsen, Matthiesen und Einarsen 2008)

Pflege, familiäre Belastung und Weiteres
- Eltern von behinderten Kindern (Al-Yagon und Margalit 2009, Gerstein, Crnic, Blacher und Baker 2009, Lloyd und Hastings 2009b, Margalit und Kleitman 2006, Olsson und Hwang 2008, Weiss 2002)
- Mütter von Kindern mit Asthma (Svavarsdottir, McCubbin und Kane 2000, Svavarsdottir und Rayens 2005, Svavarsdottir, Rayens und McCubbin 2005) oder Diabetes (Mednick et al. 2007)
- Pflege von dementen Angehörigen (DiBartolo und Soeken 2003, Gaugler, Kane und Newcomer 2007, Ross, Holliman und Dixon 2003, Wilks und Croom 2008)
- Pflege von behinderten (Clark 2002) oder psychisch erkrankten (Zauszniewski, Bekhet und Suresky 2009) Angehörigen
- Alleinerziehende Mütter (Fernquist 2004)
- Insassinnen eines Frauengefängnisses (Marsal 2009)
- Arbeitssuchende (Moorhouse und Caltabiano 2007)

Unfälle und weitere Traumata
- Verkehrsunfälle (Dörfel, Rabe und Karl 2008, Frommberger et al. 1999, Schnyder, Moergeli, Klaghofer und Buddeberg 2001)
- Diverse Unfälle (Anke und Fugl-Meyer 2003, Snekkevik, Anke, Stanghelle und Fugl-Meyer 2003)
- Verschiedene Traumata (Rosenthal, Wilson und Futch 2009, Voges und Romney 2003)

Tod einer nahe stehenden Person
- Allgemein (Bonanno et al. 2002, Coifman, Bonanno und Rafaeli 2007, Coifman, Bonanno, Ray und Gross 2007, Vanderwerker und Prigerson 2004)
- Junge Erwachsene (Mathews und Servaty-Seib 2007, Tebes, Irish, Vasquezet al. 2004)
- Verlust des Ehepartners (Bonanno, Wortman und Nesse 2004, Ott, Lueger, Kelber, Prigerson 2007, Rossi, Bisconti, Bergeman 2007)
- Verlust des Kindes durch Gewalt/Terrorismus (Allen, Whittlesey, Pfefferbaum und Onderma 1999)
- Verlust von chronisch kranken und pflegebedürftigen Angehörigen (Bonanno, Moskowitz, Papa und Folkman 2005)
- Verlust von Angehörigen durch Suizid (Parker und McNally 2008)

Migration
- Koreanische (Lee, Brown, Mitchell und Schiraldi 2008, Shin, Han und Kim 2007) und irische (Christopher 2000) Immigranten/Immigrantinnen in den USA
- Russische Immigranten/Immigrantinnen in Israel (Aroian und Norris 2000)
- Türkische und marokkanische Immigranten/Immigrantinnen in Belgien (Levecque, Lodewyckx und Bracke 2009)

» Kasten 1: Alltagsstressoren und/oder chronische Belastungen

- Internationale Studierende in Australien und Hongkong (Pan, Wong, Joubert und Chan 2008) bzw. den USA (Atri, Sharma und Cottrell 2006)

Chronische körperliche Erkrankungen und Behinderungen
- Chronische Schmerzen (Kaluza, Hanke, Keller und Basler 2002, Zautra, Johnson und Davis 2005)
- Diabetes (Yi, Vitaliano, Smith, Yi und Weinger 2008, Yi-Frazier et al. 2010)
- HIV/Aids (Farber, Schwartz, Schaper, Moonen und McDaniel 2000, Frain, Berven, Chan und Tschopp 2008)
- Schlaganfall (Glymour, Weuve, Fay, Glass und Berkman 2008)
- Kiefergelenkserkrankungen (Callahan 2000)
- Erkrankungen des Verdauungstrakts (Armata und Baldwin 2008)
- Hirnverletzungen (Dumont, Gervais, Fougeyrollas und Bertrand 2004)
- Schwere Verletzung (deRoon-Cassini, Mancini, Rusch und Bonanno 2010, Levy, Polman, Clough, Marchant und Earle 2006, Quale und Schanke 2010)
- Nierenerkrankung/Dialyse (White, Richter, Koeckeritz, Lee und Munch 2002)
- Körperbehinderung (Russell, Turner und Joiner 2009)
- Multiple Sklerose (Johnson, Lange, Tiersky, DeLuca und Natelson 2001)
- Fetales Alkoholsyndrom (Huggins, Grant, O'Malley und Streissguth 2008)
- Krebserkrankung (Costanzo, Ryff und Singer 2009, Hamama-Raz und Solomon 2006, Kallay und Miclea 2007)
- Kriegsveteranen (Danner und Radnitz 2000)

Psychische Erkrankungen
- Depression (Malone et al. 2000, McLaren und Challis 2009, Oquendo et al. 2005)
- Antisoziale Persönlichkeitsstörung (DeMatteo, Heilbrun und Marczyk 2005)
- Bulimie (Tagay, Mewes, Brähler und Senf 2009)
- Schizophrenie (Myin-Germeys, Nicolson und Delespaul 2001, Tait, Birchwood und Trower 2004)
- Substanzabhängigkeit (Sutherland, Cook, Stetina und Hernandez 2009)

» Kasten 2: Kritische Lebensereignisse und/oder chronische Erkrankungen

Selbstverständlich kann zum Beispiel eine soziale Benachteiligung eine ungleich stärkere Belastung darstellen als der Tod eines Angehörigen, insbesondere dann, wenn der Angehörige »in der Zeit« stirbt, also in höherem Alter und seit Längerem erwartet. Auch der zeitliche Aspekt wirkt sich auf die erlebte Belastung aus. Lang anhaltende Belastungen von an sich geringeren Stressoren können in der Wirkung belastender sein als kurz anhaltende Stressoren kritischer Art.

Missbrauch und Misshandlung
- Erwachsene, die in der Kindheit sexuell oder psychisch missbraucht wurden (Banyard und Williams 2007, Banyard, Williams und Siegel 2003, Banyard, Williams, Siegel und West 2002, Chambers und Belicki 1998, Dixon, Browne und Hamilton-Giachritsis 2009, Dufour und Nadeau 2001, Feinauer, Hilton und Callahan 2003, Feldman, Conger und Burzette 2004, Jonzon und Lindblad 2006,

Katerndahl, Burge und Kellogg 2005, Lambie, Seymour, Lee und Adams 2002, Leifer, Kilbane und Kalick 2004, McClure, Chavez, Agars, Peacock und Matosian 2008, Powers, Ressler und Bradley 2009, Tarakeshwar, Hansen, Kochman, Fox und Sikkema 2006, Wright, Fopma-Loy und Fischer 2005)
- Misshandlung durch den Partner/die Partnerin (Carlson, McNutt, Choi und Rose 2002, Coker, Weston, Creson, Justice und Blakeney 2005, Meadows, Kaslow, Thompson und Jurkovic 2005, Sonis und Langer 2008)
- Psychisch misshandelte Schwangere (Trotter, Bogat und Levendosky 2004)
- Misshandelte Frauen im Obdachlosenheim (Humphreys 2003)

Naturkatastrophen
- Kanadischer Eissturm (Tremblay, Blanchard, Pelletier und Vallerand 2006)
- Erdbeben von Chi-Chi (Taiwan) (Seplaki, Goldman, Weinstein und Lin 2006)
- Flutkatastrophe von New Orleans/Hurrikan Katrina (Ginzburg und Bateman 2008, Lee, Shen und Tran 2009, Metzl 2009)
- Verseuchung der spanischen Atlantikküste (»Prestige«) (Sabucedo, Arce, Ferraces, Merino und Durán 2009)

Kriege, bewaffnete Konflikte und Holocaust
- Erster Golfkrieg (US-Veteranen) (Bartone 1999, Vogt und Tanner 2007)
- Zweiter Golfkrieg (Studierende aus Kuwait) (Al-Naser und Sandman 2000)
- Irakkrieg (US-Veteranen) (Pietrzak et al. 2010, Pietrzak, Johnson, Goldstein, Malley und Southwick 2009)
- Vietnamkrieg: US-Kriegsgefangene (Feder et al. 2008), US-Veteranen (King, King, Foy, Keane und Fairbank 1999, Taft, Stern, King und King 1999)
- US-Kriegsgefangene im Zweiten Weltkrieg bzw. Koreakrieg (Gold et al. 2000)
- Friedenssicherungseinsatz (US-Veteranen) (Adler und Dolan 2006)
- Kanadische Kriegsveteranen (Fikretoglu, Brunet, Poundja, Guay und Pedlar 2006)
- Überlebende eines Kamikazeanschlags auf ein US-amerikanisches Kriegsschiff (Chara, Jr. und Chara 2004)
- Orthodoxe Serben/Serbinnen im Kosovokrieg (Zivilisten/Zivilistinnen) (Jovanovic, Aleksandric, Dunjic und Todorovic 2004)
- Tschechische Kriegsflüchtlinge (Maercker, Povilonyte, Lianova und Pöhlmann 2009)
- Kambodschanische Kriegsflüchtlinge (Mollica, Cui, McInnes und Massagli 2002)
- Israelische und arabische/palästinensische Allgemeinbevölkerung im Nahostkonflikt (Hobfoll et al. 2008, Hobfoll et al. 2009, Kaplan, Matar, Kamin, Sadan und Cohen 2005, Palmieri, Canetti-Nisim, Galea, Johnson und Hobfoll 2008)
- Israelische Kriegsgefangene und Veteranen (Waysman, Schwarzwald und Solomon 2001, Zakin, Solomon und Neria 2003)
- Kindheit im Zweiten Weltkrieg (Forstmeier, Kuwert, Spitzer, Freyberger und Maercker 2009, Kuwert et al. 2008)
- Überlebende des Holocaust (Corley 2010, Greene und Graham 2009, Shmotkin, Shrira, Goldberg und Palgi 2011, Shrira, Palgi, Ben Ezra und Shmotkin 2010, van der Hal-van Raalte, van IJzendoorn und Bakermans-Kranenburg 2008)

Terrorismus
- Bombenanschlag in Oklahoma City (Pfefferbaum et al. 2006)

- 9/11 World Trade Center: Allgemeinbevölkerung (Bonanno, Galea, Bucciarelli und Vlahov 2006, Bonanno et al. 2007), unmittelbar Betroffene (Bonanno, Rennicke und Dekel 2005), Hundeführer/-innen in der Hundestaffel (Alvarez und Hunt 2005), College-Studierende (Fredrickson, Tugade, Waugh und Larkin 2003)
- Bombenanschlag auf das US-amerikanische Kriegsschiff USS Cole im Jemen (Nasky, Hines und Simmer 2009)
- Bombenanschlag auf die Londoner U-Bahn (Bux und Coyne 2009)
- Angehörige des israelischen Rettungsdienstes ZAKA (Solomon und Berger 2005)

» Kasten 3: Potenziell traumatische (nicht normative) Stressoren

04.1.2 Operationalisierung und Messinstrumente von Resilienz

Mit dem Begriff Resilienz wird von einigen Autorinnen und Autoren – wie oben beschrieben – das Ergebnis der Belastungsbewältigung bezeichnet, von anderen die psychische Widerstandskraft an sich bzw. ein Bündel von Schutzfaktoren. In den meisten Studien werden als Variablen die Art des Stressors, einer oder mehrere Schutzfaktoren bzw. die psychische Widerstandskraft und Indikatoren der erfolgreichen Belastungsbewältigung untersucht – welche der beiden letztgenannten Variablen jedoch als Resilienz bezeichnet wird, variiert (siehe Spalte 3 und 4 in Tabelle 2 auf Seite 36).

Dieser Unterschied führt (gemeinsam mit divergierenden Definitionen von erfolgreicher Belastung, siehe unten) dazu, dass das theoretische Konstrukt Resilienz in empirischen Studien sehr unterschiedlich operationalisiert wird.

Operationalisierung von Resilienz als Ergebnis der Belastungsbewältigung

Wird Resilienz als Ergebnis konzeptualisiert, stellt sich die Frage, was als resilientes Ergebnis betrachtet wird und darauf aufbauend, welche Indikatoren zur Messung dieses resilienten Ergebnisses eingesetzt werden. Einigkeit besteht dahingehend, dass resiliente Personen eine psychische Widerstandskraft zeigen, die den erfolgreichen Umgang mit einem Stressor ermöglicht. Es gibt jedoch große Unterschiede, was als erfolgreich betrachtet wird. Ist eine Person resilient, die keine oder nur wenige Anzeichen psychischer Belastung zeigt? Muss ein Individuum, um als resilient zu gelten, eine hohe Lebensqualität oder ein hohes Wohlbefinden aufweisen? In dieser Diskussion spielt das Krankheits- bzw. Gesundheitsverständnis der einzelnen Forschergruppen eine Rolle (siehe Kapitel 02). Bedeutet Gesundheit die Abwesenheit von Krankheit? Oder wird Gesundheit positiv definiert und werden Aspekte des körperlichen und psychischen Wohlbefindens eingeschlossen? Betrachtet man Gesundheit und Krankheit als Kontinuum (Antonovsky 1989) bzw. als zwei unabhängige Faktoren (Lutz und Mark 1995), stellt sich die Frage, wie gesund bzw. wie wenig krank eine Person sein darf, um als resilient zu gelten.

In der Mehrzahl der empirischen Studien werden zur Operationalisierung von Resilienz Maße psychischer Belastung, wie zum Beispiel Symptome posttraumatischer Belastungsstörungen, Depressionen oder Angststörungen, erhoben. Seltener werden Maße psychischen Wohlbefindens, wie zum Beispiel Lebensqualität oder Lebenszufriedenheit, eingesetzt. Es gibt jedoch kaum Studien, in denen eine Kombination aus beidem als Indikator von Resilienz herangezogen wird, obwohl es durchaus möglich ist, dass Personen trotz vereinzelter psychopathologischer Symptome über eine insgesamt hohe Lebensqualität berichten (Almedom und Glandon 2007).

Stressoren	Schutzfaktoren	Widerstandskraft/ Resilienz	Indikatoren der erfolgreichen Belastungsbewältigung/Resilienz
Alltagsstressoren und/oder chronische Belastungen – Sozioökonomische Benachteiligung – Chronischer Stress – Berufliche Stressoren *Kritische Lebensereignisse und/ oder chronische Erkrankungen* – Chronische Erkrankungen und Behinderungen – Psychische Erkrankungen – Tod einer nahe stehenden Person – Migration/Flucht *Potenziell traumatische (nicht normative) Ereignisse* – Missbrauch/Misshandlung – Naturkatastrophen – Krieg – Terrorismus	– Personale Schutzfaktoren – Soziale Schutzfaktoren – Soziokulturelle Schutzfaktoren	– Resilienz als Persönlichkeitseigenschaft* – Resilienz als Bündel von Schutzfaktoren*	*Maße psychopathologischer Symptomatik, zum Beispiel* – Posttraumatische Belastungsstörung – Depression – Angst *Maße psychischer Gesundheit, zum Beispiel* – Lebensqualität – Lebenszufriedenheit * Erfassung über Resilienzfragebogen

» Tab. 2: Variablen in der empirischen Forschung zu Resilienz- und Schutzfaktoren

Resilienz wird also in den meisten Studien als positives, aber nicht unabhängiges Gegenstück zu Vulnerabilität und Psychopathologie operationalisiert. Das steht zum einen im Gegensatz zu der seit den frühen Längsschnittstudien zu Resilienz im Kindes- und Jugendalter eher salutogenetisch ausgerichteten Tradition der Resilienzforschung (siehe Kapitel 02), in der betont wird, dass Resilienz mehr sei als nur die Abwesenheit von Psychopathologie (Almedom und Glandon 2007, Luthar, Cicchetti und Becker 2000). Zum anderen stellt diese Form der Operationalisierung auch die Nützlichkeit des Konstrukts »Resilienz« infrage, da sie impliziert, dass Resilienz und Psychopathologie die entgegengesetzten Enden ein und desselben zugrunde liegenden Phänomens darstellen (Friborg, Hjemdal, Martinussen und Rosenvinge 2009). Die norwegischen Forscher Friborg und Kollegen (2009) untersuchten, ob Symptome psychischer Störungen und eine Vulnerabilität gegenüber negativen Gedanken sich konzeptuell von den mit der »Resilience Scale for Adults« erhobenen protektiven Ressourcen unterscheiden. Die Ergebnisse geben erste Hinweise darauf, dass zumindest diese Maße von Resilienz und Psychopathologie/Vulnerabilität tatsächlich zwei unterschiedliche latente Konstrukte abbilden, die zwar miteinander korreliert sind, jedoch unabhängig voneinander mit anderen psychosozialen Faktoren interagieren (Friborg, Hjemdal, Martinussen und Rosenvinge 2009).

Ein weiterer Kritikpunkt an der vorherrschenden Operationalisierungspraxis von Resilienz als Ergebnis ist die Tatsache, dass in den meisten Studien nur die Abwesenheit von Symptomen einzelner psychischer Störungen als Indikatoren für Resilienz herangezogen werden (Almedom und Glandon 2007). Es wäre jedoch denkbar, dass einzelne Personen zwar nicht diese spezifischen Symptome, aber Symptome anderer psychischer Störungen aufweisen – so wie die Abwesenheit von Fieber allein noch kein stabiler Indikator dafür ist, dass jemand nicht mit einem Grippevirus infiziert ist (Almedom und Glandon 2007). In einer empirischen Studie zu Resilienz nach körperlichen Verletzungen durch traumatische Ereignisse korrelierten zum Beispiel Symptome posttraumatischer Belastungsstörungen und Depressionen zwar hoch, im Einzelvergleich wurden jedoch nur sieben von zehn Personen für beide Symptomgruppen als resilient eingeschätzt (deRoon-Cassini, Mancini, Rusch und Bonanno 2010).

Operationalisierung von Resilienz als psychische Widerstandskraft

Bei der Konzeptualisierung von Resilienz als psychische Widerstandskraft werden meist spezielle Fragebogen (siehe Tabelle 3) oder Fragebogenbatterien verwandter Konstrukte zur Operationalisierung herangezogen (zum Beispiel Bowen, Morasca und Meischke 2003). Die bisher entwickelten Erhebungsinstrumente unterscheiden sich dahingehend, ob die Widerstandskraft als Persönlichkeitseigenschaft (Letzring, Block und Funder 2005) bzw. als personale Ressource (Wagnild und Young 1993) betrachtet wird oder ob in den einzelnen Items Faktoren abgebildet sind, die sich empirisch als protektiv erwiesen haben (Connor und Davidson 2003).

Die am weitesten verbreitete Skala ist die Resilienzskala von Wagnild und Young (1993), die auch in einer deutschen Version vorliegt (Schumacher, Leppert, Gunzelmann, Strauß und Brähler 2005). Resilienz wird hier »als Fähigkeit verstanden, internale und externale Ressourcen für die Bewältigung von Entwicklungsaufgaben erfolgreich zu nutzen« (Schumacher et al. 2005, S. 21). Der Fragebogen selbst besteht aus zwei Skalen mit insgesamt 25 Items (Kurzversion: 11 Items). Auf der Skala »Persönliche Kompetenz« werden Merkmale wie Selbstvertrauen, Unabhängigkeit, Beherrschung, Beweglichkeit und Ausdauer erhoben. Auf der Skala »Akzeptanz des Selbst und des Lebens« werden Merkmale wie Anpassungsfähigkeit, Toleranz, flexible Sicht auf sich selbst und den eigenen Lebensweg erfasst (Schumacher et al. 2005, Wagnild und Young 1993). In der deutschen teststatistischen Überprüfung konnte die Zweifaktorenstruktur des Fragebogens zwar nicht bestätigt werden (Schumacher et al. 2005), wie in anderen internationalen Studien auch wird jedoch eine hohe Reliabilität und Validität der Skala berichtet (vgl. Ahern, Kiehl, Sole und Byers 2006). Neben der Resilienzskala ist das bekannteste Konzept von Resilienz als Persönlichkeitseigenschaft die sogenannte Skala »Ego Resilience« (ER; Block und Block 1980). In der von Jack und Jeanne Block entwickelten Persönlichkeitstheorie ist Resilienz neben Kontrolle (»ego-control«) die zentrale und übergreifende Persönlichkeitsdimension. Sie bezeichnet die dynamische Fähigkeit, sein Verhalten entsprechend der Kontextbedingungen zu modifizieren; also genau das Ausmaß an Kontrolle über Impulshemmung und -ausdruck auszuüben, das in der jeweiligen Situation erforderlich ist (Klohnen 1996). In der »Ego Resilience Scale« (Block und Kremen 1996) werden mit 14 Items die Themen aktive und sinnvolle Beschäftigung mit der Welt, Zuversicht, Autonomie, soziale Kompetenz und Vertrauen in die eigenen Fähigkeiten erhoben.

	Resilience Scale (RS)	Ego Resilience Scale	Connor-Davidson Resilience Scale (CD-RISC)	Resilience Scale for Adults (RSA)
Autoren	Wagnild und Young 1993 (deutsche Version: Schumacher et al. 2005)	Block und Kremen 1996	Connor und Davidson 2003	Friborg, Hjemdal, Rosenvinge und Martinussen 2003
Items	25 (14/11*)	14	25	37
Dimensionen	– Persönliche Kompetenz – Akzeptanz des Selbst und des Lebens	Eindimensional	Eindimensional, ermittelte Faktoren: – Persönliche Kompetenz und Hartnäckigkeit – Vertrauen in die eigenen Instinkte und Toleranz von negativem Affekt – Positive Akzeptanz gegenüber Veränderungen, zuverlässige Beziehungen – Kontrolle – Spirituelle Einflüsse	– Persönliche Kompetenz – Soziale Kompetenz – Familiäre Kohärenz – Soziale Unterstützung – Persönlichkeitsstruktur
Zugrunde liegende Definition von Resilienz	Resilienz als personale Ressource, die die individuelle Anpassungsfähigkeit fördert	Resilienz als stabiles Persönlichkeitsmerkmal – als Fähigkeit, sein Verhalten entsprechend der Kontextbedingungen zu modifizieren	Resilienz als Maß für die Copingfähigkeit bei Stress, die sich aus einzelnen »Resilienz-Charakteristika« zusammensetzt	Resilienz als Resultat des Zusammenspiels verschiedener Schutzfaktoren

** Englische Kurzversion: 14 Items, deutsche Kurzversion: 11 Items*

» Tab. 3: Erhebungsinstrumente für Resilienz als Widerstandskraft

Im letzten Jahrzehnt wurde eine Reihe von Fragebogen zur Messung von Resilienz entwickelt. Davon wurden jedoch nur die »Connor-Davidson Resilience Scale« (CD-RISC) und die »Resilience Scale for Adults« (RSA; siehe Tabelle 3) in mehreren Stichproben auf ihre teststatistischen Eigenschaften untersucht und in einer substanziellen Anzahl empirischer Studien unterschiedlicher Autorenschaft eingesetzt (siehe auch Ahern, Kiehl, Sole und Byers 2006).

Zu den Verfahren, die bisher wenig Verbreitung erfahren haben, gehören die »Brief Resilience Scale« (BRS), das »Baruth Protective Factors Inventory« (BPFI) und die »Brief Resilient Coping Scale« (BRCS). Die BRS (Smith et al. 2008) soll mit sechs Items ein direktes Maß für Resilienz als Fähigkeit zur Regeneration nach stressreichen Erfahrungen darstellen. Mit dem BPFI (16 Items; Baruth und Caroll 2002) können vier protektive Faktoren erhoben werden: anpassungsfähige Persönlichkeit, externe Unterstützung, stressarme Umgebung und Möglichkeit zu kompensatorischen Erfahrungen. Mit den vier Items der BRCS soll die Fähigkeit zu adaptivem Coping erhoben werden. Erfragt werden die Themen Hartnäckigkeit, Optimismus, Kreativität und aktives Problemlösen (Sinclair und Wallston 2004).

Die unterschiedliche Operationalisierung von Resilienz als Ergebnis der Belastungsbewältigung bzw. als psychische Widerstandskraft sowie die verschiedenen Erhebungsinstrumente für Resilienz als Widerstandskraft erschweren einen Vergleich empirischer Studien – selbst wenn in diesen dieselben Stressoren erfasst werden. In einigen Studien wird untersucht, ob potenzielle Schutzfaktoren zu einer besseren Verarbeitung, weniger psychopathologischen Symptomen oder einer höheren Lebensqualität führen. In anderen Studien wird Resilienz als gegebene und durch spezifische Erhebungsinstrumente messbare Größe betrachtet, auf die sich verschiedene potenzielle Schutzfaktoren günstig auswirken. In wieder anderen Studien wird der Einfluss des jeweiligen Konzepts von Resilienz auf die Belastungsverarbeitung gemessen. Im letzten Fall gibt es eine hohe Konfundierung zwischen Resilienz und Schutzfaktoren, da sich wie beschrieben einige Erhebungsinstrumente aus verschiedenen Schutzfaktoren zusammensetzen.

» 04.2 Psychische Reifungsprozesse nach kritischen Lebensereignissen

Viele Forscherinnen und Forscher verstehen unter Resilienz psychische Stabilität angesichts kritischer Lebensereignisse (wobei unterschiedliche Bewältigungsverläufe angenommen werden, siehe oben). Einige Forschergruppen definieren Resilienz als Rekonfiguration. Damit beziehen sie psychische Reifungsprozesse und Wachstumserfahrungen in ihre Definition von Resilienz mit ein – gehen also davon aus, dass es zumindest einem Teil der Betroffenen nach der traumatischen Erfahrung besser geht als zuvor. Dieser Aspekt von Resilienz überschneidet sich mit einem psychologischen Konstrukt, das im Zusammenhang mit kritischen und traumatischen Lebensereignissen diskutiert wird: der Posttraumatischen Reifung. Da in einigen Studien zu psychosozialen Schutzfaktoren auch Wachstumsprozesse bzw. das Konstrukt der Posttraumatischen Reifung untersucht werden, wird die Posttraumatische Reifung hier in einem eigenen Kapitel beschrieben.

04.2.1 Konzept der Posttraumatischen Reifung

Mit »Posttraumatischer Reifung« werden positive psychische Veränderungen bezeichnet, die von Betroffenen als Folge des Bewältigungsprozesses von sehr belastenden Lebensereignissen berichtet werden (Zöllner, Calhoun und Tedeschi 2006). Dieses Phänomen wird schon in frühen Zeugnissen der Menschheitsgeschichte berichtet (zum Beispiel Buch Hiob); es inspirierte Schriftstellerinnen und Schriftsteller sowie Philosophinnen und Philosophen über Jahrhunderte hinweg. In der psychologischen Forschung wird Posttraumatische Reifung jedoch erst seit Beginn der 1980er-Jahre systematisch untersucht und erfuhr seitdem eine große Resonanz (zum Beispiel Linley und Joseph 2004). Der Begriff »Posttraumatisches Wachstum« (»posttraumatic growth«) wurde erstmals 1996 von Tedeschi und Calhoun von der Universität von North Carolina (USA) sowie Pionierinnen und Pionieren auf diesem Forschungsgebiet benutzt. Maercker (1998) prägte in seiner deutschen Übersetzung den Begriff »Posttraumatische Reifung«, um ihn vom Wachstumsbegriff der Humanistischen Psychologie abzugrenzen und die esoterische Konnotation, den der Begriff

Wachstum im Deutschen häufig beinhaltet, zu vermeiden. Der Terminus »Posttraumatische Reifung« soll demnach zum einen ausdrücken, dass das beschriebene Phänomen nach schwerwiegenden Lebensereignissen auftritt und nicht die persönliche Weiterentwicklung aufgrund normativer Lebensaufgaben gemeint ist. Zum anderen soll betont werden, dass die beobachteten Veränderungen – im Gegensatz etwa zu Sinnfindung – eine tatsächliche kognitive Transformation beinhalten. In der angloamerikanischen Literatur existiert daneben eine breite Anzahl unterschiedlicher Begriffe und Konzeptualisierungen, zum Beispiel »finding benefits« (Affleck und Tennen 1996), »stress-related growth« (Park, Cohen und Murch 1996), »thriving« (O'Leary, Alday und Ickovics 1998), »positive psychological changes« (Yalom und Lieberman 1991) oder »adversial growth« (Joseph und Linley 2005).

Im Gegensatz zum Konzept der Resilienz, bei dem die empirische Forschung zu einzelnen Schutzfaktoren überwiegt und noch kein umfassendes Modell der Wirkungsmechanismen entwickelt wurde, gibt es für das Konzept der Posttraumatischen Reifung mehrere theoretische Modelle (zum Beispiel Bonanno 2005, Filipp 1999, Joseph und Linley 2005, Park und Folkman 1997, Schaefer und Moos 1992). Die Modelle unterscheiden sich im Wesentlichen darin, ob Posttraumatische Reifung als Bewältigungsstrategie oder als Ergebnis der Bewältigungsbemühungen verstanden wird. In Modellen von Posttraumatischer Reifung als Bewältigungsstrategie wird angenommen, dass die Wahrnehmung persönlicher psychischer Reifung selbst eine adaptive Copingstrategie darstellt (zum Beispiel Filipp 1999). In Modellen von Posttraumatischer Reifung als Ergebnis der Bewältigungsbemühungen wird die Posttraumatische Reifung quasi als Nebenprodukt der angewandten Copingstrategien betrachtet (Tedeschi und Calhoun 2004).

Das bekannteste Modell der Posttraumatischen Reifung stammt von Tedeschi und Calhoun (2004). Nach diesem Ansatz treten positive Veränderungen nach einem traumatischen Ereignis als Folge des Bewältigungsprozesses in den Dimensionen »Neue Möglichkeiten«, »Beziehungen zu anderen«, Wertschätzung des Lebens«, »Persönliche Stärke« und »Religiöse Veränderungen« auf. Diese fünf Bereiche Posttraumatischer Reifung wurden von Calhoun und Tedeschi – basierend auf einer Literaturrecherche sowie Interviews – ermittelt und gelten heute als wesentliche Merkmale Posttraumatischer Reifung.

Eine *stärkere Wertschätzung des Lebens* ist eine Veränderung, die viele Menschen nach einem belastenden Lebensereignis berichten. Dinge, die zuvor als selbstverständlich wahrgenommen wurden, wie das Lächeln eines Kindes oder Tautropfen auf dem Gras, werden als wertvolle Momente betrachtet und lösen Glücksgefühle aus. Ziele und Anforderungen, die wichtig erschienen, treten hinter den Genuss zurück, am Leben zu sein. Auch *Beziehungen zu anderen* werden häufig als wesentlich wichtiger oder erfüllender betrachtet und intensiviert.

Gleichzeitig berichten jedoch viele Betroffene, Beziehungen beendet zu haben, da sie angesichts ihrer traumatischen Erfahrung bemerkt hätten, wer ihre wahren Freundinnen und Freunde seien. Eine weitere Dimension ist das *Erleben neuer Möglichkeiten* wie etwa anderer Lebensformen, Arbeitstätigkeiten oder Hobbys – selbst wenn die Betroffenen manchmal objektiv eingeschränkter sind, weil sie zum Beispiel nach einem Autounfall im Rollstuhl sitzen. Unter *religiösen Veränderungen* verstehen Calhoun und Tedeschi (2006) außer einer größeren Spiritualität und einem stärkeren Glauben auch ein größeres Interesse an existenziellen Fragen wie dem Sinn des Lebens. Ihrer Ansicht nach können auch Personen, die sich keiner Glaubensgemeinschaft zugehörig fühlen, positive Veränderungen auf dieser Dimension erleben, indem sie eine stärkere Zufriedenheit oder Klarheit gegenüber existenziellen Fragen erlangen. In der Dimension *persönliche Stärke* tritt das Paradox, positive Veränderungen durch negative Erlebnisse zu erfahren, deutlich zutage. Calhoun und Tedeschi (2006) beschreiben diese Veränderung mit den Worten »Ich bin verletzlicher als ich dachte, aber stärker als ich es mir je vorstellen konnte« (eigene Übersetzung). Betroffene berichten, dass sie nun – da sie die traumatische Erfahrung überlebt haben – so leicht nichts mehr aus der Bahn werfe und sie wesentlich zuversichtlicher seien, auch zukünftige Herausforderungen meistern zu können. Gleichzeitig habe das traumatische Erlebnis gezeigt, dass der eigene Einfluss begrenzt und man selbst, angesichts vieler schrecklicher Ereignisse, relativ machtlos ausgeliefert sei.

Die fünf Dimensionen entwickeln sich nach Tedeschi und Calhoun (2004) in einem kognitiv-emotionalen Verarbeitungsprozess. Voraussetzung für diesen Prozess ist das Erleben eines traumatischen Ereignisses, das die Weltsicht, die persönlichen Werte und Lebensziele oder den Glauben einer Person grundlegend erschüttert und einen Bruch in der individuellen Lebensgeschichte darstellt. Dieser Verarbeitungsprozess beginnt mit automatischer und intrusiver Rumination; einer Art des Denkens, das – ähnlich dem Grübeln – durch eine enge thematische Begrenzung und häufige Wiederholungen gekennzeichnet ist. Die Rumination wird früh im Verarbeitungsprozess von bewusstem, absichtlichem Reflektieren begleitet und später (im günstigsten Fall) davon abgelöst. Im Laufe der Reflexion werden alte, prätraumatische Ziele und Annahmen verworfen und neue, adaptivere Annahmen, Ziele und Schemata gebildet sowie ein Narrativ entwickelt, mit dem die traumatische Erfahrung integriert werden kann.

Bei der Beschreibung des Reflexionsprozesses beziehen sich Calhoun und Tedeschi (2006) auf die drei Komponenten des Kohärenzgefühls nach Antonovsky (siehe Kapitel 03.1). Demnach versuchen die Betroffenen zunächst zu begreifen, dass das Trauma tatsächlich und unwiderruflich stattgefunden hat, und ordnen die oft chaotischen Erinnerungen daran zu einem strukturierten Ablauf. Die damit (wieder-) hergestellte »Verstehbarkeit« erleichtert nach Calhoun und Tedeschi (2006) die »Handhabbarkeit« des Traumas, da nun klarer ist, welche Aspekte des Traumas den Betroffenen besondere Schwierigkeiten bereiten und diese gezielt reflektiert werden können. Die Beschäftigung mit der »Sinnhaftigkeit« des Erlebnisses tritt erst wesentlich später im Verarbeitungsprozess auf und führt nach Calhoun und Tedeschi zu den Veränderungen in den fünf Dimensionen der Posttraumatischen Reifung.

04.2.2 Abgrenzung von Posttraumatischer Reifung und Resilienz

Posttraumatische Reifung und Resilienz werden zwar von den meisten Autorinnen und Autoren als unterschiedliche und voneinander unabhängige Konstrukte betrachtet, die Definition von Resilienz als Rekonfiguration weist jedoch erhebliche Überschneidungen zu Modellen Posttraumatischer Reifung auf. Beide beinhalten eine psychische Transformation bzw. kognitiv-emotionale Umstrukturierung, die über das prätraumatische Funktionsniveau hinausgeht. Nach Lepore und Revenson (2006) besteht der Unterschied zwischen den beiden Konzepten darin, dass Modelle Posttraumatischer Reifung sich ausschließlich auf positive Veränderungen bezögen, während die Definition von Resilienz als Rekonfiguration positive wie negative Entwicklungen beinhalten könne. Bei näherer Betrachtung erweist sich diese Unterscheidung jedoch als unzureichend. Calhoun und Tedeschi (2006) weisen selbst darauf hin, dass sich Posttraumatische Reifung und negative psychische Belastungsfolgen nicht ausschließen. Dass heißt, dass auch Personen, die Gewinn aus ihrer traumatischen Erfahrung ziehen, gleichzeitig unter den psychischen Folgen eben dieser Erfahrung leiden können. Tatsächlich wurde in den vorliegenden Reviews und Metaanalysen (Barskova und Oesterreich

2009, Helgeson, Reynolds und Tomich 2006, Linley und Joseph 2004, Sawyer, Ayers und Field 2010, Stanton, Bower und Low 2006, Zoellner und Maercker 2006) kein konsistenter Zusammenhang von Posttraumatischer Reifung und psychischer Symptomatik gefunden. Aber auch dem zweiten Teil der Unterscheidung von Lepore und Revenson (2006) ist nicht uneingeschränkt zuzustimmen. Die meisten Autorinnen und Autoren, die Resilienz als Rekonfiguration definieren oder diesen Aspekt zumindest in ihre Definition mit einschließen, haben dabei positive Veränderungen im Blick oder gehen davon aus, dass sich die Widerstandskraft gegenüber künftigen Stressoren durch diese Veränderungen steigert (zum Beispiel Davis, Luecken und Lemery-Chalfant 2009, Richardson 2002).

Die inkonsistenten Befunde zum Zusammenhang von Posttraumatischer Reifung und psychischer Symptomatik sind gleichzeitig einer der größten Kritikpunkte am Konzept der Posttraumatischen Reifung (zu einer ausführlichen Diskussion siehe Zoellner und Maercker 2006). Es gibt zwar Hinweise, dass Posttraumatische Reifung längsschnittlich mit einem geringeren Maß an psychischer Belastung bzw. einer besseren Anpassung verbunden ist (Barskova und Oesterreich 2009, Stanton, Bower und Low 2006), allerdings ist ungeklärt, ob Posttraumatische Reifung tatsächlich eine durchweg adaptive Bewältigungsstrategie ist. Nach Zoellner und Maercker (2006) hat das Phänomen der Posttraumatischen Reifung zwei Gesichter (Janusköpfigkeit der Posttraumatischen Reifung). Ihrer Ansicht nach sind Personen, die eine tatsächliche Reifung erfahren, von solchen zu unterscheiden, die diese Reifung nur als »persönliches Schutzschild« (oder Copingstrategie) vorgeben, um angesichts der traumatischen Erfahrung nicht zu verzweifeln[3]. Zoellner und Maercker (2006) gehen davon aus, dass die Posttraumatische Reifung bei Ersteren mit einer gesunden Entwicklung einhergehen sollte, während Letztere aus der »Pseudo-Reifung« keinen psychischen Gewinn ziehen können. Bezieht man die Möglichkeit der Rekonfiguration in die Definition von Resilienz mit ein, dann wäre diese »wahre Posttraumatische Reifung« also durchaus mit Resilienz gleichzusetzen.

Die Abgrenzung zwischen Posttraumatischer Reifung und Resilienz wird präziser, wenn Resilienz als Resistenz oder schnelle Regeneration definiert wird. Die Voraussetzung für Posttraumatische Reifung nach Calhoun und Tedeschi (2006) ist eine grundlegende Erschütterung der Weltsicht und eine hohe Belastung durch das Trauma. Nach der Definition von Resilienz als Resistenz oder Regeneration sollte hingegen keine oder nur eine geringe Belastung auftreten. Calhoun und Tedeschi (2006) stellen die Hypothese auf, dass Personen mit sehr hoher Resilienz und Personen mit sehr geringer Resilienz keine oder nur sehr geringe Posttraumatische Reifung erfahren, da sie entweder zu wenig oder zu stark belastet sind, um den notwendigen kognitiv-emotionalen Verarbeitungsprozess zu durchlaufen. Die Annahme dieses kurvilinearen Zusammenhangs wurde in ersten Studien (zum Beispiel Levine, Laufer, Stein, Hamama-Raz und Solomon 2009) bestätigt. In diesem Fall könnte Posttraumatische Reifung als Schutzfaktor für zukünftige Stressoren betrachtet werden und damit zu Resilienz führen, da die kognitiven Veränderungen einen besseren Umgang mit traumatischen Ereignissen erlauben (Janoff-Bulman 2006).

In einem Forschungsgebiet, das eine solch breite öffentliche Aufmerksamkeit erfährt, ist es wichtig, immer wieder darauf hinzuweisen, dass die Existenz

---

3 Calhoun und Tedeschi (2006) erkennen die Möglichkeit dieser illusionären Komponente der Posttraumatischen Reifung an, gehen jedoch im Unterschied zu Zoellner und Maercker (2006) davon aus, dass dies nur bei einem Bruchteil der Betroffenen auftritt.

von Schutzfaktoren nicht als gegeben angenommen werden darf und viele Menschen unsagbar unter ihren traumatischen Erfahrungen leiden. In Bezug auf die Posttraumatische Reifung kommt hinzu, dass diese keineswegs als das »bessere« Ergebnis eines Bewältigungsprozesses, sondern als anderer Ansatz zur Erklärung eines verwandten Phänomens aufgefasst werden sollte. Zöllner, Calhoun und Tedeschi (2006, S. 40) beziehen sich auf diese impliziten Bewertungs- und Forderungsprozesse, wenn sie sagen, die illusionäre Seite der Posttraumatischen Reifung könne »ein Produkt der ›Tyrannei des positiven Denkens‹ sein, die insbesondere mit dem ›Wachstumsgedanken‹ in esoterisch angehauchten Kreisen verbreitet ist und auf Betroffene erheblichen Druck ausüben kann«.

Mit diesem Exkurs sollte deutlich gemacht werden, dass Resilienz und Posttraumatische Reifung zwei Konzepte mit starken inhaltlichen und empirischen Überlappungen sind. Die künftige Diskussion zu psychosozialen Schutzfaktoren von Gesundheit kann nicht geführt werden, ohne Befunde und Ergebnisse zur Posttraumatischen Reifung zu beachten. Aus heutiger Sicht ist offen, inwieweit das Konzept der Posttraumatischen Reifung weiter von Relevanz für die klinisch-psychologische und gesundheitspsychologische Forschung sein wird. In jedem Fall haben beide Konzepte den Vorteil, dass sie insbesondere auch für Interventionen und die Analyse von Bewältigungsergebnissen eine positive Perspektive vermitteln.

05

Empirische Befunde zu Schutz- und Resilienzfaktoren

Die Forschung zu Resilienz und Schutzfaktoren ist in den letzten zehn Jahren förmlich explodiert. Die psychologische Datenbank PsychInfo listet für den Zeitraum 1998–2011 insgesamt 4981 Artikel in Zeitschriften, die dem sogenannten Peer-review-Verfahren unterliegen[4]; vor 1998 sind hingegen nur 444 entsprechende Artikel erschienen. Allerdings ist Resilienz in den vergangenen zwei Jahrzehnten auch zu einem Modewort geworden, das auch in der nichtwissenschaftlichen Literatur vielfach aufgegriffen wurde. Einige Autorinnen und Autoren erwähnen den Begriff Resilienz im Titel ihrer Arbeit, obwohl diese nicht zur Resilienz- und Schutzfaktorenforschung im engeren Sinn gezählt werden kann. Die im Folgenden vorgestellten empirischen Studien sind angesichts dieser Fülle an Publikationen nicht als vollständige Auflistung aller Arbeiten zu den einzelnen Schutzfaktoren zu verstehen. Aus den Treffern der systematischen Literaturrecherche (Kapitel 08.1) wurden die hier vorgestellten Studien nach den Kriterien Bedeutung und Bekanntheitsgrad des Publikationsorgans, thematischer Passung, methodischem Anspruch und Aktualität ausgewählt. Da eine Bewertung der schützenden Wirkung bzw. kritischen Würdigung eines Faktors nur in der Zusammenschau mehrerer empirischer Studien möglich ist, werden hier nur diejenigen psychologischen Schutzfaktoren dargestellt, zu denen eine substanzielle Anzahl an Studien publiziert

4 Mit diesem Verfahren soll die Qualität von Publikationen sichergestellt werden. Unabhängige Gutachterinnen und Gutachter aus dem gleichen Fachgebiet wie die Autorinnen und Autoren beurteilen die Qualität der geplanten Veröffentlichung, bevor eine Publikationszusage erfolgt.

wurde. Die meisten der dargestellten Studien beziehen sich auf die Altersspanne zwischen 18 und 65–70 Jahren.

» Kasten 4: In diesem Band dargestellte Schutzfaktoren

» 05.1 Positive Emotionen

Im Volksmund werden Menschen, die regelmäßig positive Gefühle und Stimmungen wie Freude, Stolz, Neugier, Lust, Zufriedenheit, Zuversicht, Fröhlichkeit, Befriedigung oder Wohlbehagen erleben, als glückliche Menschen bezeichnet. »Glücklich« zu sein, ist in unserem Kulturkreis ein hohes Gut, das mit Erfolg in den verschiedensten Bereichen des Lebens in Verbindung gebracht wird. In einer Vielzahl von querschnittlichen Studien wurde übereinstimmend gezeigt, dass positive Emotionen einen hohen Zusammenhang mit Berufserfolg, erfüllenden sozialen Beziehungen, einer besseren psychischen und körperlichen Gesundheit, aber auch persönlichen Attributen wie einem hohen Selbstwertgefühl, Selbstvertrauen und -effizienz aufweisen. Dabei scheint die Intensität der positiven Emotionen weniger ausschlaggebend zu sein als die Regelmäßigkeit des Erlebens und die Relation zu den erlebten negativen Emotionen (Lyubomirsky, King und Diener 2005).

Positive Emotionen sind nicht nur das Resultat von Erfolg, Gesundheit und erfüllenden Beziehungen, sondern wirken – wie ebenfalls in einer Vielzahl von Längsschnitt- und Experimentalstudien gezeigt werden konnte – auch als förderlicher Faktor. So hatten zum Beispiel fröhliche (»cheerful«) Studierende 16 Jahre später ein höheres Einkommen als ihre weniger fröhlichen Kommilitoninnen und Kommilitonen (Diener, Nickerson, Lucas und Sandvik 2002). In einer australischen Studie war die Wahrscheinlichkeit zu heiraten für Personen mit hohen Werten auf einer Glücklichkeitsskala doppelt so hoch wie für »weniger glückliche« Vergleichspersonen (Marks und Fleming 1999). In experimentellen Studien hatten Versuchspersonen, denen positive Emotionen induziert wurden, zum Beispiel mehr Spaß an den gestellten Aufgaben (Hirt, Melton, McDonald und Harackiewicz 1996) und konnten selbst komplexe Aufgaben besser und flexibler lösen (Isen 2000). In einer Reihe von methodisch sehr sorgfältigen Studien konnten Cohen und Kollegen (zum Beispiel Cohen, Alper, Doyle, Treanor und Turner 2006) den Einfluss von positiven Emotionen auf das Immunsystem zeigen. Sie setzten gesunde Erwachsene Erkältungsviren aus und überprüften, wer sich mit dem Virus infizierte und bei wem Erkältungssymptome ausbrachen. Das (selbstberichtete) Erleben von positiven Emotionen hatte einen klinisch bedeutsamen Zusammenhang mit der individuellen Abwehrkraft gegenüber den Viren.

Wesentlich weniger, aber immer noch eine substanzielle Anzahl von Studien beschäftigen sich mit der Frage, ob das Erleben positiver Emotionen neben dieser allgemein förderlichen Wirkung angesichts kritischer Lebensereignisse auch als Schutzfaktor im engeren Sinne wirken kann. So hatte zum Beispiel in einer Studie von Quale und Schanke (2010) die retrospektive Einschätzung des Erlebens von positiven Emotionen vor einem schweren Unfall einen Vorhersagewert dahingehend, wie psychisch belastet körperlich schwerverletzte Betroffene sind. In einer groß angelegten niederländischen Zwillingsstudie (Geschwind et al. 2010) hatte nicht das absolute Ausmaß an positiven Emotionen, sondern die Fähigkeit, sich über alltägliche Ereignissen zu freuen, einen protektiven Effekt für Personen, die kritische oder traumatische Lebensereignisse erfahren hatten.

Da die meisten Ereignisse, die als Stressoren in der Resilienzforschung untersucht werden, ausgesprochen negativ sind, wird immer wieder diskutiert, ob überhaupt ein Auftreten von positiven Gefühlen zu erwarten ist. Es konnte jedoch schon in frühen Studien gezeigt werden, dass manche Personen auch in schwerwiegenden Situationen sowohl über positive als auch negative Gefühle berichten (Folkman 2008, Folkman und Moskowitz 2000) – wobei diese Fähigkeit zum simultanen Erleben positiver Gefühle protektiv zu wirken scheint.

In der Resilienzforschung wird heute vorwiegend von einem *dynamischen Affektmodell* (»Dynamic Model of Affect«; Davis, Zautra und Smith 2004, Zautra, Smith, Affleck und Tennen 2001) ausgegangen. In diesem Modell wird auf die menschliche Informationsverarbeitungskapazität zurückgegriffen, um das Erleben von positiven und negativen Gefühlen zu beschreiben. Unter alltäglichen Bedingungen haben Personen die Ressourcen, sowohl positive als auch negative Informationen in ihrer Umgebung zu beachten und gegeneinander abzuwägen. Negative und positive Emotionen treten entsprechend relativ unabhängig voneinander auf; das heißt, eine Person kann sich gleichzeitig über Sonnenschein freuen und über einen Strafzettel ärgern. In stressreichen und potenziell bedrohlichen Situationen hingegen steht eine schnelle Informationsverarbeitung zur Gefahrenabwehr im Vordergrund. Sowohl die Wahrnehmung als auch das Erleben von Gefühlen wird dadurch eingeschränkt. Negative und positive Gefühle werden nun auf einem Kontinuum erlebt, wobei die negativen Emotionen das Erleben von positiven Emotionen verhindern. Nach diesem Modell sind diejenigen Personen resilient bzw. weniger belastet, die angesichts eines schwerwiegenden Lebensereignisses in der Lage sind, auch unabhängig von den negativen Gefühlen, die auftreten, positive Gefühle zu empfinden.

Die Grundannahmen des dynamischen Affektmodells wurden in mehreren Studien bestätigt. Die Arbeitsgruppe von Alex Zautra untersuchte vorwiegend Patientinnen und Patienten mit verschiedenen Schmerzerkrankungen (zum Beispiel Davis, Zautra und Smith 2004, Reich, Zautra und Davis 2003, Strand et al. 2006, Zautra, Johnson und Davis 2005). Das Erleben von positiven Emotionen scheint unter anderem hilfreich zu sein, um unbeeinflussbare Schmerzfluktuationen als weniger stressreich zu erleben (Strand et al. 2006) und soziale Beziehungen als unterstützend zu erfahren (Davis et al. 2004). Auch nach Trauerfällen in der Familie konnte dieser Zusammenhang von positiven und negativen Emotionen nachgewiesen werden (Bonanno, Moskowitz, Papa und Folkman 2005, Coifman, Bonanno, Ray und Gross 2007). Ong, Bergeman, Bisconti und Wallace (2006) untersuchten in drei großen Tagebuchstudien Personen im Rentenalter. Bei resilienten Personen (nach Block und Kremen 1996) traten positive und negative Emotionen angesichts alltäglicher Mikrostressoren unabhängiger voneinander auf als bei weniger resilienten Personen.

Positive Emotionen schienen darüber hinaus einen Beitrag zur Erholung bzw. Prävention von Erkrankungen zu leisten. In Studien der Arbeitsgruppe von Glenn Ostir mit Schlaganfallpatientinnen und -patienten (zum Beispiel Seale, Berges, Ottenbacher und Ostir 2010) hatte das Erleben von positiven Emotionen Anteil an der funktionalen Genesung der Probandinnen und Probanden, unabhängig davon, ob die betreffende Person unter depressiven Symptomen litt. Auch in der oben erwähnten Studie von Cohen und Kollegen (Cohen, Alper, Doyle, Treanor und Turner 2006) zum Immunsystem war der Effekt der positiven Emotionen unabhängig vom Auftreten negativer Emotionen – was zum einen das dynamische Affektmodell stützt, zum anderen aber auch zeigt, dass positive Emotionen mehr bewirken als nur die Reduktion von negativen Emotionen.

Zur Erklärung der Funktionalität von positiven Emotionen entwickelte Barbara Fredrickson (1998) die viel beachtete *Broaden and built theory of positive emotions*. Die Stressforscher Lazarus, Kanner und Folkman wiesen schon 1980 (Lazarus, Kanner und Folkmann 1980, zitiert nach Folkman und Moskowitz 2000) darauf hin, dass das Erleben von positiven Emotionen eine Art psychologische Auszeit bedeuten kann, in der Bewältigung stattfinden und vitale Ressourcen wieder aufgefüllt werden können. Fredrickson (1998) erweitert diese Annahme, indem sie ausführt, dass positive Emotionen entwicklungsgeschichtlich mehrere Funktionen haben. Zur Erklärung der akuten Wirkung von positiven Emotionen greift sie auf Laborexperimente zurück, in denen gezeigt wurde, dass positive Emotionen in akuten Stresssituationen einen schnelleren Rückgang der physiologischen Erregung bewirken können und somit dazu beitragen, Ressourcen wieder freizusetzen (Fredrickson, Tugade, Waugh und Larkin 2003, Tugade, Fredrickson und Barrett 2004). Diesen Zustand bezeichnet sie als »cognitive broadening«, also eine Erweiterung der kognitiven Kapazität, die in stressreichen Situationen Kreativität, Flexibilität und effizientere Problemlösungen ermöglicht. Dieser Effekt der positiven Emotionen hat einen Einfluss auf langfristige Bewältigungsstrategien und das generelle Wohlbefinden von Personen (vgl. Fredrickson und Joiner 2002), indem bleibende Ressourcen gebildet und durch das wiederholte Erleben von positiven Emotionen gestärkt werden (»resource building«). Tatsächlich war das Erleben von positiven Emotionen in stressreichen Situationen ein signifikanter Prädiktor für den Zuwachs an Resilienz bei Studierenden (Cohn, Fredrickson, Brown, Mikels und Conway 2009, Tugade und Fredrickson 2004) und ein geringeres Schmerzerleben in nachfolgenden Wochen bei Schmerzpatientinnen und -patienten (Zautra, Johnson und Davis 2005).

Eine weitergehende Überprüfung des Modells von Fredrickson (1998) bei schwerwiegenden Lebensereignissen steht noch aus. Zwei Studien mit Personen, die Terroranschläge überstanden haben, erbrachten inkonsistente Ergebnisse. Während Fredrickson und Kollegen (2003) die Grundannahmen des Modells in einer Stichprobe von Studierenden nach dem 11. September 2001 in den USA bestätigen konnten, kamen Bux und Coyne (2009) in einer Studie nach den Londoner Terroranschlägen vom Juli 2005 zu dem Ergebnis, dass resiliente Personen (nach Wagnild und Young 1993) nicht mehr positive Emotionen erlebten als weniger resiliente. Da mit der Resilienzskala von Wagnild und Young (1993) jedoch eine spezifische Konzeptualisierung von Resilienz erfasst wird, muss noch überprüft werden, inwieweit dieser Befund tatsächlich einen Widerspruch zum Modell von Fredrickson (1998) darstellt.

Bewertung und kritische Würdigung

Das Erleben positiver Emotionen hat sich in empirischen Studien konsistent als protektiv gezeigt. Es scheint jedoch weniger die Intensität der positiven Emotionen an sich als das regelmäßige Auftreten und die Relation zur Häufigkeit von negativen Emotionen zu sein, die schützend wirken. In der Resilienzforschung wird daher davon ausgegangen, dass die schützende Wirkung angesichts kritischer Lebensereignisse und chronischer Stressoren in der Fähigkeit zum simultanen Erleben von positiven und negativen Gefühlen besteht. Im dynamischen Affektmodell von Zautra, Smith, Affleck und Tennen (2001) wird postuliert, dass das simultane Erleben positiver und negativer Emotionen die Verfügbarkeit von kognitiven Ressourcen voraussetzt. Fredrickson (1998) bezieht sich auf Laborexperimente, in denen positive Emotionen in akuten Stresssituationen einen schnelleren Rückgang der physiologischen Erregung bewirken können und somit dazu beitragen, Ressourcen wieder freizusetzen. In zukünftigen Studien muss überprüft werden, inwieweit die Fähigkeit zum simultanen Erleben positiver und negativer Emotionen mit der individuellen kognitiven Leistungsfähigkeit zusammenhängt.

Ein Kritikpunkt an Studien zum Erleben von positiven Emotionen betrifft die hohe Überschneidung mit dem Konstrukt des dispositionellen Optimismus. In einigen Studien wird mit dem »Life-Orientation-Test« (Scheier, Carver und Bridges 1994) sogar ein Fragebogen eingesetzt, der zur Erfassung von Optimismus entwickelt wurde. Dies wirft die Frage auf, ob das zu messende Konstrukt in diesen Studien adäquat operationalisiert wurde. Die Abgrenzung zwischen einer optimistischen Lebenseinstellung und dem Erleben positiver Emotionen sollte daher in künftigen Studien besonders beachtet werden. Eine offene Frage in der Forschung zum Erleben positiver Emotionen betrifft den Ausdruck positiver Emotionen. In der Emotionsforschung wird davon ausgegangen, dass der Ausdruck von Emotionen gesundheitsförderlicher ist als das Unterdrücken (Westphal, Seivert und Bonanno 2010). Zumindest der Ausdruck negativer Emotionen kann jedoch auch dysfunktional sein. So gilt beispielsweise der chronische Ausdruck von Ärger und Wut als Risikofaktor für kardiovaskuläre Erkrankungen (vgl. Adler und Matthews 1994). Bei positiven Emotionen wurde die Adaptivität eines offenen Ausdrucks bisher kaum untersucht. In einer ersten Studie von Bonanno und Kollegen (Bonanno et al. 2007) mit erwachsenen Opfern kindlichen Missbrauchs zeigte sich jedoch, dass auch der Ausdruck von positiven Emotionen unter bestimmten Umständen maladaptiv sein kann. Dieser Frage wird in den letzten Jahren unter dem Stichwort »expressive flexibility« in ersten Studien nachgegangen (Butler et al. 2009, Westphal, Seivert und Bonanno 2010). Ein weiterer Diskussionspunkt in der Forschung zu positiven Emotionen betrifft den Unterschied zwischen aktivierenden (zum Beispiel fröhlich, begeistert) und nicht aktivierenden Emotionen (zum Beispiel zufrieden, zuversichtlich). Cohen und Kollegen (2006) weisen darauf hin, dass dieser Unterschied psychophysiologisch einen großen Unterschied macht. Da in den meisten Studien aktivierende Emotionen erfasst wurden, stellt sich die Frage, ob ein Teil der Ergebnisse sich eher auf die aktivierende Wirkung der erfassten Emotionen als auf ihre Valenz zurückführen lässt. Trotz dieser ungeklärten Fragen haben die bisherigen Befunde zum Erleben positiver Emotionen die Resilienzforschung stimuliert. Es wurden erste Maßnahmen zur Stärkung dieses Schutzfaktors entwickelt (Lyubomirsky, Dickerhoof, Boehm und Sheldon 2011, Moskowitz 2010). Hier liegt der Fokus darauf, zu trainieren, sich auch über Alltägliches zu freuen – gerade weil in schwierigen Lebensphasen die negativen Stimuli meist überwiegen.

» 05.2 Optimismus

Optimismus wird schon seit drei Jahrzehnten als gesundheitsförderliche Persönlichkeitseigenschaft untersucht. Die bekannteste Konzeptualisierung von

Optimismus stammt von Scheier und Carver (zum Beispiel 1985), die Optimismus als zeitlich und situativ stabile Tendenz zu *positiven Ergebniserwartungen* verstehen, die das weitere Verhalten beeinflussen und die Wahl der Bewältigungsstrategien mitbestimmen. Dieses persönlichkeitspsychologische Konstrukt des »dispositionellen Optimismus« basiert auf einem Selbstregulationsmodell von Verhalten (Carver und Scheier 1990). In diesem Modell wird davon ausgegangen, dass Verhalten zu großen Teilen davon beeinflusst ist, welche Konsequenzen die bzw. der Handelnde durch dieses Verhalten erwartet. Da optimistische Menschen dazu tendieren, positive Ergebnisse zu erwarten, legen sie eine größere Handlungs- und Durchhaltebereitschaft an den Tag. Gleichzeitig erleben sie bei der Handlungsausführung mehr positive Emotionen. Nach Seligman (1990) ist Optimismus – in Anlehnung an das Konzept der erlernten Hilflosigkeit – ein *positiver Attributionsstil* (Ursachenzuschreibung), bei dem Individuen sich negative Ereignisse als external, spezifisch und unstabil, positive Ereignisse hingegen als stabil, global und internal erklären.

Im Bereich der gesundheitspsychologischen Forschung gilt der positive Zusammenhang zwischen Optimismus (meist als dispositioneller Optimismus nach Scheier und Carver) und psychischer wie physischer Gesundheit als erwiesen (Grote, Bledsoe, Larkin, Lemay und Brown 2007, Hoyer 2000, Scheier und Carver 1992). Hoyer (2000) verweist zum Beispiel auf Studien zum Zusammenhang von Optimismus und einer besseren psychosozialen Anpassung bei Krebspatientinnen und -patienten, aidsinfizierten Männern und Frauen, Rehabilitations- und Chirurgiepatientinnen und -patienten sowie Studierenden mit Infektionskrankheiten. Es gibt verschiedene Erklärungsversuche für diesen Zusammenhang, die bisher jedoch nur vereinzelt empirisch abgesichert sind. Es wird angenommen, dass Optimismus den Gesundheitszustand zum einen direkt über das Immunsystem beeinflusst, aber auch generell zu einer gesunden Lebensweise und dem Einsatz von aktiven Bewältigungsstrategien (zum Beispiel Aufsuchen einer Ärztin bzw. eines Arztes bei Beschwerden) beiträgt. Außerdem wird davon ausgegangen, dass optimistische Menschen durch ihr aktiveres Bewältigungsverhalten weniger negative Lebensumstände erleben und mehr soziale Unterstützung erhalten (Hoyer 2000). Die letztgenannte Erklärung wurde in einer Studie von Grote und Kollegen (2007) bestätigt. In einer Stichprobe von ökonomisch benachteiligten Frauen in Amerika waren optimistische Frauen zum einen seltener mit akuten und chronischen Stressoren konfrontiert, aber auch weniger depressiv, sofern sie Stressoren ausgesetzt waren.

Optimismus wurde auch in Stichprobenstudien bei Menschen , die schwerwiegenden Stressoren ausgesetzt waren, mit weniger psychischer Belastung (vor allem weniger depressiven Symptomen) in Verbindung gebracht. In einer norwegischen Studie untersuchten Myhren und Kollegen (2010) Personen, die mit schweren Verletzungen auf der Intensivstation behandelt wurden. Optimismus zeigte sich als guter Prädiktor für (weniger) Angst- und Depressionssymptome ein Jahr nach dem Intensivstationsaufenthalt. In einer Studie mit vorwiegend männlichen Aidspatienten (Frain, Berven, Chan und Tschopp 2008) zeigte sich ein deutlicher Zusammenhang von Optimismus und Lebensqualität. In mehreren Studien konnte gezeigt werden, dass sich dieser Zusammenhang nicht auf westliche Kulturen beschränkt. In Studien mit Erdbebenopfern im Nordwesten Pakistans (Ahmad et al. 2010) und in der Türkei (Sumer, Karanci, Berument und Gunes 2005) zeigten Betroffene mit hohen Werten auf Optimismusskalen signifikant weniger Belastungssymptome.

Da Optimismus als gut bestätigter Schutzfaktor gilt, wird er auch in Kombination mit anderen personalen Variablen zur Operationalisierung von Resilienz als Persönlichkeitseigenschaft genutzt (siehe Kapitel 04.1.2). Chan, Lai und Wong (2006) bilden zum Beispiel einen Resilienzindex aus Optimismus, Selbstvertrauen und Kontrollempfinden zur Vorhersage von psychischer Belastung und körperlicher Leistungsfähigkeit bei chinesischen Rehabilitationspatientinnen und -patienten mit koronarer Herzerkrankung. Tarakeshwar und Kollegen (2006) nutzen einen Index aus Optimismus, sozialer Unterstützung, Religiosität und Sinnfindung, um einen adaptiven Umgang mit Erinnerungen an das Trauma sexueller Gewalt im Kindesalter bei amerikanischen HIV-Patientinnen und -patienten vorherzusagen. Eine andere US-amerikanische Arbeitsgruppe hat für den Arbeitsplatzkontext ein Konstrukt entwickelt, das sie »Psychological Capital« nennen und das sich aus Selbsteffizienz, Optimismus, Hoffnung und der Fähigkeit zur schnellen Regeneration von Stress zusammensetzt (Avey, Luthans, Smith und Palmer 2010, Avey, Luthans und Jensen 2009).

Andere Autorinnen und Autoren trennen Optimismus klar von Resilienz als Persönlichkeitseigenschaft. Lee und Kollegen (2008) untersuchen Optimismus in einer Stichprobe von koreanischen Frauen, die in die USA immigriert sind, zum Beispiel als Faktor, der die Entwicklung von Resilienz als Persönlichkeitsfaktor nach Wagnild und Young (1993) fördert. Frain und Kollegen (2008) dagegen interpretieren den Zusammenhang zwischen Optimismus und einem Maß für »Familienresilienz« dahingehend, dass sie die optimistische Einstellung begünstigt, Aufgaben bewältigen zu können.

Bewertung und kritische Würdigung

Die Befundlage zur schützenden Wirkung einer optimistischen Lebenseinstellung ist konsistent und gut abgesichert. Dabei scheint es weniger die den Optimisten unterstellte »rosarote Brille« zu sein, die vor psychischer Belastung schützt, als die Tendenz zu aktivem Bewältigungsverhalten. Paradoxerweise scheinen optimistische Personen Probleme tendenziell eher realistischer zu sehen als Personen mit niedrigen Optimismuswerten (Scheier und Carver 1992). Dies ermöglicht ihnen, Probleme aktiv zu bewältigen und ihre Situation damit zu verbessern.

Bei der Diskussion um Optimismus als schützender Faktor muss beachtet werden, dass zumindest dispositioneller Optimismus nach Scheier und Carver hoch mit anderen Persönlichkeitsvariablen wie zum Beispiel Selbstwirksamkeit, Kompetenzerwartung und Kontrollempfinden korreliert, die ebenfalls als Schutzfaktoren diskutiert werden (zum Beispiel Sumer, Karanci, Berument und Gunes 2005). Die Wechselwirkung dieser Faktoren ist empirisch kaum zu untersuchen, da die Erhebung dieser Konstrukte in den meisten Studien über Fragebogen erfolgt, die teilweise sehr ähnlich formulierte Items aufweisen (Hoyer 2000). Einige Autorinnen und Autoren stellen die Frage, ob eine Trennung dieser Persönlichkeitsfaktoren überhaupt sinnvoll ist oder ob sie gewissermaßen einen »Superfaktor der Persönlichkeit« bilden, der als seelische Gesundheit interpretiert werden kann (Bernard, Hutchison, Lavin und Pennington 1996). Hoyer (2000) schlägt vor, in der gesundheitswissenschaftlichen Forschung weniger den dispositionellen Aspekt des Optimismus als vielmehr den adaptiven Wert zu untersuchen, den Optimismus in konkreten Situationen bzw. verschiedenen Phasen des Handlungsprozesses hat.

» 05.3 Hoffnung

Das Konzept Hoffnung begleitet die Menschen seit über 2000 Jahren und wurde in den Geisteswissenschaften immer wieder aufgegriffen (Rand und Cheavens 2009). Hoffnung bedeutet die positive Erwartung, ein Ziel zu erreichen oder einen Wunsch erfüllt zu bekommen. Das bekannteste und umfassendste psychologische Modell von Hoffnung stammt von Charles R. Snyder (2002). Er unterscheidet eine kognitive und eine motivationale Komponente. Hoffnung beinhaltet demnach zum einen die Fähigkeit, Ziele zu definieren und Wege zu finden, diese Ziele zu erreichen (»pathways thinking«); zum anderen beinhaltet Hoffnung die Zuversicht, diese Ziele erreichen zu können sowie die Motivation, im Sinne der Zielerreichung zu handeln (»agency thinking«). Hoffnung im Sinne von Snyder entwickelt sich in der individuellen Lerngeschichte durch Erfahrungen von Erfolg oder Misserfolg sowie die Unterstützung durch verlässliche Bezugspersonen (Shorey, Snyder, Yang und Lewin 2003) und bildet eine überdauernde Eigenschaft, die sich nicht auf einzelne Situationen oder Ziele beschränkt. In einer Vielzahl von Studien, die teilweise auch von anderen Arbeitsgruppen repliziert und/oder modifiziert wurden, konnte die Arbeitsgruppe um Snyder zeigen, dass hoffnungsvolle Menschen beruflich und sportlich erfolgreicher sind, sozial kompetenter auftreten und mehr soziale Unterstützung bekommen (zur Übersicht siehe Snyder 2002).

In der Resilienz- und Schutzfaktorenforschung wurde das Konstrukt Hoffnung vorwiegend im Zusammenhang mit chronischen Stressoren aufgegriffen. Bereits in Studien, die vor 1998 veröffentlicht wurden, zeigte sich ein positiver Zusammenhang zwischen Hoffnung und Krankheitsbewältigung bei Verbrennungen, Rückenmarksverletzungen, Fibromyalgie und Arthritis (siehe Rand und Cheavens 2009). Billington und Kollegen (2008) untersuchten Patientinnen und Patienten mit chronischem Nierenversagen, die sich in Dialysebehandlung befanden. Hoffnung hatte in ihrer Studie eine stärkere schützende Wirkung vor Angst- und Depressionssymptomen als die emotionale Unterstützung durch Angehörige. Hoffnungsvolle Patientinnen und Patienten berichteten außerdem über eine signifikant höhere Lebensqualität und weniger Einschränkungen durch das Nierenversagen. In einer Studie von Berendes und Kollegen (2010) konnte der Einfluss der Hoffnung noch deutlicher dokumentiert werden. Hoffnungsvolle Lungenkrebspatienten waren auch hier seltener depressiv und litten seltener unter typischen Krankheitsfolgesymptomen wie Schmerzen, Fatigue (Erschöpfungssyndrom) und Husten. Bei erblindeten US-amerikanischen Kriegsveteranen hing Hoffnung sowohl mit einem besseren psychischen als auch einem besseren psychosomatischen (zum Beispiel Allergieanfälligkeit, Kreislaufprobleme) Funktionsniveau zusammen (Jackson, Taylor, Palmatier, Elliott und Elliott 1998). In einer Studie von Hartley und Kollegen (2008) fand sich ein signifikanter Zusammenhang zwischen Hoffnung und Depressivität vor Hüft- oder Kniegelenksoperationen, jedoch nicht mit der psychischen Anpassung drei Wochen später. Auch ältere Menschen mit chronischen Erkrankungen oder altersbedingten körperlichen Einschränkungen sowie Personen, die einen Schlaganfall erlitten hatten, berichteten über weniger depressive Symptome, wenn sie hohe Werte auf der Hoffnungsskala erreichten (Gum, Snyder und Duncan 2006, Hirsch, Sirois und Lyness 2011).

Zur Erklärung der empirischen Befunde zu Hoffnung bei chronischen Erkrankungen können experimentelle Studien der Arbeitsgruppe von Snyder (zur Übersicht siehe Synder 2002) herangezogen werden, in denen gezeigt werden konnte, dass hoffnungsvolle Menschen sowohl im Sinne einer primären als auch einer sekundären Prävention handeln. Bereits vor Eintritt einer Erkrankung waren hoffnungsvolle Personen eher bereit, zum Beispiel regelmäßige Krebsfrüherkennungstermine einzuhalten oder sich vor sexuell übertragbaren Erkrankungen zu schützen. Nach Eintritt einer Erkrankung scheinen hoffnungsvolle Personen sich stärker an die Behandlungsempfehlungen ihrer Ärztinnen und Ärzte zu halten, indem sie zum Beispiel Medikamente regelmäßiger einnehmen sowie ein aktiveres Bewältigungsverhalten zeigen (vgl. Folkman 2010). Es ist unklar, ob hoffnungsvolle Personen mehr Bewältigungsstrategien zur Verfügung haben oder ob sie einfach motivierter sind, prinzipiell bekannte Strategien auch einzusetzen. In der oben bereits erwähnten Studie von Jackson und Kollegen (1998) waren zum Beispiel die über Selbstauskunft erfassten adaptiven Copingstrategien nur dann nützlich für die Anpassung, wenn die Individuen hohe Hoffnungswerte hatten.

Auch bei anderen chronischen Stressoren konnten Hinweise auf eine schützende Wirkung von Hoffnung gezeigt werden. In drei Studien mit Eltern behinderter oder chronisch kranker Kinder war Hoffnung konsistent mit weniger Belastung verbunden (Horton und Wallander 2001, Lloyd und Hastings 2009b, Mednick et al. 2007). In zwei Studien mit afroamerikanischen Frauen, die von ihren Partnern missbraucht wurden, zeigte sich ein deutlicher Zusammenhang zwischen Hoffnung und einem geringeren Risiko einen Suizidversuch zu begehen (Kaslow et al. 2002, Meadows, Kaslow, Thompson und Jurcovic 2005). Bei Stress am Arbeitsplatz könnte Hoffnung ebenfalls einen positiven Einfluss haben. In einer Studie von Gillespie, Chaboyer, Wallis und Grimbeek (2007) war Hoffnung einer der wichtigsten Prädiktoren für Resilienz (als Persönlichkeitseigenschaft) bei Krankenschwestern.

Obwohl Snyder (2002) die Konzeptualisierung von Hoffnung als Emotion als zu eng gefasst ansieht, spielen Emotionen in seiner Theorie eine große Rolle. Positive Emotionen treten demnach auf, wenn Wege zu einem Ziel begonnen werden oder man diesem Ziel näher kommt; negative Emotionen entsprechend dann, wenn die Zielerreichung stagniert oder blockiert ist. Da hoffnungsvolle Menschen jedoch eine Tendenz haben, Probleme als lösbar zu betrachten und bei einer Zielblockierung alternative Lösungsmöglichkeiten in Betracht zu ziehen (vgl. Snyder et al. 1991), sollten sie generell mehr positive und weniger negative Emotionen erleben. Ong, Edwards und Bergeman (2006) zeigten in einer Tagebuchstudie über den Zeitraum von 45 Tagen mit Personen im Rentenalter, dass Hoffnung, sowohl als überdauernde Eigenschaft als auch situationsspezifisch, mit weniger negativen Emotionen einherging und den Umgang mit täglichen Stressoren verbesserte. In einer Studie von Michael und Snyder (2005) berichteten hoffnungsvolle Studierende, die den Tod eines Angehörigen oder engen Freundes bzw. einer engen Freundin erlebt hatten, deutlich mehr positive und moderat weniger negative Emotionen als weniger hoffnungsvolle Studierende in derselben Situation. Derselbe Effekt konnte – wenn auch schwächer – von Al-Yagon und Margalit (2009) bei Müttern von geistig behinderten Kindern gezeigt werden. Dieser Zusammenhang ist in Bezug auf die Diskussion von Resilienz- und Schutzfaktoren von besonderer Bedeutung, da auch positive Emotionen an sich einen protektiven Effekt zu haben scheinen (vgl. Kapitel 05.1).

Ein weiterer interessanter Befund zum differenziellen Zusammenwirken verschiedener Faktoren stammt von Hasson-Ohayon und Kollegen (2009), die Hoffnung, Religiosität und Coping bei israelischen Frauen mit Brustkrebs in fortgeschrittenem Stadium untersuchten. Hoffnung stand in dieser Studie mit einem höheren Anteil positiver Copingstrategien (zum Beispiel Kampfgeist) und einem geringeren Anteil negativer Copingstrategien (zum Beispiel fatalistische Akzeptanz) in Zusammenhang. Wie in einer Reihe anderer Studien auch, ließ sich dieser Zusammenhang für Religiosität nicht zeigen (siehe Kapitel 05.9); hochreligiöse Menschen nutzten im Durchschnitt sowohl mehr positive als auch mehr negative Copingstrategien. Wurde Hoffnung jedoch in die statistische Auswertung eingezogen, zeigte sich ein deutlicher Mediatoreffekt: hochreligiöse und hoffnungsvolle Personen griffen auf positives Coping, hochreligiöse Personen mit wenig Hoffnung jedoch auf negatives Coping zurück.

Bewertung und kritische Würdigung

Hoffnung wird in der Resilienzforschung fast ausschließlich mit dem Modell von Charles R. Snyder (2002) beforscht. Die Befunde empirischer Studien weisen konsistent darauf hin, dass mit Hoffnung – gemessen mit der Hoffnungsskala von Snyder (Snyder et al. 1991) – eine bessere Krankheitsbewältigung, adaptivere Bewältigungsstrategien, weniger psychopathologische Symptomatik und eine höhere Lebenszufriedenheit bei körperlichen Erkrankungen und chronischen Stressoren einhergehen. Diese Befundlage stützt Snyders theoretisches Modell. Wer in seinem Leben häufig Auswege aus problematischen Situationen gefunden hat, erwirbt das Vertrauen, auch zukünftige Schwierigkeiten zu meistern oder spezifischer die Fähigkeit, Ziele zu definieren, die Zuversicht, diese Ziele erreichen zu können und die Motivation, im Sinne der Zielerreichung zu handeln. Im Zusammenhang mit Resilienz ist der erste Punkt von besonderer Bedeutung. Durch kritische Lebensereignisse oder schwerwiegende Erkrankungen werden häufig bisherige Lebensinhalte, -ziele und -prioritäten unerwartet »über den Haufen geworfen«. Gerade in schwierigen Lebenssituationen ist es alles andere als trivial, sich von alten Zielen zu verabschieden oder sie zurückzustellen, um sich neuen, der Situation angemessenen Zielen zuwenden zu können (Folkman 2010).

Mit der Fokussierung auf Zielformulierung und -erreichung entfernt sich Snyder deutlich von dem, was im alltäglichen Sprachgebrauch unter Hoffnung verstanden wird. Besonders die Bedeutung von Hoffnung als die positive Erwartung, einen – nicht beeinflussbaren – Wunsch erfüllt zu bekommen (wie zum Beispiel die Hoffnung auf Sonnenschein), wird in seiner Theorie nicht berücksichtigt. Es gibt weitere Konzeptualisierungen von Hoffnung, die allerdings in der Resilienzforschung wenig Resonanz finden (zum Beispiel Herth 1991, Nekolaichuk, Jevne und Maguire 1999). Folkman (2010) stellt einen Zusammenhang zwischen Hoffnung und Copingprozessen her. Hoffnung wäre nach dieser Auffassung eine Version des adaptiven emotionsfokussierten Copings, die eine hohe Flexibilität erlaubt: Man kann gleichzeitig hoffen, von einem Ereignis verschont zu bleiben (zum Beispiel einem angekündigten Hurrikan) und trotzdem Vorkehrungen treffen, die den Schaden des Ereignisses minimieren (zum Beispiel die Fenster vernageln).

Auch wenn Snyder sein Modell Hoffnung nennt, weckt es falsche Erwartungen, von Hoffnung als Schutzfaktor zu sprechen. Das Snydersche Modell gilt als empirisch gut untersucht, und die Komponenten, die in seiner Hoffnungsskala erfasst werden, scheinen einen schützenden Effekt angesichts körperlicher Erkrankungen und chronischer Stressoren zu haben. Es wäre jedoch die Frage, ob es nicht treffender wäre, diesen Schutzfaktor so zu nennen, wie er konzeptualisiert ist: *die Fähigkeit, Ziele zu definieren und aktiv zu verfolgen*. Die kognitive Komponente des Modells (Ziele definieren und Wege finden, diese Ziele zu erreichen) ist gleichzeitig diejenige Komponente, die das Konstrukt Hoffnung klar von anderen Konstrukten wie Selbstwirksamkeitserwartung, internaler Kontrollüberzeugung und Optimismus unterscheidet. Die motivationale Komponente (Zuversicht, Ziele zu erreichen, und Motivation, im Sinne der Zielerreichung zu handeln) hingegen weist eine große Nähe zu diesen Konstrukten auf. Carver und Scheier (2002) werfen die Frage auf, ob es sich bei dieser Komponente überhaupt um ein eigenes Konstrukt handelt oder ob mit den entsprechenden Fragen in der Hoffnungsskala nicht eher eine generell optimistische Einstellung gemessen wird.

» 05.4 Selbstwirksamkeitserwartung

Das Konzept der Selbstwirksamkeitserwartung geht auf die sozial-kognitive Theorie von Bandura (1977, 1997) zurück und bezeichnet die subjektive Erwartung, Anforderungssituationen aus eigener Kraft bewältigen zu können. Die allgemeine Selbstwirksamkeitserwartung »umfasst alle Lebensbereiche und soll eine optimistische Einschätzung der generellen Lebensbewältigungskompetenz zum Ausdruck bringen« (Schwarzer und Jerusalem 2002, S. 40). Davon wird die bereichs- und situationsspezifische Selbstwirksamkeitserwartung unterschieden, die sich auf einzelne Bereiche wie zum Beispiel das Vertrauen in berufliche Fähigkeiten oder einzelne Situationen oder Handlungen bezieht. Eine hohe Selbstwirksamkeitserwartung entsteht in der individuellen Lerngeschichte durch die Zuschreibung von Erfolgserfahrungen auf die eigene Kompetenz, positive Bewertung durch andere sowie Beobachtungslernen. Verstärkt wird die Selbstwirksamkeitserwartung durch die positiven Gefühle, die mit diesen Erfahrungen einhergehen (Bandura 1997).

In einer Vielzahl von Studien konnte bestätigt werden, dass diese positive Erwartungshaltung die emotionalen Reaktionen, die Gedanken und das Verhalten einer Person angesichts einer Anforderungssituation mitbestimmt. Personen mit hoher Selbstwirksamkeitserwartung empfinden (unter anderem) potenzielle Stressoren eher als Herausforderungen, nutzen aktive und problemorientierte Bewältigungsstrategien, haben ein größeres Durchhaltevermögen bei Rückschlägen oder Hindernissen und bewerten ihre eigenen Bewältigungsanstrengungen günstiger als Personen mit geringer Selbstwirksamkeitserwartung (siehe zum Beispiel Schwarzer 1992).

Auch im Bereich der Resilienzforschung liegt eine Vielzahl an Studien zur Selbstwirksamkeitserwartung vor. In ihren Reviews berichten Benight und Bandura (2004) sowie Luszczynska, Benight und Cieslak (2009) durchgängig positive Befunde zum Zusammenhang zwischen Selbstwirksamkeitserwartung und der psychischen Anpassung nach kritischen und traumatischen Lebensereignissen. Eine hohe Selbstwirksamkeitserwartung ist unter anderem verbunden mit einer geringeren psychischen Belastung nach verschiedensten Traumata: dem Tod des Ehepartners durch eine Krebserkrankung (Benight, Flores und Tashiro 2001), bei Opfern des Terroranschlags in Oklahoma City (Benight et al. 2000), bei türkischen Erdbebenopfern (Sumer, Karanei, Berument und Gunes 2005), bei niederländischen Veteranen der UN-Mission in Kambodscha (Vries, Soetekouw, van der Meer und Bleihenberg 2001), bei amerikanischen jungen Erwachsenen mit verschiedenen traumatischen Erfahrungen (Rosenthal, Wilson und Futch 2009), bei australischen Feuerwehrmännern (Regehr, Hill und Glancy 2000) sowie bei israelischen orthodoxen Jüdinnen und Juden, die nach Terroranschlägen Schwerverletzte und Tote bargen (Solomon und Berger 2005).

Nach Benight und Bandura (2004) lässt sich die Wirkung der Selbstwirksamkeitserwartung bei der Bewältigung traumatischer Ereignis auf drei wesentliche Mechanismen zurückführen:

1. Ein Ereignis wird erst dann als bedrohlich empfunden, wenn eine Person die Anforderungen der Situation bzw. das benötigte Bewältigungspotenzial höher einschätzt als die eigenen Fähigkeiten. Personen mit hoher Selbstwirksamkeitserwartung nehmen sich als weniger verletzlich wahr und schätzen ihre Umgebung als weniger bedrohlich ein. Daher kommen sie seltener in die Situation, angesichts eines Ereignisses große Hilflosigkeit

und Stress zu erleben *(attentional and construal processes)*.

2. Bei der Konfrontation mit Ereignissen, die das individuelle Bewältigungspotenzial übersteigen, tendieren Personen mit hoher Selbstwirksamkeitserwartung dazu, trotzdem aktive, problemorientierte Bewältigungsstrategien zu initiieren *(transformative actions)*.
3. Personen mit hoher Selbstwirksamkeitserwartung haben außerdem größeres Vertrauen in ihre Selbstregulationsfähigkeiten und sind in stark belastenden Situationen in der Lage, auch eigene, sich aufdrängende Gedanken unter Kontrolle zu bringen oder sich davon zumindest nicht in einem hohen Ausmaß beunruhigen zu lassen *(thought control efficacy)*.

Nicht zuletzt bewerten Personen mit hoher Selbstwirksamkeitserwartung eigene Bewältigungsanstrengungen günstiger. Diese erfolgreiche Erfahrung stärkt die Selbstwirksamkeitserwartung bei zukünftigen Stressoren zusätzlich. Eine positive Wirkung einer hohen Selbstwirksamkeitserwartung wurde jedoch auch bei chronischen Stressoren vielfach belegt. So zeigte Selbstwirksamkeitserwartung zum Beispiel einen hohen Zusammenhang mit Resilienz (als psychische Widerstandskraft) bei OP-Schwestern (Gillespie, Chaboyer, Wallis und Grimbeck 2007). Lehrkräfte mit hoher Selbstwirksamkeitserwartung empfanden ihren Beruf als signifikant weniger stressreich und litten seltener unter Burn-out-Symptomen (Schwarzer und Hallum 2008). Mehrere Studien liegen zu chronischen körperlichen Erkrankungen vor. In einer Studie von Dumont und Kollegen (2004) war zum Beispiel die wahrgenommene Selbstwirksamkeitserwartung der beste Prädiktor für die soziale Teilnahme nach einem Schädel-Hirn-Trauma. Nach dem operativen Einsetzen eines künstlichen Knie- oder Hüftgelenks litten Patientinnen und Patienten mit hoher Selbstwirksamkeitserwartung seltener unter Depressionen (Hartley, Vance, Elliott, Chuckler und Berry 2008). Brustkrebspatientinnen mit einer hohen Selbstwirksamkeitserwartung berichteten nach der Diagnose eines Rezidivs eine höhere Lebensqualität (Northouse et al. 2002). Bei älteren Kriegsveteranen mit chronischen Schmerzen (Barry, Guo, Kerns, Duong und Reid 2003) bzw. rheumatoider Arthritis (Orengo, Wei, Molinari, Hale und Kunik 2001) sowie bei Patientinnen und Patienten mit einer Kniearthrose (Wright, Zautra und Going 2008) hatten diejenigen mit einer höheren Selbstwirksamkeitserwartung ein höheres physisches Funktionsniveau und berichteten in zwei der Studien auch über weniger Schmerzen (Barry et al. 2003, Wright et al. 2008).

Der positive Effekt einer hohen Selbstwirksamkeitserwartung kann insbesondere bei chronischen Erkrankungen teilweise über eine erhöhte Motivation zur Verhaltensänderung erklärt werden (siehe zu Selbstwirksamkeitserwartungen und Gesundheitsverhalten zum Beispiel Schwarzer und Renner 2000). Personen, die erwarten, ein gewünschtes Ergebnis durch ein bestimmtes Verhalten/eine Handlung erreichen zu können, sind eher geneigt, dieses Verhalten auch tatsächlich zu zeigen. Besonders eindrücklich konnte dies in Studien zu Diabetes und verschiedenen Parametern einer erfolgreichen Krankheitsbewältigung nachgewiesen werden. Eine hohe Selbstwirksamkeitserwartung hängt sowohl mit einer besseren Selbstfürsorge (Einhalten der diabetesspezifischen Diät, sportliche Aktivität, regelmäßiges Testen der Blutzuckerwerte; Nelson, McFarland und Reiber 2007) als auch mit besseren Langzeitblutzuckerwerten (Johnston-Brooks, Lewis und Garg 2002) und einer geringeren Neigung zu Depressionen (Sacco et al. 2005) zusammen. In der längsschnittlichen Studie von Johnston-Brooks, Lewis und Garg (2002) konnte zudem nachgewiesen werden, dass der Effekt der Selbstwirksamkeitserwartung auf die Langzeitblutzuckerwerte über die Selbstfürsorge moderiert wird, was ein Hinweis darauf sein könnte, dass die Selbstwirksamkeitserwartung hier einen bedeutsamen Einfluss hat. In einer Studie von Lerner und Kennedy (2000) wurde der Zusammenhang von Selbstwirksamkeitserwartung und Verhaltensänderung auf einem ganz anderen Gebiet erforscht: Es konnte gezeigt werden, dass Selbstwirksamkeitserwartung einen bedeutenden Einfluss darauf hat, ob Frauen ihren gewalttätigen Partner verlassen und keinen weiteren Kontakt zu ihm suchen.

Ein ähnlicher Wirkmechanismus wird in Studien zu Selbstwirksamkeitserwartung und Copingstrategien untersucht. In zwei deutschen Studien mit Krebspatientinnen und -patienten konnte gezeigt werden, dass hoch selbstwirksame Personen in den ersten Monaten nach der Krebsoperation adaptivere Copingstrategien, wie zum Beispiel Humor oder Akzeptanz, verwandten (Schulz und Mohamed 2004, Schwarzer, Boehmer, Luszczynska, Mohamed und Knoll 2005). In einer anderen Studie der Arbeitsgruppe von Schwarzer empfanden Lehrerinnen und Lehrer mit einer hohen Selbstwirksamkeitserwartung ihren Job als weniger stressreich und entwickelten infolge dessen seltener ein Burn-out-Syndrom (Schwarzer und Hallum 2008). In zwei Studien zu Opfern der Hurrikans Andrew und Opal zeigten Personen mit hoher Selbstwirksamkeitserwartung seltener ungünstige Copingstrategien wie zum Beispiel eine realitätsferne Einschätzung der Ereignisse (Benight et al. 1999).

In den bisher aufgeführten Studien war Selbstwirksamkeitserwartung jeweils das oder eines der psychologischen Konstrukte mit dem höchsten Einfluss auf die jeweilige Ergebnisvariable, also der oder einer der personale(n) Schutzfaktor(en), der/die am stärksten zu einer resilienten Anpassung beitrug(en). In einigen Studien hatte Selbstwirksamkeitserwartung jedoch eine geringere Bedeutung: In zwei Studien derselben Arbeitsgruppe zu Risiko- und Schutzfaktoren für suizidales Verhalten bei missbrauchten afroamerikanischen Frauen spielte Selbstwirksamkeitserwartung neben Hoffnung, sozialer Unterstützung und spirituellem Wohlbefinden nur eine untergeordnete Rolle bei der Vorhersage eines Suizidversuchs (Kaslow et al. 2002, Meadows, Kaslow, Thompson und Jurkovic 2005). Es wäre möglich, dass Hoffnung und soziale Unterstützung in der Situation, in der sich die Frauen befinden, einen höheren Stellenwert einnehmen. Allerdings wurden in den Studien ungewöhnliche Fragebogen für die beiden Konstrukte Hoffnung und Selbstwirksamkeitserwartung eingesetzt, und auch die Ergebnisvariable »Suizidversuch« unterscheidet sich deutlich von den Ergebnisvariablen anderer Studien. Beides könnte ebenfalls ein Grund für die abweichenden Befunde sein.

In zwei weiteren, unabhängig voneinander durchgeführten Studien war Selbstwirksamkeitserwartung kein signifikanter Prädiktor für Resilienz bei sozioökonomisch benachteiligten afroamerikanischen Frauen (Todd und Worell 2000) bzw. PTBS-Symptomen in der israelischen Zivilbevölkerung nach Bombenanschlägen (Palmieri, Canetti-Nisim, Galea, Johnson und Hobfoll 2008). Der Befund der Studie von Todd und Worrel (2000) könnte damit zusammenhängen, dass Resilienz hier als Index aus persönlicher Reifung, Wahrnehmung von Sinn im eigenen Leben, Autonomie und Selbstakzeptanz operationalisiert wurde – Konstrukte, die eher selten als Resilienz bezeichnet werden und eventuell keinen hohen Zusammenhang mit der Selbstwirksamkeitserwartung aufweisen. In der Studie von Palmieri und Kollegen (2008) zeigte nicht nur die Selbstwirksamkeitserwartung entgegen der Hypothesen keinen signifikanten Zusammenhang mit PTBS-Symptomen, sondern auch soziale Unterstützung, Religiosität, Posttraumatische Reifung und sozioökonomischer Status. Dies könnte damit zusammenhängen, dass die Befragung sehr kurz nach den Bombenanschlägen erfolgte.

Bewertung und kritische Würdigung

Die Vielzahl von positiven Befunden zur protektiven Wirkung von Selbstwirksamkeitserwartungen legt nahe, dass es sich um einen bedeutenden Schutzfaktor handelt. Diese Wirkung scheint sich in verschiedenen Situationen und Kontexten zu entfalten. In einer Metaanalyse zur protektiven Wirkung von Selbstwirksamkeitserwartung bei kollektiven Traumata kommen Luszczynska, Benight und Cieslak (2009) zu dem Ergebnis, dass der Effekt der Selbstwirksamkeitserwartung auf die Verarbeitung von kritischen Ereignissen größer ist als andere Prädiktoren, wie zum Beispiel die wahrgenommene Lebensbedrohung oder peritraumatische Emotionen (mittlere bis große Effektstärken im Gegensatz zu kleinen bis mittleren Effektstärken). Dabei waren die Effekte tendenziell höher, wenn bereichsspezifische Selbstwirksamkeitserwartung gemessen wurde.

Das Konstrukt der Selbstwirksamkeit hat eine lange Forschungstradition in den Gesundheitswissenschaften. Im Vergleich zu anderen potenziellen Schutzfaktoren wurde eine große Zahl verschiedener Erhebungsinstrumente entwickelt. Die Tatsache, dass Selbstwirksamkeit sich unabhängig vom konkreten Erhebungsinstrument als protektiv erweist, trägt zur Validität bei. Die Verfügbarkeit reliabler Messinstrumente führt zu einer Erhebung des Konstrukts in vielen Studien. Konstrukte, die weniger gut zu operationalisieren sind, werden tendenziell auch seltener untersucht, da sie eine komplexere Studienplanung erfordern.

Obwohl einige der oben genannten Studien ein längsschnittliches Studiendesign haben, so stammt doch die Mehrzahl der empirischen Befunde aus Querschnittsuntersuchungen. Eine aktuelle Studie von deRoon-Cassini und Kollegen (2010) gibt Anlass, die vorwiegend positiven Befunde aus Querschnittstudien kritisch zu hinterfragen. Die Forscher untersuchten eine große Stichprobe von Personen mit schwerwiegenden Verletzungen nach traumatischen Ereignissen wie gewalttätigen Angriffen oder Unfällen über sechs Monate hinweg. Personen mit hoher Selbstwirksamkeitserwartung erlebten weniger PTBS-Symptome nach dem Ereignis; Personen mit sehr hoher Selbstwirksamkeitserwartung hatten allerdings ein erhöhtes Risiko für PTBS-Symptome mit verzögertem Beginn. Die Autoren interpretieren diesen Befund dahingehend, dass einige Traumaopfer kurz nach dem Trauma ihre Bewältigungskapazitäten über- und die Anforderungen der Situation unterschätzen.

Wenn diese optimistische Fehleinschätzung deutlich wird, tritt eine deutliche psychische Belastung auf. Es wäre denkbar, dass dieser Effekt zu einer Überschätzung der protektiven Wirkung von Selbstwirksamkeitserwartung in einigen der querschnittlichen Studien führt. Wie auch bei anderen Schutzfaktoren werden daher methodisch sorgfältig durchgeführte Längsschnittstudien benötigt, um die Wirkmechanismen zu untersuchen.

Auch wenn nicht alle Wirkmechanismen geklärt sind und der Effekt der Selbstwirksamkeitserwartung in einigen Studien eventuell durch methodische Artefakte oder die querschnittliche Erhebung überschätzt wird, handelt es sich bei der Selbstwirksamkeitserwartung neben der sozialen Unterstützung um den Schutzfaktor, der empirisch am besten belegt ist. Gerade unter chronisch widrigen Bedingungen oder angesichts kritischer Lebensereignisse ist das Vertrauen in die eigene Kompetenz eine enorm wichtige Ressource. Die damit einhergehende Gewissheit, auf schwierige Anforderungssituationen nicht nur Einfluss nehmen, sondern diese auch bewältigen zu können, hat nicht nur einen direkten Einfluss auf das psychische Befinden, sondern wirkt auch indirekt, indem sie positive Bewältigungsprozesse unterstützt. Eine hohe Selbstwirksamkeit motiviert, im Sinne aktiver und problemorientierter Bewältigungsstrategien zu handeln, bei Rückschlägen nicht aufzugeben und die eigenen Bewältigungsmechanismen positiv zu bewerten (Schwarzer und Jerusalem 2002).

Für die Resilienzforschung ist die Selbstwirksamkeitserwartung auch deswegen ein bedeutsamer Faktor, weil es sich zwar um einen mittelfristig stabilen Faktor handelt, der sich aber prinzipiell durch Lernerfahrungen verändern kann. Bandura (2001) nimmt an, dass die unmittelbare Erfahrung, dass die eigenen Anstrengungen zu einem gewünschten Ergebnis führen, den größten Effekt auf die Selbstwirksamkeitserwartung hat. Er geht aber davon aus, dass auch Modelllernen und das Vertrauen anderer in die eigene Selbstwirksamkeit (symbolische Erfahrungen) zu einer Stärkung beitragen. Ein weiterer Mechanismus ist nach Bandura (2001) die Bewertung von emotionaler Erregung in Anforderungssituationen als Hinweis auf eigene Kompetenzen. Im Bereich von Bildung und Erziehung, spezifischen Risikosituationen – wie die Prävention gesundheitsgefährdender Verhaltensweisen (zum Beispiel Rauchen) – und bei chronischen Erkrankungen gibt es bereits erfolgreiche Interventionsprogramme zur Stärkung der Selbstwirksamkeitserwartung (zum Beispiel Braungardt, Schindler, Vogel und Schneider 2011, Jerusalem und Hessling 2009, Luszczynska 2004, Rigby, Thornton und Young 2008, Röder und Jerusalem 2007, Schumann et al. 2008).

Die meisten dieser Programme knüpfen bei den spezifischen Interventionen an die aufgeführten Veränderungsmechanismen nach Bandura an. In einer Metaanalyse zu Interventionen zur Erhöhung der Selbstwirksamkeitserwartung bezüglich körperlicher Aktivität fanden Ashford, Edmunds und French (2010) einen kleinen, aber signifikanten Effekt auf die Erhöhung der Selbstwirksamkeitserwartung. Als günstigste Interventionen erwiesen sich dabei positives Feedback für eigene vergangene Leistungen, Vertrauen anderer in die eigenen Fähigkeiten sowie Modelllernen. Als weniger wirksam zeigten sich in dieser Metaanalyse Überredung, der stufenweise Aufbau eigener Erfahrungen (ohne Feedback) und die Identifikation von Hindernissen.

» 05.5 Selbstwertgefühl

Neben der Selbstwirksamkeitserwartung wird auch das Selbstwertgefühl häufig als Resilienzfaktor genannt (American Psychological Association 2008, Kent und Davis 2010). Der dabei verwendete englische Begriff »self-esteem« hat im Deutschen keine eindeutige Entsprechung, sondern wird je nach Autorin oder Autor als Selbstvertrauen, Selbstbewusstsein oder auch Selbstwertgefühl bezeichnet. Gemeint ist die affektive und evaluative Komponente der bewussten Selbstwahrnehmung, also die individuelle Bewertung der eigenen Person – ob jemand sich mag und positiv von sich denkt oder ob man viele Aspekte der eigenen Persönlichkeit und Erscheinung ablehnt (vgl. Baumeister, Campbell, Krueger und Vohs 2003). Das Selbstwertgefühl wurde besonders in den USA in den 1980er-Jahren als zentraler Faktor (»Allheilmittel«) gegen psychische Erkrankungen, Substanzmissbrauch und Verhaltensauffälligkeiten sowie als Garantie für beruflichen Erfolg und soziale Integration betrachtet. Eine sorgfältige Metaanalyse von Baumeister, Campbell, Krueger und Vohs (2003) zeigt, dass diese Annahme nicht haltbar ist. Zieht man weitere Informationsquellen außer der Selbstauskunft heran, so sind Personen mit einem hohen Selbstwertgefühl nicht erfolgreicher in Schule bzw. Beruf und sozial nicht besser integriert oder beliebter als Personen mit niedrigem Selbstwertgefühl. Auch zeigen sie nicht weniger häufig kritische Verhaltensweisen wie Substanzgebrauch oder ungeschützten Geschlechtsverkehr. Interessanterweise berichten Personen mit einem hohen Selbstwertgefühl jedoch in einer Vielzahl von Studien eine höhere Lebenszufriedenheit (zum Beispiel Diener und Diener 1995, Pinquart und Fröhlich 2009), während ein niedriges Selbstwertgefühl als Risikofaktor für Depressionen und andere psychische Störungen diskutiert wird (Zeigler-Hill 2011).

In ersten Hypothesen zur Wirkung des Selbstwertgefühls bei der Bewältigung potenziell traumatischer Lebensereignisse wurde davon ausgegangen, dass ein hohes Selbstwertgefühl die Belastung puffert, also als Schutzfaktor wirkt. Die Befunde einer Reihe von Studien in den 1990er-Jahren waren jedoch inkonsistent (Baumeister, Campbell, Krueger und Vohs 2003). Obwohl sich vereinzelt hypothesenkonforme Zusammenhänge zeigten (zum Beispiel DeLongis, Folkman und Lazarus 1988), bildete sich über die Studien hinweg eher das Risikopotenzial eines niedrigen Selbstwertgefühls ab. Auch traten die Unterschiede zwischen hohem und niedrigem Selbstwertgefühl eher in stressarmen Zeiten bzw. bei Personen ohne traumatische Erfahrungen hervor (zum Beispiel Murrell, Meeks und Walker 1991, Ralph und Mineka 1998).

Neuere Studien ergeben ein ähnliches Bild. David, Ceschi, Billieux und van der Linden (2008) konnten keinen Einfluss des Selbstwertgefühls auf psychische Symptome bei einer Stichprobe mit Studierenden mit traumatischen Erlebnissen nachweisen. In einer längsschnittlichen Studie von Forthofer, Janz, Dodge und Clark (2001) hatten selbstbewusste Frauen mit kardiovaskulären Erkrankungen ein besseres physisches und psychosoziales Funktionsniveau, während sich dieser Zusammenhang bei den Männern in dieser Stichprobe nicht zeigte. Zwei unabhängig voneinander durchgeführte Studien mit misshandelten Frauen zeigten einen schwachen Zusammenhang zwischen einem niedrigen Selbstwertgefühl und Symptomen einer posttraumatischen Belastungsstörung (Bradley, Schwartz und Kaslow 2005) bzw. Angst und Depression (Carlson, McNutt, Choi und Rose 2002). In einer anderen Studie mit erwachsenen Frauen, die als Kind sexuell missbraucht worden waren, stand ein hohes Selbstwertgefühl hingegen in einem deutlichen Zusammenhang mit psychischer und physischer Gesundheit (Jonzon und Lindblad 2006). Ein schwacher und nicht eindeutig interpretierbarer Zusammenhang mit einzelnen Symptomen einer posttraumatischen Belastungsstörung zeigte sich auch bei bosnischen Frauen nach dem Bürgerkrieg (Schmidt, Kravic und Ehlert 2008).

Trotz dieser eher ungünstigen Befundlage wird das Selbstwertgefühl in einigen Studien als Indikator für Resilienz herangezogen. In einer Studie von Schok, Kleber und Lensvelt Mulders (2010) erlebten Kriegsveteranen mit hohen Resilienzwerten – operationalisiert als Selbstwertgefühl, Optimismus und wahrgenommener Kontrolle – ihre Kriegserfahrungen als weniger belastend. Dieselben Indikatoren wählten Chan, Lai und Wong (2006) für Resilienz bei einer Stichprobe von Rehabilitandinnen und Rehabilitanden mit koronarer Herzerkrankung. Yi und Kollegen (2008) operationalisieren Resilienz als Aggregat aus Selbstwertgefühl, Selbstwirksamkeit, Selbstdisziplin und Optimismus und zeigten in ihrer Studie, dass Diabetikerinnen und Diabetiker mit hohen Werten bezüglich dieser Konstrukte weniger belastet waren und eine bessere gesundheitliche Selbstfürsorge an den Tag legten. Ein hohes Selbstwertgefühl korrelierte in einer Studie mit koreanischen Frauen, die in die USA immigriert waren (Lee, Brown, Mitchell und Schiraldi 2008), außerdem hoch mit Resilienz als Persönlichkeitseigenschaft nach Wagnild und Young (1993).

Insgesamt zeigt sich, dass Personen mit hohem Selbstwertgefühl negative Ereignisse als weniger bedrohlich interpretieren, ein höheres Kontrollgefühl haben und generell optimistischer gegenüber ihren eigenen Bewältigungsmechanismen eingestellt sind. Personen mit sehr niedrigem Selbstwertgefühl weisen eine erhöhte Vulnerabilität gegenüber psychischen Störungen auf. Befunde zu einem mittleren Selbstwertgefühl hingegen sind häufig inkonsistent (vgl. Baumeister, Campbell, Krueger und Vohs 2003). Dies legt die Vermutung nahe, dass die differenzielle Wirkung des Selbstwertgefühls sich nur in den Extrembereichen zeigt und die Befunde einzelner Studien somit in besonderem Maße von der Zusammensetzung der jeweiligen Stichprobe abhängig sind.

Die schützende Wirkung eines sehr hohen Selbstwerts wurde Ende der 1980er-Jahre erstmals von Taylor und Brown (siehe Taylor und Armor 1996, Taylor, Kemeny, Reed, Bower und Gruenewald 2000) thematisiert. Eine unrealistisch erhöhte Wahrnehmung des eigenen Selbstwerts (»self-deceptive enhancement«), im Folgenden Selbstüberhöhung genannt, ist demnach besonders bei kritischen Lebensereignissen eine gesundheitsförderliche Bewältigungsstrategie, um angesichts der äußeren Bedrohungen das eigene Selbstbild zu schützen und ein Gefühl der Selbstwirksamkeit beizubehalten. Diese Annahme wurde in der Resilienzforschung besonders von der Arbeitsgruppe um George Bonanno aufgegriffen. Die Forscher konnten an drei sehr verschiedenen Gruppen (Opfer des Bürgerkriegs in Bosnien-Herzegowina, trauernde Ehepartner in den USA, Überlebende des Terroranschlags auf das World Trade Center) zeigen, dass Personen mit einer ausgeprägten Selbstüberhöhung nicht nur eine geringe Belastung schilderten, sondern auch von Ärztinnen und Ärzten bzw. Psychologinnen und Psychologen sowie Angehörigen als weniger belastet eingestuft wurden (Bonanno, Field, Kovacevic und Kaltman 2002, Bonanno, Moskovitz, Papa und Folkman 2005). Auch in einer prospektiven Studie konnten Studierende mit einer ausgeprägten Selbstüberhöhung besser mit kritischen Lebensereignissen umgehen (Gupta und Bonanno 2010). Allerdings scheint eine ausgeprägte Selbstüberhöhung neben der protektiven Wirkung auch einen Preis zu haben. In der persönlichkeitspsychologischen Forschung wird ein sehr hoher Selbstwert mit narzisstischen Tendenzen sowie persönlichen und sozialen Schwierigkeiten in Verbindung gebracht (zum Beispiel Colvin, Block und Funder 1995). Auch hier ist die Befundlage inkonsistent. Taylor und Kollegen (2003) berichten, dass Personen mit einer ausgeprägten Selbstüberhöhung auch von engen Freundinnen und Freunden in einer anonymen Befragung als liebenswürdig und freundlich eingeschätzt wurden. In der oben erwähnten Studie mit trauernden Ehepartnern wurden die Personen mit einer ausgeprägten Selbstüberhöhung von fremden Raterinnen und Ratern jedoch als weniger sympathisch eingeschätzt (Bonanno, Field, Kovacevic und Kaltman 2002). In der ebenfalls oben erwähnten Studie mit Überlebenden des Terroranschlags auf das World Trade Center, die sich zum Zeitpunkt des Anschlags im oder sehr nahe am Gebäude befanden, wurden Personen mit einer ausgeprägten Selbstüberhöhung zwar nicht generell negativer eingeschätzt als solche mit einem moderaten Selbstwertgefühl. Nahe Angehörige berichteten jedoch häufiger, dass sich der soziale Kontakt in den zwei Jahren nach dem Ereignis verschlechtert habe (Bonanno, Moskovitz, Papa und Folkman 2005).

Der Zusammenhang zwischen Selbstüberhöhung und sozialen Beziehungen ist insofern besonders interessant, weil soziale Unterstützung einer der bedeutendsten Schutzfaktoren bei schwerwiegenden Belastungen ist. Hier könnte wiederum die subjektive Wahrnehmung von Personen mit einer ausgeprägten Selbstüberhöhung eine Rolle spielen. Diese schätzen ihre Umgebung günstiger ein und nehmen Veränderungen in sozialen Beziehungen eventuell gar nicht wahr – die wahrgenommene soziale Unterstützung bliebe in diesem Fall vorhanden.

Bewertung und kritische Würdigung

Ein hohes Selbstwertgefühl wird häufig als Schutzfaktor diskutiert. Bei näherem Betrachten der empirischen Studien zeigt sich zwar, dass Personen mit hohem Selbstwertgefühl über eine insgesamt höhere Lebenszufriedenheit berichten, es konnte aber keine konsistente protektive Wirkung angesichts kritischer Lebensereignisse nachgewiesen werden. Es scheint eher, dass ein niedriger Selbstwert einen deutlichen Risikofaktor für die Entwicklung psychischer Störungen darstellt, ein stabiles mittleres Maß an Selbstwert jedoch keine eigene schützende Wirkung hat. Erste Befunde zur unrealistisch erhöhten Wahrnehmung des eigenen Selbstwerts (Selbstüberhöhung) deuten auf eine schützende Wirkung des oberen Extrembereichs des Selbstwertgefühls hin. Ob es sich dabei tatsächlich um einen Schutzfaktor handelt, muss jedoch in weiteren Studien geklärt werden.

Die Tatsache, dass in einigen Studien (zumeist schwache) negative Zusammenhänge zwischen Selbstwertgefühl und psychischen Beschwerden gefunden wurden (also Personen mit hohem Selbstwertgefühl tendenziell etwas weniger belastet waren), könnte mit der Nähe des Konstrukts Selbstwertgefühl zu anderen empirisch bestätigten Schutzfaktoren wie Selbstwirksamkeit oder internaler Kontrollüberzeugung erklärt werden. Eine Studie von Sumer, Karanci, Berument und Gunes (2005) zu Erdbebenopfern in der Türkei illustriert dies. Selbstwertgefühl war hier hoch korreliert mit Optimismus, Selbstwirksamkeit sowie wahrgenommener Kontrolle, hatte jedoch nur einen schwachen Zusammenhang mit der psychischen Belastung. Die Autoren konnten zeigen, dass das Selbstwertgefühl einen indirekten Einfluss auf die Belastung hatte, indem es zu einer höheren Selbstwirksamkeit beitrug.

Obwohl die Befundlage bereits seit einigen Jahren darauf hinweist, dass ein stabil ausgeprägtes mittleres Selbstwertgefühl keine schützenden Effekte hat, taucht das Konstrukt auch in wissenschaftlichen Überblicksarbeiten als Schutzfaktor auf (zum Beispiel Kent und Davis 2010) und wird von einigen Autorinnen und Autoren sogar gemeinsam mit anderen Konstrukten genutzt, um Resilienz zu operationalisieren. Allerdings darf nicht außer Acht gelassen werden, dass besonders die Befunde zum niedrigen Selbstwertgefühl eine hohe praktische Relevanz besitzen. Bei Personen mit niedrigem Selbstwertgefühl kann eine Intervention zur Stärkung des Selbstwertgefühls eine wichtige präventive Strategie sein, um ein Risiko zu reduzieren.

» 05.6 Kontrollüberzeugungen

Das Konstrukt der Kontrollüberzeugungen geht auf die soziale Lerntheorie von Rotter (1966) zurück. Kontrollüberzeugungen beziehen sich auf die subjektive Wahrnehmung der Beeinflussbarkeit einer Situation. Wenn eine Person eintretende Ereignisse vorwiegend als Resultat eigener Handlungen wahrnimmt, entspricht dies einer internalen Kontrollüberzeugung. Bei sozial-externalen bzw. fatalistisch-externalen Kontrollüberzeugungen werden Ereignisse dem Handeln anderer bzw. dem Zufall oder Schicksal zugeschrieben. Wie beim Konstrukt der Selbstwirksamkeitserwartung werden auch bei Kontrollüberzeugungen generelle und bereichsspezifische Überzeugungen unterschieden.

Eine ausgeprägte internale Kontrollüberzeugung wird in der Resilienzforschung als protektiv angesehen (zum Beispiel Kent und Davis 2010) und wird in einzelnen Studien sogar herangezogen, um Resilienz zu operationalisieren (Chan, Lai und Wong 2006, van Haaften, Zhenrong und van de Vijver 2004). Die meisten Studien zur Untersuchung von Kontrollüberzeugungen wurden beim Vorliegen chronischer Stressoren und Erkrankungen durchgeführt, akute Traumata sind selten vertreten.

Kirkcaldy, Trimpop und Williams (2002) führten eine kulturvergleichende Studie mit deutschen und englischen Managerinnen und Managern durch und konnten zeigen, dass eine hohe internale Kontrollüberzeugung positiv mit der Jobzufriedenheit sowie der psychischen und physischen Gesundheit zusammenhängt. Bei Psychotherapeutinnen und -therapeuten, die mit sexuell missbrauchten Kindern arbeiten, trug eine internale Kontrollüberzeugung gemeinsam mit sozialer Unterstützung signifikant zur Zufriedenheit mit der eigenen emotionalen Anteilnahme bei (Killian 2008), was wiederum ein Schutzfaktor bei der Entwicklung von Burn-out ist. Dieser protektive Effekt zeigte sich ähnlich auch bei Feuerwehrleuten (Regehr, Hill und Glancy 2000). Feuerwehrmänner mit einer internalen Kontrollüberzeugung zeigten in dieser Studie querschnittlich weniger Symptome von Depressivität. Williams und Francis (Williams und Francis 2010) untersuchten junge Erwachsene, die in ihrer Kindheit von den Eltern parentifiziert worden waren (Rollenumkehr von Kind und Eltern). Studierende mit Parentifizierungserfahrungen hatten insgesamt eine signifikant niedrigere internale Kontrollüberzeugung, zeigten mehr Depressivitätssymptome und schätzten sich selbst als weniger glücklich ein. Allerdings zeigte sich bei der näheren Analyse ein Moderatoreffekt: In der Gruppe der Studierenden mit ausgeprägter Parentifizierungserfahrung waren diejenigen weniger depressiv, die eine vergleichsweise hohe internale Kontrollüberzeugung aufwiesen. In dieser Studie wirkte eine internale Kontrollüberzeugung also nur bei Vorliegen des Stressors tatsächlich protektiv.

Hinsichtlich der Frage, ob eine internale Kontrollüberzeugung eher bei schweren oder leichten Stressoren wirksam ist, liegen widersprüchliche Ergebnisse vor. In einer Studie von Gray-Stanley und Kollegen (2010) mit Fachkräften zur Betreuung und Unterstützung geistig behinderter Menschen waren Personen mit einer hohen internalen Kontrollüberzeugung durch ihr Arbeitspensum weniger psychisch belastet. Interessanterweise war dieser Effekt bei der Gruppe von Personen am stärksten, die ein insgesamt eher geringes Arbeitspensum hatte. In einer Studie von Leotopoulou (2006) mit griechischen Studierenden im ersten Semester war eine internale Kontrollüberzeugung nur für diejenigen Studierenden protektiv, die über mehrere kritische Lebensereignisse berichteten und weiter entfernt vom Elternhaus lebten. Donald und Kollegen (2006) untersuchten junge australische Erwachsene, die nach einem Suizidversuch in einer Klinik behandelt wurden. Hier war eine internale Kontrollüberzeugung zwar ein Indikator dafür, dass der Suizidversuch medizinisch als weniger lebensbedrohlich eingeschätzt wurde, jedoch unabhängig davon, wie viele kritische Lebensereignisse eine Person erlebt hatte.

In einigen Studien wurden bereichsspezifische Kontrollüberzeugungen untersucht, die zwar an das Konstrukt der internalen Kontrollüberzeugungen nach Rotter (1966) angelehnt sind, jedoch im Einzelnen unterschiedlich konzeptualisiert und operationalisiert wurden. Frazier, Steward und Mortensen (2004) führten eine methodisch sehr sorgfältige Studie mit einer großen Zufallsstichprobe von Frauen durch, die entweder Opfer eines sexuellen Übergriffs waren oder ihren Partner verloren hatten. Frauen, die überzeugt davon waren, eine hohe Kontrolle über ihren Verarbeitungs- und Trauerprozess zu haben, zeigten eine deutlich höhere Lebenszufriedenheit und weniger psychische Belastung. In einer Studie von Grote und Kollegen (2007) hatte die wahrgenommene Kontrolle ebenfalls einen protektiven Effekt. Sozioökonomisch benachteiligte Frauen mit einer optimistischen Lebenseinstellung und einer internalen Kontrollüberzeugung waren zum einen seltener mit akuten und chronischen Stressoren konfrontiert, aber auch weniger depressiv, sofern sie Stressoren ausgesetzt waren (vgl. Kapitel 05.2). Weniger psychische Belastung bei einer internalen Kontrollüberzeugung zeigten auch Erdbebenopfer in der Türkei (Sumer, Karanci, Berument und Gunes 2005) und Frauen nach einer als traumatisch empfundenen Geburt (Soet, Brack und Dilorio 2003). In einer Studie mit OP-Krankenschwestern war die wahrgenommene Kontrolle über den Arbeitsprozess neben Hoffnung, Selbstwirksamkeit, Coping und Kompetenzerleben ein Prädiktor für Resilienz (als Persönlichkeitseigenschaft; Gillespie, Chaboyer, Wallis und Grimbeek 2007).

Abgesehen von gesundheitsbezogenen Kontrollüberzeugungen (siehe nächster Absatz) wurde nur in einer der hier vorliegenden Studien kein schützender Effekt der internalen Kontrollüberzeugung nachgewiesen. Dufour und Nadeau (2001) untersuchten kanadische Frauen mit Missbrauchserfahrungen und unterteilten diese in eine resiliente (ohne psychische Belastungssymptome) und eine drogenabhängige Gruppe. Beide Gruppen unterschieden sich zwar hinsichtlich der externalen Kontrollüberzeugung (in dem Sinne, dass diese ein Risikofaktor für die Entwicklung einer Drogenabhängigkeit zu sein schien), nicht jedoch hinsichtlich der internalen Kontrollüberzeugung. Nach den Autorinnen könnte dieser nichtsignifikante Befund an der Stichprobenrekrutierung liegen, da die drogenabhängigen Frauen zu Beginn einer Behandlung um die Teilnahme an der Stichprobe gebeten wurden – und sich somit hinsichtlich Veränderungsbereitschaft und -motivation von anderen drogenabhängigen Frauen unterscheiden dürften.

Ein besonderer Fokus in der Forschung zu Kontrollüberzeugungen liegt seit den 1980er-Jahren auf der Untersuchung gesundheitsbezogener Kontrollüberzeugungen. Es wurde davon ausgegangen, dass eine hohe internale Kontrollüberzeugung mit gesundheitsbewusstem Verhalten einhergeht und damit sowohl vor Neuerkrankungen schützt, als auch die Genesung fördert. Diese anfänglich sehr optimistische Einschätzung der Vorhersagekraft einer internalen Kontrollüberzeugung musste jedoch schon zu Beginn der 1990er-Jahre revidiert werden (vgl. Bengel 1993). Die empirischen Befunde sind inkonsistent. In einer aktuellen Studie an einer repräsentativen deutschen Stichprobe mit über 5000 Teilnehmerinnen und Teilnehmern gab es zum Beispiel keine eindeutig interpretierbaren Zusammenhänge zwischen der internalen Kontrollüberzeugung und Indikatoren von Gesundheit (Grotz, Hapke, Lampert und Baumeister 2011).

Ein Ansatzpunkt, die inkonsistenten Befunde zu erklären, ist die Untersuchung des Zusammenhangs mit der Kontrollierbarkeit von Erkrankungen, wobei Art, Dauer und Schweregrad eine Rolle spielen können (Lohaus 1992). Für diesen Ansatz lassen sich zwar theoretische Argumente und empirische Hinweise finden, die Befunde sind jedoch ebenfalls nicht gänzlich konsistent. Lohaus (1992) berichtet in seinem Überblicksartikel von Studien, die darauf hinweisen, dass internale Kontrollüberzeugungen besonders bei jenen Erkrankungen eine Rolle spielen, die Kontrollmöglichkeiten bieten. Einige neuere Studien bestätigen dies. In einer Studie von Kendell, Saxby, Farrow und Naisby (2001) mit Patientinnen und Patienten nach einer Knieprothesenoperation machten zum Beispiel Personen mit höherer internaler Kontrollüberzeugung schnellere Fortschritte bei der medizinischen Rehabilitation; es kann angenommen werden, dass die Kontrollmöglichkeiten der Patientinnen und Patienten im Sinne von Motivation und Anstrengungsbereitschaft bei den Übungen relativ hoch waren. Auch in Studien zur beruflichen Rehabilitation (zum Beispiel Selander, Marnetoft, Åsell und Selander 2008) schnitten Patientinnen und Patienten mit höheren internalen Kontrollüberzeugungen besser ab als diejenigen mit externalen Kontrollüberzeugungen. Bei Schizophreniepatientinnen und -patienten hatten Personen mit höherer internaler Kontrollüberzeugung längere und häufigere Remissionsphasen (Nachlassen von Symptomen) (Harrow, Hansford und Astrachan-Fletcher 2009, Hoffmann und Kupper 2002), wobei auch hier bekannt ist, dass präventive Verhaltensweisen das Auftreten von akuten Krankheitsschüben beeinflussen können. Hummer, Vannatta und Thompson (2011) fanden hingegen in einer Metaanalyse über 17 Studien keinen Zusammenhang zwischen internaler Kontrollüberzeugung und dem Blutzuckerspiegel bei Diabetikerinnen und Diabetikern, obwohl dieser durch Verhaltensmaßnahmen ein hohes Ausmaß an persönlicher Kontrolle bietet. Andererseits wurde in Studien zu Erkrankungen mit relativ niedrigen Kontrollmöglichkeiten wie Krebserkrankungen (Knappe und Pinquart 2009, Pinquart und Fröhlich 2009), chronischem Nierenversagen (Billington, Simpson, Unwin, Bray und Giles 2008) und Migräne (Lampl et al. 2003) erwartungsgemäß kein Zusammenhang von internaler Kontrollüberzeugung mit dem Wohlbefinden der Patientinnen und Patienten gefunden.

Bewertung und kritische Würdigung

Obwohl eine internale Kontrollüberzeugung in der psychologischen Literatur generell als günstiges Merkmal gilt, muss die protektive Wirkung angesichts kritischer Lebensereignisse und chronischer Stressoren vorsichtig beurteilt werden. In einer Reihe von Studien zu bereichsunspezifischen internalen Kontrollüberzeugungen zeigten sich Wechselwirkungen mit der Ausprägung des Stressors. Hier fällt auf, dass bisher kaum Studien zu potenziell traumatischen Ereignissen im engeren Sinne (beispielsweise schwere Unfälle, Naturkatastrophen, terroristische Anschläge oder Kriegserlebnisse) vorliegen, sondern der Schwerpunkt der Forschung auf kritischen Lebensereignissen und chronischen Stressoren liegt. Zu einer Bewertung der stressorübergreifenden Wirkung von bereichsunspezifischen internalen Kontrollüberzeugungen fehlt daher die empirische Grundlage.

In Studien zu bereichsspezifischen Kontrollüberzeugungen sind die empirischen Befunde eindeutiger. Allerdings wurden Kontrollüberzeugungen hier im Einzelnen sehr unterschiedlich konzeptualisiert und operationalisiert, was die Vergleichbarkeit der Studien erschwert. Im Bereich der gesundheitsbezogenen Kontrollüberzeugungen sind die Befunde inkonsistent. Es wird ein Zusammenhang mit der Kontrollierbarkeit der Erkrankungen angenommen (vgl. Lohaus 1992), wobei auch dieser Befund empirisch nicht in allen Studien belegbar ist. Dieser Ansatzpunkt weist dabei auf einen zentralen Kritikpunkt am Konstrukt der Kontrollüberzeugungen hin: Die Wahrnehmung, dass ein Ereignis internal verursacht ist, bedeutet noch nicht, dass es auch in den eigenen Möglichkeiten liegt, die Situation zu verändern (vgl. Condly 2006). Es wäre möglich, dass je nach situationalem Kontext gerade die mit externalen Kontrollüberzeugungen assoziierten passiven Verhaltensweisen adäquat sind. Insbesondere bei chronischen Erkrankungen könnten sie zu einer emotionalen Entlastung führen und damit zum subjektiven Wohlbefinden beitragen (vgl. Benge, Meinders-Lücking und Rottmann 2009). Eine längsschnittliche Studie von Lloyd und Hastings (2009a) mit Müttern behinderter Kinder zeigt, dass auch hier eine differenzielle Betrachtungsweise nötig ist. Eine sozial-externale Kontrollüberzeugung erwies sich in diesem Zusammenhang als deutlicher Risikofaktor für ein erhöhtes Stressniveau und für depressive Symptome. Allerdings zeigte sich, dass eine fatalistisch-externale Kontrollüberzeugung, bei der Ereignisse dem Zufall oder dem Schicksal zugeschrieben werden, signifikant zu einer positiven mütterlichen Wahrnehmung des behinderten Kindes beitrug.

Insgesamt besteht beim Konstrukt der Kontrollüberzeugungen die Gefahr einer Vermischung von Risiko- und Schutzfaktoren. Eine hohe externale Kontrollüberzeugung hat sich über viele Studien hinweg als konsistenter Risikofaktor für die Entwicklung psychischer Störungen erwiesen (zum Beispiel Harrow, Hansford und Astrachan-Fletcher 2009). Obwohl die beiden Ausprägungen der Kontrollüberzeugung theoretisch als unabhängige Dimensionen konzipiert sind, hängt eine hohe externale Kontrollüberzeugung meist signifikant mit einer gering ausgeprägten internalen Kontrollüberzeugung zusammen. Die internale Kontrollüberzeugung kann jedoch erst dann eindeutig als Schutzfaktor identifiziert werden, wenn eine unabhängige Messung von der externalen Kontrollüberzeugung möglich ist.

Die methodischen und inhaltlichen Probleme der Operationalisierung von Kontrollüberzeugungen haben dazu geführt, dass weniger zu diesem Konstrukt geforscht wird. Die Wahrnehmung von Kontrolle über das eigene Leben oder zumindest einer Einflussmöglichkeit bei Anforderungen und Ereignissen spielt jedoch auch in anderen Konstrukten, die als potenziell protektiv beurteilt werden, eine wichtige Rolle. In der Kontrollskala des Konstrukts der Hardiness (Kobasa 1979) spiegelt es sich in der Wahrnehmung wider, Situationen nicht hilflos ausgeliefert zu sein, sondern sie aktiv beeinflussen zu können. Auch das Konstrukt der Selbstwirksamkeitserwartung (Bandura 1977) und die Skala Bewältigbarkeit des Kohärenzgefühls von Antonovsky (1987) weisen insofern eine Ähnlichkeit auf, als eine optimistische Einschätzung der eigenen Bewältigungskompetenzen mit der Wahrnehmung von Einflussmöglichkeiten einhergeht. Für die Resilienzforschung wäre es daher wünschenswert, das Konstrukt der Kontrollüberzeugungen weiter auszudifferenzieren und alternative Messverfahren zu entwickeln, um die Wirkung bei potenziell traumatischen Ereignissen zu erforschen und gegebenenfalls Implikationen für Prävention und Gesundheitsförderung ableiten zu können.

» 05.7 Kohärenzgefühl

Das Kohärenzgefühl nach Antonovsky (1987) bezeichnet eine grundlegende Lebensorientierung, die sich aus den drei Komponenten Verstehbarkeit, Bewältigbarkeit und Sinnhaftigkeit zusammensetzt (siehe auch Kapitel 03). Das Gefühl der Verstehbarkeit beschreibt die Erwartung, dass die Anforderungen des Lebens strukturiert und vorhersehbar sind. Das Gefühl der Bewältigbarkeit drückt die Überzeugung aus, über genügend Ressourcen zu verfügen, den Anforderungen zu begegnen. Schließlich empfinden Personen mit einem Gefühl der Sinnhaftigkeit die meisten Anforderungen als sinnvoll und haben die Motivation, Energie in ihre Bewältigung zu investieren.

Ein systematischer Review von Eriksson und Lindström (Eriksson und Lindström 2006, 2007) mit über 450 Studien zeigt einen hohen negativen Zusammenhang zwischen dem Kohärenzgefühl und Konstrukten, die mit der Symptomatik psychischer Störungen assoziiert sind, wie Ängstlichkeit, Depressivität, Burn-out, Hoffnungslosigkeit und wahrgenommene Belastungen. Gleichzeitig besteht ein hoher positiver Zusammenhang mit Maßen psychischen Wohlbefindens wie Lebensqualität, Optimismus, Widerstandsfähigkeit, Selbstvertrauen, Selbstwirksamkeitserwartungen und Kontrollüberzeugungen. Nach Antonovsky (1997) führt ein hoch ausgeprägtes Kohärenzgefühl dazu, dass ein Mensch flexibel auf Anforderungen reagieren kann und die für diese spezifischen Situationen angemessenen Ressourcen aktiviert. Im Rahmen der Resilienzforschung stellt sich daher die Frage, ob das Kohärenzgefühl auch angesichts belastender Lebensereignisse eine protektive Wirkung entfaltet, also als Schutzfaktor im engeren Sinn gelten kann.

In querschnittlichen Studien mit chronischen Stressoren zeigt sich der Zusammenhang zwischen einem hohen Kohärenzgefühl und psychischem Wohlbefinden deutlich. In einer Studie mit Müttern geistig behinderter Kinder erlebten Personen mit höherem Kohärenzgefühl signifikant mehr positive Gefühle (Al-Yagon und Margalit 2009). In zwei Studien der isländischen Arbeitsgruppe um Svavarsdottir berichteten Eltern von Kindern, die an Asthma litten, darüber hinaus weniger depressive Symptome (Svavarsdottir und Rayens 2005, Svavarsdottir, Rayens und McCubbin 2005). Dieser Zusammenhang zeigte sich auch bei Personen, die wegen psychischer Probleme ärztliche oder psychologische Unterstützung suchten. In Studien der Arbeitsgruppe von Tagay wurden bei bulimischen Patientinnen und Patienten einer psychosomatischen Universitätsambulanz positive Korrelationen mit Lebenszufriedenheit und negative mit Depressivität und somatoformen Symptomen bzw. Angstsymptomen berichtet (Tagay, Erim, Brähler und Senf 2006, Tagay, Mewes, Brähler und Senf 2009). Dabei fiel auf, dass diese Patientengruppen, wie auch Personen mit Symptomen einer posttraumatischen Belastungsstörung sowie Patientinnen und Patienten einer türkischsprachigen Ambulanz in Deutschland, ein insgesamt herabgesetztes Kohärenzgefühl hatten (Erim et al. 2009, Tagay, Herpertz, Langkafel und Senf 2005).

In Studien zu Opfern zumeist schwerer Verkehrsunfälle sind die Zusammenhänge weniger deutlich. In einer korrelativen Studie von Frommberger und Kollegen (1999) stand ein hohes Kohärenzgefühl im Zusammenhang mit weniger Symptomen einer posttraumatischen Belastungsstörung, einer kürzeren Verweildauer in der somatischen Rehabilitation und weniger Angst im Straßenverkehr. In einer Studie von Schnyder, Moergeli, Klaghofer und Buddeberg (2001) gab es zwar ebenfalls einen negativen Zusammenhang zu Symptomen einer posttraumatischen Belastungsstörung. Allerdings trug das Kohärenzgefühl nicht zur Vorhersage dieser Symptome ein Jahr nach dem Unfall bei, wenn biografische und unfallbezogene Risikofaktoren sowie problemorientiertes Coping berücksichtigt wurden. In einer weiteren Studie dieser Arbeitsgruppe (Schnyder, Wittmann, Friedrich-Perez, Hepp und Moergeli 2008) konnte das Kohärenzgefühl hingegen einen signifikanten Beitrag zu einer solchen Vorhersage leisten. In einer retrospektiven Studie von Anke und Fugl-Meyer (2003) berichteten Personen mit einem höheren Kohärenzgefühl über eine höhere Lebensqualität drei Jahre nach ihrer Verletzung. Parallel hatte die Arbeitsgruppe jedoch eine kleinere Stichprobe von Unfallopfern längsschnittlich über drei Jahre begleitet (Snekkevik, Anke, Stanghelle und Fugl-Meyer 2003). Das Kohärenzgefühl der einzelnen Personen variierte dabei über die Zeit, sodass der Zusammenhang mit Lebensqualität und psychischen Beschwerden zwar insgesamt zu jedem Zeitpunkt signifikant wurde, für die einzelnen Personen jedoch wenig Aussagekraft hatte. Es gab sowohl Personen, bei denen Kohärenzgefühl und Lebensqualität stiegen, wie auch solche, bei denen beide Parameter sanken. Die Möglichkeit, dass das Kohärenzgefühl ein generelles Maß für psychisches Wohlbefinden sein könnte, sehen auch Sommer und Ehlert durch ihre Studie mit einer sehr großen Stichprobe von Schweizer Bergführern bestätigt (Sommer und Ehlert 2004). Obwohl die Bergführer über eine überdurchschnittlich hohe Anzahl potenziell traumatischer Erlebnisse berichteten, war der Anteil psychisch belasteter Personen deutlich geringer als in der Allgemeinbevölkerung. Gleichzeitig weist die Stichprobe ein signifikant höheres Kohärenzgefühl auf (zur Diskussion der Ursachen siehe auch den Kommentar von Carey und Seedat 2004).

Auch bei Opfern von psychischer und physischer Gewalt sind die Befunde inkonsistent. Köhlmeier und

Amann (2006) kommen in einer querschnittlichen Studie mit österreichischen Studentinnen zu dem Resultat, dass ein hohes Kohärenzgefühl den negativen Effekt von Gewalterfahrungen auf die psychische Gesundheit abpuffern kann. Allerdings handelt es sich um eine relativ kleine Stichprobe, bei der die Gewalterfahrungen relativ gering ausgeprägt waren. In einer großen Studie zu Mobbing am Arbeitsplatz zeigte sich ebenfalls ein leichter protektiver Effekt eines hohen Kohärenzgefühls (Nielsen, Matthiesen und Einarsen 2008). Bei näherer Analyse stellte sich jedoch heraus, dass dieser schützende Effekt nur bei einer vergleichsweise geringen Mobbingintensität eintrat. Bei einer hohen Mobbingintensität waren die Betroffenen unabhängig von der Ausprägung ihres Kohärenzgefühls meist stark belastet. Hogh und Mikkelsen (Hogh und Mikkelsen 2005) untersuchten die Folgen physischer Gewalt am Arbeitsplatz. Die Opfer von physischer Gewalt hatten ein insgesamt verringertes Kohärenzgefühl und waren psychisch belastet, es zeigte sich jedoch kein Beleg für einen schützenden Effekt eines hohen Kohärenzgefühls. Da es sich um eine querschnittliche Studie handelt, können daraus keine kausalen Schlussfolgerungen gezogen werden. Es wäre zum einen möglich, dass Personen mit einem niedrigeren Kohärenzgefühl nicht gut mit Konflikten am Arbeitsplatz umgehen können und daher einem erhöhten Risiko für Gewalt ausgesetzt sind. Andererseits wäre es auch möglich, dass die Gewalterfahrungen ein ursprünglich stabiles Kohärenzgefühl schwächen und unabhängig davon mit psychischer Belastung einhergehen.

Mehrere Arbeitsgruppen haben sich in den letzten Jahren mit den psychischen Langzeitfolgen von ehemaligen Kriegskindern im Zweiten Weltkrieg beschäftigt. In einer Stichprobe von Kuwert und Kollegen (2008), die in Deutschland über Radiospots rekrutiert wurde, war sowohl das Kohärenzgefühl (insbesondere die Skala Sinnhaftigkeit) als auch die psychische Belastung der Betroffenen höher ausgeprägt als in der Allgemeinbevölkerung. Dies widerspricht der Mehrheit der Befunde zum Zusammenhang von Kohärenzgefühl und psychischem Befinden, wird von den Autoren jedoch nicht näher diskutiert. Bei Israelis, die als Kinder den Holocaust erlebt hatten, moderierte ein hohes Kohärenzgefühl hingegen den Einfluss einschneidender Lebensereignisse im Krieg auf das aktuelle Erleben posttraumatischer Stresssymptome (van der Hal-van Raalte, van IJzendoorn und Bakermans-Kranenburg 2008). Allerdings gaben in dieser Stichprobe viele Personen an, im Laufe ihres Lebens eine psychotherapeutische Behandlung in Anspruch genommen zu haben, was sowohl den retrospektiven Bericht von Kriegserlebnissen wie auch das Kohärenzgefühl beeinflusst haben könnte. In einer Studie von Forstmeier und Kollegen (Forstmeier, Kuwert, Spitzer, Freyberger und Maercker 2009) mit Personen, die vom Naziregime als Kindersoldaten eingesetzt worden waren, zeigte sich ebenfalls ein negativer Zusammenhang zwischen Kohärenzgefühl und Symptomen von Depression und posttraumatischer Belastungsstörung. Personen mit hohen Werten auf der Skala Sinnhaftigkeit berichteten darüber hinaus über mehr Posttraumatische Reifung.

Eine Reihe von Studien zu verschiedenen Stressoren setzt dieses inkonsistente Bild fort. In einer großen Zufallsstichprobe im östlichen Kongo, wo in den Jahren nach Beendigung der Kolonialherrschaft schwere bewaffnete Konflikte, politische Umbrüche und Machtkämpfe stattfanden, zeigte sich ein hohes Kohärenzgefühl als Schutzfaktor für die Entwicklung von Depressionen und posttraumatischer Belastungsstörung (Pham, Vinck, Kinkodi und Weinstein 2010). Allerdings erlebten Personen mit hohem Kohärenzgefühl insgesamt weniger potenziell traumatische Erlebnisse, hatten ein höheres Einkommen und verfügten über eine höhere Bildung. Einen ähnlichen Befund dokumentieren Richardson und Ratner (2005). Hier berichteten Personen mit hohem Kohärenzgefühl, die im letzten Jahr ein kritisches Lebensereignis hatten, zwar im Gegensatz zu Personen mit niedrigem Kohärenzgefühl nicht über einen verminderten Gesundheitszustand. Dieser Effekt war jedoch statistisch nicht mehr signifikant, sobald Einkommen und Bildung in die Berechnung einbezogen wurden. In einer Studie zu Belastungen einer Scheidung waren israelische Muslime, die ein hohes Kohärenzgefühl aufwiesen, weniger psychisch belastet als diejenigen mit einem niedrigen Kohärenzgefühl (Cohen und Savaya 2003). In einer Onlineerhebung mit Journalistinnen und Journalisten, die im Rahmen ihrer Berichterstattung multiplen schwerwiegenden potenziell traumatischen Ereignissen ausgesetzt waren, zeigte sich jedoch kein protektiver Effekt eines hohen Kohärenzgefühls (Teegen und Grotwinkel 2001).

Bewertung und kritische Würdigung

Angesichts der inkonsistenten Befundlage ist eine abschließende Bewertung der potenziell schützenden Wirkung des Kohärenzgefühls nicht möglich. Die neueren Studien aus der Resilienzforschung bestätigen den Befund früherer Reviews (vgl. Bengel, Strittmatter und Willmann 1998, Eriksson und Lindström 2006): Das Kohärenzgefühl hängt zumindest querschnittlich stark mit Indikatoren psychischer Gesundheit zusammen und zeigt einen negativen Zusammenhang mit Symptomen psychischer Störungen. Die Diskussion, ob es sich beim Kohärenzgefühl um ein Konstrukt handelt, das deutlich von der psychischen Gesundheit (insbesondere Depressivität) abzugrenzen ist, hält an (vgl. Kapitel 03).

Ein zentraler Diskussionspunkt in vielen Studien ist die Frage, ob das Kohärenzgefühl durch potenziell traumatische Ereignisse beeinflusst werden kann. Nach Antonovsky (1987) entwickelt sich das Kohärenzgefühl im Laufe der Kindheit und Jugend und bleibt ab dem 30. Lebensjahr weitgehend stabil. Es gibt mittlerweile jedoch einige Hinweise darauf, dass potenziell traumatische Erlebnisse das Kohärenzgefühl schwächen können (zum Beispiel Kivimäki, Vahtera, Elovainio, Lillrank und Kevin 2002, Krantz und Östergren 2000, Nilsson, Holmgren, Stegmayr und Westman 2003, Snekkevik, Anke, Stanghelle und Fugl-Meyer 2003). Bezieht man Theorien zu den Folgen traumatischer Ereignisse ein, macht dieser Befund durchaus Sinn. In seiner kognitiven Theorie zu positiven und negativen Folgen traumatischer Erlebnisse geht zum Beispiel Janoff-Bulman (2006) davon aus, dass insbesondere durch Menschenhand verursachte Traumata die Lebensorientierung der Opfer grundlegend erschüttern können. Gerade die Annahme von Verstehbarkeit, Bewältigbarkeit und Sinnhaftigkeit der Welt können davon besonders betroffen sein (vgl. Hogh und Mikkelsen 2005).

Tendenziell sind die Befunde zur Wirkung des Kohärenzgefühls bei chronischen Stressoren und weniger schwerwiegenden Ereignissen konsistenter als bei potenziell traumatischen Situationen im engeren Sinne. Der Erklärungsansatz zur Stabilität des Kohärenzgefühls angesichts kritischer Lebensereignisse könnte auch für dieses Phänomen zur Erklärung herangezogen werden. Es wäre möglich, dass ein hoch ausgeprägtes Kohärenzgefühl bei alltäglichen Widrigkeiten und chronischen Stressoren eine protektive Wirkung entfaltet, einer starken Belastung durch traumatische Ereignisse jedoch nicht standhält (vgl. Nielsen, Matthiesen und Einarsen 2008).

Ein weiterer Befund, der über verschiedene Studien deutlich wird, ist, dass Personen mit hohem Kohärenzgefühl über weniger Stressoren berichten bzw. seltener kritische Lebensereignisse haben (zum Beispiel Pham, Vinck, Kinkodi und Weinstein 2010, Sørensen, Klungsøyr, Kleiner und Klepp 2011, Wolff und Ratner 1999). Dieser Befund dürfte sich durch mehrere Faktoren erklären lassen. Zum einen könnte Antonovskys Annahme zutreffen, dass Personen mit niedrigem Kohärenzgefühl Situationen häufiger als bedrohlich wahrnehmen und daher

Anforderungen eher als Stressoren denn als Herausforderungen betrachten. In diesem Fall wären die Anforderungen zwar unabhängig vom Kohärenzgefühl; Personen mit niedriger Ausprägung würden jedoch über mehr Stressoren berichten als solche mit einer hohen Ausprägung.

Ein weiterer Ansatzpunkt zur Erklärung ist der Zusammenhang des Kohärenzgefühls mit Bildung und Einkommen. Die Befunde besonders früherer Studien sind zwar inkonsistent (vgl. Bengel, Strittmatter und Willmann 1998), in einigen neueren Studien hatten Personen mit niedrigerem Einkommen und Bildungsgrad jedoch auch eine niedrigere Ausprägung des Kohärenzgefühls (zum Beispiel Neuner et al. 2006, Pham et al. 2010, Richardson und Ratner 2005, Smith, Breslin und Beaton 2003). Da Personen mit niedrigem Einkommen und Bildungsgrad ein erhöhtes Risiko für chronische Stressoren und kritische Lebensereignisse haben (vgl. Hatch und Dohrenwend 2007), wäre es möglich, dass es sich bei dem Zusammenhang von niedrigem Kohärenzgefühl und gehäuften Stressoren teilweise um ein statistisches Artefakt handelt.

Obwohl eine große Anzahl von Studien zum Kohärenzgefühl vorliegt (vgl. Lindström und Eriksson 2005), lässt der Forschungsstand keine Aussage zur protektiven Wirkung angesichts kritischer Lebensereignisse zu. Um differenzielle Aussagen über die Stabilität des Kohärenzgefühls bei schwerwiegenden traumatischen Ereignissen, über die spezifische Wirkung je nach Stressor und über das Erleben chronischer Stressoren machen zu können, werden methodisch sorgfältige Längsschnittstudien benötigt. Die Eigenständigkeit des Konstrukts ist angesichts der hohen Korrelation mit Depressivität fraglich.

» 05.8 Hardiness

Das Konstrukt »Hardiness« (Widerstandsfähigkeit) wurde im Zeitraum von 1975 bis 1979 von Susan Kobasa und Salvatore Maddi in Studien zur Arbeitsbelastung von Managern in einer großen US-amerikanischen Telefongesellschaft entwickelt. Es umfasst die drei Komponenten *Engagement* (commitment), *Kontrolle* (control) und *Herausforderung* (challenge). Mit Engagement wird eine Grundhaltung bezeichnet, in verschiedenen privaten und gesellschaftlichen Lebensbereichen Sinn und Bedeutung zu finden und darauf aufbauend, aktiv und interessiert an der Gestaltung dieser Lebensbereiche teilzuhaben. Der Aspekt Kontrolle bezieht sich auf die Wahrnehmung, Situationen nicht hilflos ausgeliefert zu sein, sondern aktiv beeinflussen zu können, betont aber auch die Bereitschaft zu aktivem und selbstverantwortlichem Handeln. Herausforderung beschreibt die Grundhaltung, Veränderungen und Anforderungen nicht als Bedrohung, sondern als Möglichkeit zu Wachstum und Weiterentwicklung wahrzunehmen. Die Kombination dieser drei Variablen sieht Maddi (zum Beispiel 2002) als einen der bedeutsamsten Schutzfaktoren angesichts widriger Lebensumstände und kritischer Lebensereignisse an. Seit der ersten Beschreibung des Konstrukts (Kobasa 1979) wurde die potenziell protektive Wirkung von Hardiness in einer Vielzahl von Studien vorwiegend in den Bereichen Stress am Arbeitsplatz, körperliche Erkrankungen, Pflege chronisch kranker oder behinderter Angehöriger und Kriegserlebnissen untersucht.

In Studien zu Stress am Arbeitsplatz wurden verschiedene positive Zusammenhänge mit Hardiness aufgezeigt. Hardiness ging in aktuellen Studien unter anderem mit weniger Burn-out-Symptomatik bei Rettungskräften (Alexander und Klein 2001), weniger psychopathologischen Symptomen bei Polizistinnen und Polizisten (Andrew et al. 2008) und weniger depressiven Symptomen bei Managerinnen und Managern (Ghorbani, Watson und Morris 2000) einher. In einer großen prospektiven Studie von Hystadt, Eid und Brevik (2011) hatten Verwaltungsangestellte der norwegischen Armee mit hohen Werten auf der Hardiness-Skala weniger Fehltage und waren seltener krankgeschrieben. In einer Studie mit Krankenschwestern gaben Frauen mit höheren Werten auf der Hardiness-Skala an, mehr Klarheit bezüglich ihrer Arbeitsaufgaben zu haben und genauer zu wissen, welches Verhalten von ihnen persönlich erwartet wird (niedrige Rollenambiguität; Judkins und Rind 2005). Personen mit hohen Hardiness-Werten scheinen zudem die Beschäftigung im Schichtdienst besser zu verkraften (Natvik et al. 2011). Außerdem zeigte sich in mehreren Studien, dass Personen mit hohen Werten auf Hardiness-Skalen Anforderungen tatsächlich als weniger bedrohlich wahrzunehmen scheinen. Managerinnen und Manager, berufstätige Mütter und in der häuslichen Pflege beschäftigte Krankenschwestern berichteten weniger stressreiche Ereignisse sowohl im beruflichen Umfeld als auch teilweise im Privatleben (Bernas und Major 2000, Ghorbani et al. 2000, Judkins und Rind 2005, Turnipseed 1999), obwohl die objektiven Anforderungen in den jeweiligen Stichproben für alle Studienteilnehmerinnen und -teilnehmer ähnlich waren.

In Studien zu körperlichen Erkrankungen konnte für eine Reihe von Krankheitsbildern ein Zusammenhang zwischen Hardiness und einer besseren psychischen Befindlichkeit bzw. weniger psychopathologischen Symptomen gezeigt werden, wobei ein großer Teil der Studien vor dem in diesem Band betrachteten Zeitraum durchgeführt wurde (zum Beispiel Arthritis, Diabetes mellitus, Bluthochdruck, Hepatitis C, HIV, chronische Schmerzen, chronisch obstruktive Lungenerkrankungen und Lebertransplantationen; siehe Brooks 2003, Stewart und Yuen 2011). Zur genaueren Erfassung des Konstrukts bei körperlichen Erkrankungen wurde eine eigene Skala entwickelt (Pollock und Duffy 1990), die jedoch bis heute keine weite Verbreitung gefunden hat. Eine Studie von Farber und Kollegen (2000) mit HIV-Patienten bestätigt den oben genannten Zusammenhang. Mit Hardiness konnte insbesondere bei Patienten, die bereits unter Symptomen einer Aidserkrankung litten, ein hoher Varianzanteil an psychopathologischer Symptomatik und gesundheitsbezogener Lebensqualität erklärt werden.

Zum Einfluss von Hardiness bei der Pflege chronisch kranker oder behinderter Angehöriger liegen mehrere aktuelle Studien vor. In einer Studie von DiBartolo und Soeken (2003) hatte Hardiness zwar keinen direkten Einfluss auf die selbstberichtete Gesundheit, stellte sich jedoch als statistisch signifikante und bedeutsame Moderatorvariable heraus. Personen mit hohen Hardiness-Werten, deren Ehepartner an Demenz erkrankt waren, sahen ihre Pflegetätigkeit in einem positiveren Licht und zeigten häufiger problemorientierte Copingstrategien. In einer Studie zu Müttern von Kindern mit geistiger Behinderung oder Autismus litten diejenigen mit hohen Hardiness-Werten seltener unter Burn-out-Symptomen (Weiss 2002). Für die Erfassung von Hardiness in Familien wurde in Anlehnung an Kobasa und Maddi (Kobasa, Maddi und Courington 1981) ebenfalls ein spezifischer Fragebogen entwickelt, der *Family Hardiness Index* (dt. Version: Wiedebusch, McCubbin und Muthny 2007). Hier werden die drei Komponenten Engagement, Kontrolle und Herausforderung auf die gesamte Familie bezogen. Erfragt werden das Erleben von Stärke und Verlässlichkeit in der Familie sowie die Kooperationsfähigkeit der Familienmitglieder; ferner familiäre Anstrengungen, aktiv und lernfähig zu bleiben, und die Überzeugung, das Familienleben kontrollieren zu können, anstatt von äußeren Umständen und Ereignissen geprägt zu sein. In einer Studie zur Pflege älterer behinderter Menschen ergänzte dieses Konstrukt den Einfluss der individuellen Hardiness. Personen, die auf beiden Skalen hohe Werte aufwiesen, litten seltener unter Depressions- oder Fatiguesymptomen als Personen, die nur über individuelle Hardiness berichteten (Clark 2002). Die isländische Arbeitsgruppe um Erla Svavarsdottir untersuchte Resilienz bei Familien, in denen ein Kind unter chronischem Asthma litt. Familiäre Hardiness hatte hier nur für Väter, nicht jedoch für Mütter einen moderierenden Effekt auf die wahrgenommene familiäre Anpassung (Svavarsdottir, Rayens und McCubbin 2005). Diesen Befund erklären die Autoren damit, dass das Kohärenzgefühl (siehe Kapitel 05.7) für Mütter einen so hohen protektiven Wert hatte, dass die familiäre Hardiness keine zusätzliche Varianz aufklären konnte.

In Studien zur Verarbeitung von Kriegserlebnissen wurde der potenziell protektive Effekt von Hardiness wesentlich deutlicher gezeigt. Hohe Hardiness-Werte hatten einen statistisch signifikanten und klinisch bedeutsamen Zusammenhang mit weniger PTBS-Symptomatik bei Vietnamveteranen (King, King, Fairbank, Keane und Adams 1998) und israelischen Kriegsgefangenen (Dekel, Mandl und Solomon 2011, Zakin, Solomon und Neria 2003), weniger Depressionssymptomen bei US-amerikanischen Soldaten nach der Friedensmission im Kosovo (Adler und Dolan 2006) sowie weniger negativer Veränderungen in Verhalten, Einstellungen und Persönlichkeitseigenschaften wie zum Beispiel Impulsivität und Selbstvertrauen bei einer weiteren Stichprobe israelischer Soldaten und Kriegsgefangener (Waysman, Schwarzwald und Solomon 2001). Interessanterweise zeigte sich der Effekt bei der Gruppe der Kriegsgefangenen noch besser als bei den – zumindest objektiv – weniger belasteten Soldaten, die direkt nach dem Einsatz nach Hause zurückkehren konnten. Waysman, Schwarzwald und Solomon (2001) schlussfolgern daraus, dass Hardiness insbesondere beim Vorliegen sehr schwerer Stressoren oder einer erhöhten Vulnerabilität wirksam ist. Andere Studien weisen ebenfalls in diese Richtung (Zakin et al. 2003). Eid und Morgan (2006) untersuchten norwegische Offiziersanwärter vor und nach einer Übung, in der die Gefangennahme durch gegnerische Soldaten simuliert wurde. Diejenigen Anwärter mit hohen Werten auf einer Hardiness-Skala erlebten signifikant weniger peritraumatische Dissoziationen und Derealisationsphänomene.

In einer Metaanalyse über insgesamt 180 Studien zur Wirkung von Hardiness bei diversen Stressoren bestätigen Eschleman, Bowling und Alarcon (2010) den prinzipiell protektiven Effekt des Konstrukts bei kritischen Lebensereignissen und chronischen Widrigkeiten. Hardiness stand in einem deutlichen Zusammenhang mit weniger psychischer Belastung bzw. weniger psychopathologischen Symptomen sowie mehr Wohlbefinden bzw. einer höheren Lebenszufriedenheit. Darüber hinaus erwiesen sich mehrere theoretische Annahmen des Konstrukts als zutreffend. Personen mit hohen Hardiness-Werten erlebten Ereignisse generell als weniger stressreich und wandten häufiger problemorientierte Copingstrategien an. Wenn Personen mit hohen Hardiness-Werten Ereignisse jedoch als hoch belastend und stressreich erlebten, so litten sie seltener unter psychischer Belastung und psychopathologischen Symptomen. Dies weist darauf hin, dass Hardiness neben der generell protektiven Funktion über die Wahrnehmung von Stress auch eine spezifisch schützende Funktion beim Erleben einer hohen Stressbelastung besitzt.

Bewertung und kritische Würdigung

Auch wenn die aktuellen Studien zum Konstrukt der Hardiness auf einen schützenden Effekt angesichts kritischer Lebensereignisse hinweisen, ist das

Konstrukt Hardiness nicht unumstritten. Hauptkritikpunkte waren bzw. sind die Erfassungs- und statistischen Auswertungsmethoden sowie die überwiegend männlichen Stichproben besonders in frühen Studien zu Hardiness. Ferner stellt sich die Frage, ob Hardiness klar von der Persönlichkeitseigenschaft Neurotizismus (Neigung zu Ängstlichkeit und emotionaler Labilität) abzugrenzen ist und ob die drei Komponenten von Hardiness tatsächlich ein einheitliches Konstrukt bilden (vgl. Crowley, Hayslip und Hobdy 2003). Mittlerweile wurden einige dieser Kritikpunkte näher untersucht.

Neuere Studien, in denen ein methodisch hochwertiges Studiendesign sowie anerkannte statistische Auswertungsmethoden angewendet werden (zum Beispiel Alexander und Klein 2001, Andrew et al. 2008, Farber, Schwartz, Schaper, Moonen und McDaniel 2000, King, King, Foy, Keane und Fairbank 1998), bestätigen die Befunde früherer – methodisch kritisierter – Studien. Zur Geschlechterspezifität des Konstrukts gibt es zwar vereinzelte Studien, in denen Frauen nicht von Hardiness profitierten, wenn andere Variablen wie Neurotizismus kontrolliert wurden (zum Beispiel Benishek und Lopez 1997, Klag und Bradley 2004). In vielen aktuellen Studien konnte der protektive Effekt hingegen für Männer und Frauen gleichermaßen bestätigt werden. Auch Studien, deren Stichprobe vorwiegend oder ausschließlich weiblich war, zeigten keine abweichenden Befunde (zum Beispiel Bernas und Major 2000, Clark 2002, Feinauer, Hilton und Callhan 2003). In einer Studie mit Polizisten war der protektive Effekt von Hardiness bei Frauen sogar stärker ausgeprägt als bei Männern (zum Beispiel Andrew et al. 2008).

Zur Abgrenzung von Hardiness und Neurotizismus wurde immer wieder diskutiert, ob die beiden Konstrukte nicht nur hoch korrelieren, sondern eine so große Überlappung zeigen, dass mit Fragebogen zu Hardiness eigentlich Neurotizismus gemessen wird (siehe zum Beispiel Klag und Bradley 2004). Dieser Kritikpunkt wurde von Studien untermauert, in denen die statistische Signifikanz von Hardiness bei weiblichen Stichproben verschwand, wenn Neurotizismus in die Berechnungen einbezogen wurde (Funk und Houston 1987, Klag und Bradley 2004, Rhodewalt und Zone 1989). In einer Studie zur Validität der Hardiness-Skala zeigten Sinclair und Tetrick (2000), dass eine hohe Redundanz zwischen Neurotizismus und den negativ formulierten Hardiness-Items besteht. In der Metaanalyse von Eschleman, Bowling und Alarcon (2010) konnte Hardiness jedoch in 29 von 30 diesbezüglich analysierten Studien zusätzliche Varianz zu Neurotizismus erklären. Vergleicht man die Studien, in denen Neurotizismus und weibliches Geschlecht eine entscheidende Rolle spielten, so fällt auf, dass diese durchweg an relativ unbelasteten Stichproben – zum Beispiel Studierenden (Rhodewalt und Zone 1989) oder Angestellten einer großen australischen Universität (Klag und Bradley 2004), bei denen keine potenziell traumatischen Erfahrungen vorlagen – durchgeführt wurden. Es wäre somit möglich, dass der schützende Effekt von Hardiness erst beim Vorliegen einer hohen Stressbelastung wirksam wird. Dennoch bleibt unklar, inwieweit einzelne Befunde zu Hardiness durch den Effekt von Neurotizismus verzerrt sind. Da mittlerweile neben der Originalskala ein weiteres Erhebungsinstrument zu Hardiness entwickelt wurde (Bartone 2007, Hystad, Eid, Johnsen, Laberg und Bartone 2010), das diese Überlappung nicht aufzuweisen scheint, ist abzuwarten, ob sich die oben referierten protektiven Effekte mit dieser Skala replizieren lassen.

Auch die Frage, ob die drei Komponenten von Hardiness tatsächlich ein einheitliches Konstrukt bilden, kann nach dem heutigen Stand der Forschung nicht endgültig geklärt werden. In vielen Studien weisen einzelne Skalen des Konstrukts einen höheren Zusammenhang mit verschiedenen Ergebnismaßen auf als andere. In der oben erwähnten Studie von

Alexander und Klein (2001) zur Burn-out-Symptomatik bei Rettungskräften war zum Beispiel nur die Skala »Engagement« statistisch signifikant mit allen Maßen psychischer Belastung korreliert. In einer Studie zum Unterschied von normativen und nichtnormativen Lebensereignissen (Auszug des jüngsten Kindes versus Arbeitslosigkeit) wurde ein bedeutender Effekt der Skala »Herausforderung« gezeigt (Crowley, Hayslip und Hobdy 2003). Personen mit hohen Werten auf dieser Skala erlebten mehr positive Emotionen und nutzten häufiger Copingstrategien, die eine kognitive Umstrukturierung (positive Umdeutung) der Situation anzeigen. Insgesamt wurde die Skala »Herausforderung« häufig als überflüssig kritisiert, da für diese Skala die meisten inkonsistenten Befunde zum Zusammenhang mit psychischer und physischer Gesundheit vorliegen. Andererseits ist es gerade diese Skala, die das Konstrukt der Hardiness deutlich von anderen Konstrukten wie zum Beispiel dem Kohärenzgefühl oder internalen Kontrollüberzeugungen unterscheidet (vgl. Eschleman, Bowling und Alarcon 2010). Es wäre möglich, dass diese Komponente der Hardiness mit positiven Veränderungen bzw. Posttraumatischer Reifung in Zusammenhang steht und somit einen Aspekt der Anpassung an kritische Lebensereignisse erfasst, der über psychische Stabilität hinausreicht (vgl. Cole und Lynn 2010, Waysman, Schwarzwald und Solomon 2001).

Obwohl nach wie vor berechtigte Kritikpunkte am Konstrukt der Hardiness bestehen, gibt es hinreichend Belege dafür, dass Hardiness einen schützenden Effekt insbesondere bei schwerwiegenderen Ereignissen haben könnte. Salvatore Maddi (2002), der »Gründervater« der Hardiness, geht von einer prinzipiellen Veränderbarkeit des Konstrukts im Erwachsenenalter aus und hat ein präventives Trainingsprogramm zur Stärkung von Hardiness entwickelt.

» 05.9 Religiosität und Spiritualität

Religiosität und Spiritualität sind zwei Konstrukte, die sich theoretisch und konzeptionell nur schwer fassen lassen. Sie werden daher in den empirischen Studien erwartungsgemäß unterschiedlich definiert und operationalisiert. Nach Zwingmann (2004) gilt Spiritualität »als subjektiv erlebter Sinnhorizont, der sowohl innerhalb als auch außerhalb traditioneller Religiosität verortet sein kann und damit allen – nicht nur religiösen – Menschen zu eigen ist« (S. 218). Merkmale von *Spiritualität* sind die Suche nach dem Sinn und Zweck des Lebens, nach Antworten auf Fragen zur Bedeutung von Krankheit und Tod und der Bildung eines Bedeutungsnetzes, das dem Leben Kohärenz und Sinn verleiht. Mit *Religiosität* sind dagegen die Übernahme von spezifischen Glaubensüberzeugungen und Traditionssystemen und die Teilnahme von Aktivitäten und Ritualen organisierter Religionsgemeinschaften verbunden. Während in früheren Studien vorwiegend Religiosität untersucht wurde, wird heute besonders von US-amerikanischen Autorinnen und Autoren häufig die Bezeichnung »Spiritualität« vorgezogen (zum Beispiel Pargament und Cummings 2010) –, wobei die genaue Abgrenzung von Religiosität häufig schwierig und die Erfassung von Spiritualität noch nicht ausgereift ist (Bartlett, Piedmont, Bilderback, Matsumoto und Bathon 2003).

Da sich beide Konstrukte aus einer Mischung aus Überzeugungen und Verhaltensweisen zusammensetzen, genügt es nicht, in empirischen Studien die Religionszugehörigkeit oder eindimensional die persönliche Bedeutung von Glauben zu erfassen (Grom 2004). Die frühen Konzeptualisierungen von Religiosität, die die empirische Erfassung von Religiosität bis heute dominieren, stammen von Allport (1966) und Glock (1962). Allport (1966) differenziert zwischen intrinsischer und extrinsischer Religiosität. Eine intrinsische religiöse Orientierung kann als verinnerlichte, genuine Gläubigkeit beschrieben werden, die um ihrer selbst willen ausgeübt wird (religion as end); eine extrinsische religiöse Orientierung gilt dagegen als zweckgebundene oberflächliche Gläubigkeit zur Erreichung persönlicher oder sozialer Ziele (religion as means). Im Mittelpunkt steht bei dieser Differenzierung die Frage, ob Religiosität ein zentraler Wert in der Persönlichkeit eines Menschen ist, der das individuelle Selbstbild prägt und das alltägliche Erleben und Verhalten durchdringt. Glock (1962) hat sich mit verschiedenen Dimensionen der Religiosität beschäftigt. Dazu gehören der Glaube an die spezifische Ideologie der Glaubensgemeinschaft, die Teilnahme an kollektiven und individuellen Ritualen (wie Gottesdienst oder Gebet), das kognitive Interesse an Glaubensinhalten und das Erleben religiöser Erfahrungen (zum Beispiel gefühlte Nähe zu Gott). Pargament (1997) hat diese Konzeptualisierung durch ein Modell religiösen Copings erweitert. Seiner Ansicht nach ist es nicht entscheidend, ob eine Person religiös ist oder nicht, sondern ob in besonders belastenden Situationen religiöse Copingstrategien zur Stressbewältigung eingesetzt werden. Bedeutsam ist also nicht die absolute Stärke religiöser Überzeugungen, sondern die Art und Weise, wie diese Einfluss auf Kognitionen, Emotionen und Verhalten nehmen. Dieses Modell konnte in den letzten Jahren vielfach bestätigt werden. Beispielsweise hatte in einer deutschen Studie von Zwingmann und Kollegen (2008) religiöses Coping einen wesentlich größeren Vorhersagewert als religiöse Überzeugungen allein.

Pargament (1997) unterscheidet drei religiöse Copingstile: das »passive Coping«, das »kooperative Coping« und das »Selbstmanagement«. Diese Ziele unterscheiden sich darin, ob ein Individuum Verantwortung und Handeln selbst übernimmt oder auf Gott überträgt (vgl. Dörr 2004). In Anlehnung an dieses Modell werden in aktuelleren Studien ein positiver und ein negativer religiöser Copingstil unterschieden. Ein positiver religiöser Copingstil zeichnet sich durch eine vertrauensvolle Gottesbeziehung aus, bei der das Individuum Gott und Mitmenschen um Hilfe bittet, jedoch Eigenverantwortung übernimmt. Ein negativer religiöser Copingstil ist durch die Deutung negativer Ereignisse als Strafe oder Prüfung Gottes sowie dem Hadern mit Gott, dem eigenen Glauben oder der Glaubensgemeinschaft geprägt (Pargament, Smith, Koenig und Perez 1998).

Der Einfluss von Religiosität auf die psychische Gesundheit sowie die Verarbeitung potenziell traumatischer Erlebnisse und chronischer Stressoren sind nicht eindeutig. Viele Studien zeigen einen schwach positiven Zusammenhang mit Anpassungsleistungen bei kritischen Lebensereignissen (vgl. Dörr 2004). In einer Studie von Lee und Kollegen (2008) mit koreanischen Frauen, die in die USA immigriert waren, korrelierte Religiosität beispielsweise schwach mit Resilienz (als Persönlichkeitsmerkmal). In einer Regressionsanalyse mit den zusätzlichen Prädiktoren Optimismus und Selbstvertrauen erbrachte Religiosität jedoch keine weitere Varianzaufklärung. Auch in der Allgemeinbevölkerung zeigt sich ein schwach positiver Zusammenhang mit psychischer und physischer Gesundheit (vgl. Klein und Albani 2007). Tagay, Erim, Brähler und Senf (2006) fanden hingegen keine signifikanten Korrelationen zwischen Religiosität und Variablen der psychischen Gesundheit sowie der allgemeinen Lebenszufriedenheit bei Psychosomatikpatientinnen und -patienten sowie gesunden Blutspenderinnen und -spendern. In dem bisher umfassendsten Review zu Religiosität und Gesundheit schlussfolgern Koenig, McCullough und Larson (2001), dass Religiosität insgesamt mit mehr Lebenszufriedenheit, Hoffnung, Sinnorientierung und positiven Gefühlen sowie weniger Bluthochdruck, weniger Herzerkrankungen, weniger Substanzmissbrauch und geringerer Suizidalität einhergeht.

Insbesondere in querschnittlichen Studien finden sich jedoch auch widersprüchliche und negative Befunde – was von vielen Autorinnen und Autoren unter anderem mit den oben erläuterten methodischen und theoretischen Problemen des Forschungsbereichs erklärt wird (zum Beispiel Grom 2004, Pargament und Cummings 2010). Pargament und Cummings (2010) gehen davon aus, dass ein großer Teil der in Querschnittstudien gefundenen positiven Korrelationen zwischen Religiosität und emotionaler Belastung durch die sogenannte »Stressmobilisierungstheorie« zu erklären ist. In Zeiten mit besonderer Belastung werden Bewältigungsstrategien (hier religiöses Coping) aktiviert, die langfristig unterstützend wirken. Bei einer einmaligen Erhebung spiegelt sich diese Aktivierung jedoch in einem positiven Zusammenhang zwischen Belastung und Bewältigungsstrategie wider, der folglich nicht kausal im Sinne einer Belastung durch Religiosität erklärt werden kann. Dieser Ansicht schließen sich zum Beispiel Connor, Davidson und Lee (2003) an, in deren großer Stichprobe mit über 600 Überlebenden schwerwiegender Traumata diejenigen am stärksten belastet waren, die sich als sehr religiös einstuften. In Längsschnittstudien zeigen sich hingegen meist positive Effekte von Religiosität. Hebert, Dang und Schulz (2007) untersuchten zum Beispiel pflegende Angehörige von Demenzpatientinnen und -patienten. Eine höhere persönliche Bedeutsamkeit von Religiosität sowie die Häufigkeit von Gebet und Gottesdienstbesuchen gingen mit signifikant weniger Depressivität eineinhalb Jahre später und – im Falle des Todes des/der Angehörigen – auch mit weniger Symptomen komplizierter Trauer einher. In einer Studie mit Eltern, die ihr Kind durch einen gewaltsamen/unnatürlichen Tod verloren hatten, zeigten Murphy, Johnson und Lohan (2003), dass religiöse Eltern fünf Jahre nach dem Todesfall mehr Sinn in der Tragödie finden konnten (»finding-meaning«, vgl. Kapitel 04.2), weniger psychisch belastet waren und ihre physische Gesundheit als besser wahrnahmen.

In neueren Studien wird die Komplexität des Wirkmechanismus von Religiosität noch deutlicher. Religiöses Coping scheint besonders dann zum Tragen zu kommen, wenn das Stressniveau sehr hoch ist und/oder eine Person sehr starke religiöse Überzeugungen hat (Dörr 2004). Zudem gibt es Hinweise darauf, dass Religiosität bei unterschiedlichen kritischen Lebensereignissen und Dauerbelastungen auf verschiedene Arten wirkt (Grom 2004), wie zum Beispiel Appel, Müller und Murken (2010) zeigen. In ihrer Studie spielt religiöses Coping bei Brustkrebspatientinnen eine wesentlich größere Rolle als bei den Schmerzpatientinnen und -patienten, obwohl Letztere durch die Chronizität ihrer Erkrankung und die damit einhergehenden täglichen Einschränkungen deutlich stärker belastet sind. In der Gruppe der Schmerzpatientinnen und -patienten ist darüber hinaus der Anteil des negativen Copings signifikant höher. Appel und Kollegen (2010) vermuten, dass Charakteristika der Erkrankungen (Lebensbedrohlichkeit der Krebserkrankung, Chronizität der Schmerzerkrankung) einen wesentlichen Anteil an diesen Unterschieden haben.

Wie viele der in diesem Fachheft besprochenen Schutzfaktoren steht Religiosität in einer Wechselwirkung mit anderen protektiven Faktoren. In einer Studie von Bux und Coyne (2009) nach den Terroranschlägen auf die Londoner U-Bahn 2005 hatte Religiosität einen signifikanten Einfluss auf das Erleben positiver Emotionen, die wiederum als protektiver Faktor gelten können. Zu diesem Befund kommen auch Bartlet und Kollegen (2003) in einer Studie zur Lebensqualität von Patientinnen und Patienten mit rheumatoider Arthritis (vgl. Kapitel 05.1). Ein weiterer Faktor, der (in den USA) als gut belegte Funktion von Religiosität gilt, ist die – mit der Zugehörigkeit zu einer Glaubensgemeinschaft verbundene – soziale Unterstützung. Pargament und Cummings (2010) führen US-amerikanische Studien an, die zeigen, dass bei religiösen Personen nicht nur das soziale Netzwerk größer, sondern auch die wahrgenommene Qualität der sozialen Unterstützung höher ist als bei weniger religiösen Personen. Kaplan und Kollegen (2005) sehen in der sozialen Unterstützung ebenfalls einen Wirkfaktor für ihre überraschenden Befunde zu posttraumatischen Belastungssymptomen nach der Intifada in Israel. In ihrer Studie waren Bewohnerinnen und Bewohner eines Tel Aviver Vororts, die verhältnismäßig wenig von dem Terror betroffen waren, wesentlich belasteter als Bewohnerinnen und Bewohner einer grenznahen Siedlung, die tagtäglichen Bombardements und Terroranschlägen ausgesetzt waren. Letztere lebten jedoch in einer hochreligiösen und eng verbundenen Gemeinschaft.

Dieser Effekt der sozialen Unterstützung konnte in einer deutschen Studie von Dörr (2004) nicht bestätigt werden. Das könnte damit zusammenhängen, dass Religionsausübung in Deutschland im Vergleich mit anderen Ländern einen relativ privaten Charakter hat. In den USA bezeichnen 65 % der Bevölkerung Religion als wichtigen Teil ihres täglichen Lebens und besuchen zu 55 % mindestens einmal wöchentlich einen Gottesdienst (Gallup Organization 2005, 2010). Dies bringt häufig eine enge Einbindung in die Gemeinde mit sich und geht mit regelmäßigen Sozialkontakten sowie sozialer Unterstützung einher. In Deutschland gehören zwar 70 % der Bevölkerung einer der Großkirchen an, jedoch bezeichnen nur 40 % Religion auch als wichtigen Teil ihres täglichen Lebens; weniger als 10 % besuchen wöchentlich Gottesdienste (Gallup Organization 2004, 2010). Gleichzeitig hat Religiosität in den USA im sozialen und öffentlichen Leben einen wesentlich zentraleren Stellenwert als in europäischen Ländern (Lüchau 2004), weswegen empirische Ergebnisse US-amerikanischer Studien nur begrenzt auf Europa und speziell Deutschland generalisiert werden können.

Die Unterscheidung in positives und negatives religiöses Coping hat den Blick für die potenziellen negativen Folgen von Religiosität bei kritischen Lebensereignissen geschärft. In den letzten Jahrzehnten konnte eine ganze Reihe von Annahmen über nachteilige Wirkungen von Religiosität widerlegt werden. Religiosität geht nicht primär, wie von Sigmund Freud in seiner psychoanalytischen Theorie angenommen, mit Verleugnung, Abwehr und Passivität einher (Pargament und Cummings 2010). Im Gegenteil konnte in einer Reihe von Studien gezeigt werden, dass religiöse Menschen zu aktiveren Bewältigungsstrategien tendieren (zum Beispiel Friedman, Keane und Resick 2007, Mehnert, Rieß und Koch 2003). In einer deutschen Studie mit Schmerzpatientinnen und -patienten waren die hochreligiösen Personen signifikant häufiger bereit, ihre täglichen Aufgaben und Freizeitaktivitäten trotz Schmerzen fortzuführen (Gerbershagen, Trojan, Kuhn, Limmroth und Bewermeyer 2008). Auch die Annahme, religiöse Menschen seien häufiger psychisch krank oder labil, konnte nicht bestätigt werden. Zwar scheinen sehr stark religiöse Menschen bei Zwängen und Wahnvorstellungen häufiger religiöse Inhalte zu integrieren, insgesamt ist ihr Risiko, psychisch zu erkranken, jedoch nicht erhöht (Grom 2004). Ein weiterer häufig rezipierter nachteiliger Effekt von Religiosität ist die Zugehörigkeit zu Sekten oder religiösen Splittergruppen. Diese können zwar definitiv zum Risiko werden, wenn zum Beispiel vertraute Orientierungsmuster abgebaut, Schuldgefühle induziert und rigorose Ideologien aufgezwungen werden, es hat sich jedoch gezeigt, dass Mitglieder mit klinisch relevanten Störungen häufig schon vor ihrem Eintritt in eine solche Gruppe unter emotionalen Problemen litten (Grom 2004, Richardson 1995).

Dennoch kann Religiosität auch zum Risikofaktor werden. In Studien zu religiösem Coping ist ein negativer religiöser Copingstil konsistent mit schlechterer Anpassung bzw. höherer psychischer Belastung verbunden (siehe zusammenfassend Pargament und Cummings 2010; Studien aus dem deutschsprachigen Raum: Appel, Müller und Murken 2010, Winter et al. 2009, Znoj, Morgenthaler und Zwingmann 2004, Zwingmann, Wirtz, Müller, Körber und Murken 2006). Das Hadern mit Gott, dem Schicksal und der eigenen Glaubensgemeinschaft scheint den Stress, unter dem Individuen in kritischen Lebenssituationen stehen, noch zu verstärken. In einer Schweizer Studie (Znoj et al. 2004) zeigte die Interpretation, der Tod des eigenen Kindes sei eine Strafe Gottes, einen deutlichen Zusammenhang zu depressiver Symptomatik. Der Gedanke, das eigene Schicksal sei Teil eines göttlichen Plans, schien hingegen entlastend zu wirken. Bei besonders gläubigen Personen ist dieser Effekt besonders kritisch, da der eigene Glaube und ein (meist) positives Gottesbild als zentral für das eigene Leben angesehen werden. In einer deutschen Stichprobe mit Brustkrebspatientinnen in stationärer Rehabilitation (Zwingmann, Müller, Körber und Murken 2008) war negatives religiöses Coping bei hochreligiösen Patientinnen entsprechend mit hoher Belastung verbunden, während dieser Zusammenhang bei weniger religiösen Patientinnen schwächer war.

Bewertung und kritische Würdigung

Aktuelle Befunde zur potenziell protektiven Wirkung von Religiosität angesichts schwerwiegender Lebensereignisse weisen auf differenzielle Wirkmechanismen dieses Faktors hin. Die Schlussfolgerung aus dem Review von Koenig, McCullough und Larson (2001), dass Religiosität insgesamt mit mehr Wohlbefinden und weniger Risikofaktoren für die Entwicklung von Erkrankungen einhergeht, zeigt sich in aktuellen Studien aus dem Bereich der Resilienzforschung nicht konsistent. Ein Grund für die inkonsistenten Ergebnisse könnte in der hohen Wechselwirkung von Religiosität und anderen Schutzfaktoren, insbesondere der sozialen Unterstützung, liegen. Besonders in den USA, wo über die Hälfte der Bevölkerung regelmäßig Gottesdienste besucht, ist Religiosität häufig mit einer engen Einbindung in unterstützende Sozialstrukturen verbunden. Dieser Faktor wurde in bisherigen Studien jedoch nicht systematisch berücksichtigt.

Pargaments (1997) Unterteilung religiösen Verhaltens in positives und negatives religiöses Coping hat sich für diese Forschungsrichtung als sehr fruchtbar erwiesen. Zum einen bietet sie mit der Theorie der Stressmobilisierung einen Erklärungsansatz für widersprüchliche und negative Befunde. Zum anderen weisen erste Befunde darauf hin, dass auch die differenzielle Wirkungsweise von Religiosität auf Basis dieser Copingstile gut zu untersuchen ist. Es gibt Hinweise darauf, dass religiöses Coping besonders dann eine bedeutende Rolle spielt, wenn Personen sehr religiös sind und das Stressniveau sehr hoch ist (Dörr 2004). Zudem scheint Religiosität seine Wirkung in Abhängigkeit von Charakteristika der Stressoren wie Chronizität und Lebensbedrohlichkeit zu entfalten (Appel, Müller und Murken 2010). Auch die potenziell risikoerhöhende Wirkung von Religiosität kann durch negative Copingstile gut erfasst und beschrieben werden.

Aufgrund der hohen Komplexität der Wirkungsmechanismen von Religiosität werden bei diesem Faktor – noch stärker als bei anderen Faktoren – vermehrt Längsschnittstudien benötigt, in denen die längerfristige Wirkung von Religiosität unter methodischer Kontrolle von potenziellen Einflussvariablen wie sozialer Unterstützung untersucht werden kann. Gerade in Ländern wie Deutschland, in denen Religiosität im Alltag vieler Menschen keine große Rolle spielt, könnten auch Theorien und Erhebungsinstrumente zur Spiritualität neue Impulse setzen (Zwingmann 2004).

» 05.10 Coping

Mit dem Begriff »Coping« (aus dem Englischen »to cope with« = bewältigen, überwinden) wird die Bewältigung von Stress oder kritischen Lebensereignissen bezeichnet. Es gibt drei Ansätze zur Konzeptualisierung von Coping: 1) psychoanalytische Theorien, die auf Freuds Abwehrmechanismen basieren, 2) die Annahme verschiedener relativ stabiler, situationsübergreifender Copingstile (zum Beispiel Carver, Scheier und Weintraub 1989) und 3) prozessorientierte Ansätze, in denen der Einfluss von individueller Umwelt und Aspekten des Stressors ins Zentrum gerückt werden (zum Beispiel Lazarus und Folkman 1984). Die meisten aktuellen Copingtheorien betonen sowohl den Anteil habitueller Tendenzen (Copingstile) als auch den Einfluss situationaler Variablen. In einzelnen Erhebungsinstrumenten werden bis zu 20 verschiedene Copingstile unterschieden. Es besteht jedoch weitestgehend Übereinstimmung darin, die verschiedenen Stile entweder in die Kategorien problemorientiertes, emotionsbezogenes und vermeidendes Coping oder in die Kategorien Annäherungs- bzw. Vermeidungsstrategien einzuteilen (siehe Aldwin und Yancura 2004, Moos und Holahan 2003).

Als *problemorientierte Copingstrategien* werden aktive Problemlösungsversuche sowie die Suche nach praktischer Unterstützung und Hilfe bezeichnet. Beim *emotionsbezogenen Coping* steht die Bewältigung der durch kritische Lebensereignisse ausgelösten negativen Emotionen im Vordergrund. Unter emotionsbezogenem Coping werden sehr verschiedene Strategien subsumiert. So gehört dazu ebenso das Unterdrücken wie auch das Ausleben von Emotionen (»Dampf ablassen«) sowie die Suche nach Trost in Religion oder bei nahe stehenden Personen. Aber auch Probleme als solche wahrzunehmen und zu akzeptieren bzw. positiv umzudeuten, sich eigenen Ängsten zu stellen, Probleme mit Humor zu sehen oder die eigene Kompetenz aufzuwerten, kann als emotionsbezogenes Coping bezeichnet werden. Als *vermeidende Strategien* werden neben dem Leugnen eines Problems auch die Suche nach Ablenkung in alltäglichen Aktivitäten wie zum Beispiel Fernsehen oder im Extremfall in Drogen oder Alkohol bezeichnet. Die Kategorisierung in *Annäherungs- bzw. Vermeidungsstrategien* bezieht sich darauf, ob eine Strategie einen aktiven Umgang mit der problematischen Situation beinhaltet oder ob der Stressor passiv ausgehalten bzw. Gedanken oder Erinnerungen daran vermieden werden. Als aktive bzw. Annäherungsstrategien werden zunächst die problemorientierten Copingstrategien verstanden, aber auch einige emotionsbezogene Strategien, wie zum Beispiel die positive Umdeutung von Situationen, gehört dazu.

In frühen Copingstudien haben sich *aktive problemorientierte Copingstrategien* als besonders konstruktiv erwiesen; sie gelten als die adaptivsten Strategien angesichts kritischer Lebensereignisse. Diese Annahme wurde zwar in den letzten Jahren in einer Vielzahl an Studien repliziert (zum Beispiel Aldwin und Yancura 2004, Mikulincer und Florian 1996), allerdings zeigt sich, dass der positive Effekt problemorientierter Strategien nicht so stark und universal wirksam ist, wie ursprünglich angenommen. In einer Metaanalyse von Littleton, Horsley, John und Nelson (2007) über 39 Studien zu Gewaltverbrechen und schweren Unfällen ergab sich zwar ein signifikanter, aber nur schwacher Effekt für den Zusammenhang zwischen aktiven problemorientierten Strategien und psychischer Belastung. Robinson und Marwit (2006) untersuchten Mütter von Kindern und Jugendlichen, die durch Gewaltverbrechen zu Tode gekommen waren. Ein problemorientierter Copingstil war in dieser Studie nur bei Frauen mit niedrigen Werten im Persönlichkeitsstil Neurotizismus mit weniger psychischer Belastung verbunden. In einer Studie von Beasley, Thompson und Davidson (2003) mit jungen Erwachsenen, die verschiedene kritische Lebensereignisse berichteten, war ein problemorientierter Copingstil bei Männern mit weniger Angstsymptomen, jedoch nicht mit weniger allgemeiner psychischer Belastung verbunden. Bei Frauen gab es in dieser Studie keine Effekte. Auch in einer Studie von Araya, Chotai, Komproe und Jong (2007) mit äthiopischen Flüchtlingen zeigten sich Geschlechterunterschiede. Im Gegensatz zu Männern zeigten Frauen, die problemorientierte Copingstrategien anwandten, signifikant weniger psychische Belastung. Bei Männern war jedoch ein anderer positiver Effekt zu beobachten. Je mehr problemorientierte Copingstrategien diese anwandten, desto höher war ihre selbstberichtete Lebensqualität.

Es gibt auch Studien, in denen der protektive Effekt aktiver Copingstrategien beschrieben wird. Marty, Segal und Coolidge (2010) konnten zeigen, dass sowohl aktive problemorientierte als auch aktive emotionsbezogene Copingstrategien bei Personen im Rentenalter signifikant mit einer geringeren Neigung zu Depressivität und Selbstmord einhergehen. Weniger psychische Belastung bei einer Neigung zu aktiven Copingstrategien wird auch bei Müttern behinderter Kinder (Al-Yagon und Margalit 2009) berichtet. In zwei Studien nach den Anschlägen des 11. Septembers 2001 zeigte sich dieser Effekt sowohl für eine Stichprobe aus der amerikanischen Allgemeinbevölkerung (Silver, Holman, McIntosh, Poulin und Gil-Rivas 2002) als auch für Personen, die Bekannte, Verwandte oder Arbeitskolleginnen und -kollegen bei den Anschlägen verloren hatten (Butler et al. 2009). Bei Dörfel, Rabe und Karl (2008) waren zwei spezifische aktive Copingstile mit weniger PTBS-Symptomen bei Autounfallopfern verbunden: Zum einen die Situationskontrolle, die nach Janke und Erdmann (1997) darin besteht, Situationen zu analysieren sowie Handlungen zur Problemlösung zu planen und auszuführen; zum anderen das (emotionsbezogene) Bagatellisieren, bei dem Stärke, Dauer oder Gewichtigkeit einer Belastung abgewertet werden.

Emotionsbezogene Copingstrategien wurden lange Zeit pauschal als dysfunktional betrachtet. Erst in den letzten zehn bis 15 Jahren hat sich eine Differenzierung emotionsbezogener Copingstile in aktive/adaptive und passive/dysfunktionale Strategien durchgesetzt (Folkman und Moskowitz 2004). Ältere Skalen zu emotionsfokussiertem Coping enthalten jedoch nach wie vor sowohl emotionales Annäherungs- als auch Vermeidungsverhalten – obwohl mittlerweile davon ausgegangen wird, dass diese Strategien gegensätzliche Effekte hervorrufen. Während emotionales Vermeidungsverhalten längerfristig eher Nachteile mit sich bringt, wird aktives emotionales Coping als adaptive Strategie verstanden, da Emotionen aktiv bewältigt und ausgedrückt werden (Austenfeld und Stanton 2004). Erste Befunde zu dieser Annahme sind nicht ganz klar (Folkman und Moskowitz 2004). Eventuell ist auch diese Strategie eher kurzfristig wirksam, da sie – wenn nicht parallel auch aktive Copingstrategien angewandt werden – zu untätigem Grübeln und dem Verharren in Problemsituationen führen kann (Stanton, Sullivan und Austenfeld 2009).

In den meisten empirischen Studien sind *vermeidende Copingstrategien* deutlich mit einem erhöhten Risiko für psychische Belastung verbunden (zum Beispiel Al-Yagon und Margalit 2009, Dörfel, Rabe und Karl 2008, Dougall, Ursano, Posluszny, Fullerton und Baum 2001, Tsay, Halstead und McCrone 2001; siehe auch die Metaanalyse von Littleton, Horsley, John und Nelson 2007). Andrews und Kollegen (2002) weisen in ihrer Studie darauf hin, dass es einen Unterschied zwischen erfolgloser und erfolgreicher Vermeidung zu geben scheint. In ihrer Studie mit Personen, die ein kritisches oder traumatisches Ereignis erlebt hatten, waren Personen, die im Alltag erfolgreich vermieden, an das Ereignis zu denken, querschnittlich weniger psychisch belastet. Es stellt sich jedoch die Frage, ob diese Strategie auch langfristig zu einer besseren Bewältigungsleistung führt.

Eine besondere Form der vermeidenden Copingstile – das *unbewusste repressive Coping* – wird als protektive Strategie angesichts kritischer Lebensereignisse untersucht. Dabei stellt sich die Frage, wie etwas erfasst werden kann, das Menschen bewusst oder unbewusst nicht wahrnehmen möchten. Eine Forschungstradition greift dabei auf eine Konzeptualisierung von Weinberger (Weinberger, Schwartz und Davidson 1979) zurück, bei der eine Kombination aus Angst und sozialer Erwünschtheit als repressives Coping interpretiert wird. Represser sind nach diesem Konzept durch niedrige Angst- und hohe soziale Erwünschtheitswerte charakterisiert. Aus Studien zu diesem Konzept wurde geschlussfolgert, dass Represser unter anderem dadurch gekennzeichnet sind, dass sie in Stresssituationen (zum Beispiel, wenn in einem Interview Fragen über ein traumatisches Ereignis gestellt werden) subjektiv keine negativen Emotionen angeben, obwohl physiologische Marker (wie zum Beispiel Herzschlag, Hautwiderstand, Atemfrequenz) oder der emotionale Ausdruck auf ein hohes Stressniveau hinweisen (Coifman, Bonanno und Rafaeli 2007). Bonanno und Kollegen (zum Beispiel Coifman et al. 2007) entwickelten daher eine Form des Assessments, bei der die Diskrepanz zwischen selbstberichteten Gefühlen und autonomen Körperreaktionen berechnet wird (»affective-autonomic response discrepancy«). Sie nehmen an, dass es sich beim repressiven Coping um eine habituelle Emotionsregulierungsstrategie handelt, die weitgehend automatisch und unbewusst abläuft – im Gegensatz zu bewusst vermeidenden Strategien, bei denen die Erinnerung an kritische Lebensereignisse oder chronische Stressoren durch kognitive, behaviorale oder emotionale Strategien bewusst unterdrückt oder vermieden wird (siehe auch Andrews, Troop, Joseph, Hiskey und Coyne 2002).

Studien, in denen nicht allgemein vermeidendes, sondern gezielt repressives Coping untersucht wurde, weisen darauf hin, dass repressive Copingstrategien tatsächlich einen schützenden Effekt haben könnten. Generell scheint dieser Effekt besonders dann hoch zu sein, wenn Situationen auftreten, in denen das eigene Selbstkonzept in Gefahr ist. Die Arbeitsgruppe um George Bonanno zeigte in einer Reihe von Studien mit trauernden Witwen, chronisch Kranken und Frauen, die in der Kindheit missbraucht wurden (zum Beispiel Bonanno, Keltner, Holen und Horowitz 1995, Bonanno, Noll, Putnam, O'Neill und Trickett 2003, Bonanno, Znoj, Siddique und Horowitz 1999), dass Represser weniger psychopathologische Symptome sowie eine bessere psychische Anpassung über die Zeit hinweg aufwiesen (Bonanno und Field 2001, Bonanno, Field, Kovacevic und Kaltman 2002). Um eine Verzerrung der Ergebnisse durch selbstberichtete Symptome und wahrgenommene Anpassungsprozesse zu verhindern, integrierten Coifman, Bonanno, Ray und Gross (2007) strukturierte klinische Interviews, medizinische Befunde und eine Einschätzung enger Freunde bzw. Freundinnen in ihre Erhebung. Sie konnten zeigen, dass Represser selbst bei dieser multimodalen Erfassung weniger Symptome einer Depression, Angststörung oder Posttraumatischen Belastungsstörung zeigten, seltener über körperliche Probleme klagten und seltener ärztlichen Rat suchten. Auch in Studien, bei denen der repressive Copingstil nach der Konzeptualisierung von Weinberger erhoben wurde, zeigten sich deutliche protektive Effekte, zum Beispiel auf die psychische Belastung nach Herzinfarkt (Ginzburg, Solomon und Bleich 2002) und bei einer Gruppe von israelischen Freiwilligen, die nach Terroranschlägen die Leichen bargen (ZAKA body handlers; Solomon, Berger und Ginzburg 2007), sowie auf PTBS-Symptome nach der Diagnose einer Krebserkrankung (Pedersen und Zachariae 2010) und bei Studierenden nach verschiedenen kritischen Lebensereignissen (Smeets, Giesbrecht, Raymaekers, Shaw und Merckelbach 2010). In einer Studie von Parker und McNally (2008) mit Personen, die eine nahe stehende Person durch Suizid verloren hatten, gaben Represser neben weniger psychopathologischen Symptomen sogar an, häufiger problemlöseorientierte Copingstrategien zu nutzen und hatten niedrigere Werte auf einer Skala zur bewussten Gedankenunterdrückung. Interessanterweise unterschieden sie sich jedoch nicht in der Höhe der selbstberichteten Trauer.

Bewertung und kritische Würdigung

In Studien zum Einfluss von Coping(stilen) auf Resilienz angesichts kritischer Lebensereignisse wird deutlich, dass eine eindeutige Einteilung in adaptive bzw. schützende und dysfunktionale Copingstrategien nicht möglich ist. Die lange vorherrschende Meinung, problemorientierte Copingstrategien seien generell adaptiv, während emotionsfokussierte und vermeidende Strategien immer einen negativen Einfluss auf Anpassungsprozesse hätten, lässt sich nach neueren Erkenntnissen nicht halten. Inzwischen wird vermehrt untersucht, unter welchen Umständen und angesichts welcher Ereignisse bestimmte Copingstrategien mit einer verbesserten Anpassung einhergehen (Situationsspezifität). Kategorien, deren Einfluss auf die Adaptivität von Copingstrategien untersucht werden, sind die Kontrollierbarkeit der Situation, die Neuheit von Situationen und die Wahrscheinlichkeit, dass eine Situation erneut auftritt oder sich ohne eigenes Zutun sozusagen »von allein« auflöst. Es sind jedoch nicht nur die objektiven Eigenschaften einer Situation, die es zu berücksichtigen gilt. Folkman und Moskowitz (2004) weisen in Anlehnung an das Stressmodel von Lazarus und Folkman (1984) darauf hin, dass auch die individuelle Wahrnehmung einer Situation darüber entscheiden kann, welche Copingstrategie im Einzelfall günstig ist.

In der sogenannten *»goodness-of-fit«-Hypothese* wird davon ausgegangen, dass problemorientierte Copingstrategien angesichts subjektiv als kontrollierbar wahrgenommener Situationen und emotionsbezogene Strategien angesichts subjektiv als unkontrollierbar wahrgenommener Situationen eine protektive Wirkung haben. So wäre es beispielsweise bei der Vorbereitung auf eine Prüfung sinnvoll, aktive problemorientierte Strategien anzuwenden (also zu lernen). Ist die Prüfung erst einmal geschrieben, gibt es keine Möglichkeiten mehr, auf das Ergebnis Einfluss zu nehmen. In dieser Phase wären emotionsbezogene Strategien, wie etwa eine emotionale Distanzierung, hilfreich (siehe Folkman und Moskowitz 2004). Diese Hypothese konnte bislang allerdings ebenfalls nicht eindeutig empirisch bestätigt werden. In zwei Studien zu HIV (Park, Folkman und Bostrom 2001) bzw. Diabetespatientinnen und -patienten (Macrodimitris und Endler 2001) wurden zum Beispiel gegensätzliche Effekte gefunden. Bei den HIV-Patientinnen und -Patienten hatten problemorientierte Copingstrategien dann einen protektiven Effekt, wenn die Erkrankung als relativ kontrollierbar erlebt wurde. Bei wahrgenommener Unkontrollierbarkeit gab es allerdings keinen Zusammenhang mit emotionsbezogenen Copingstrategien. In der Stichprobe von Diabetespatientinnen und -patienten erwiesen sich emotionsbezogene Strategien bei wahrgenommener Unkontrollierbarkeit als protektiv, bei wahrgenommener Kontrollierbarkeit zeigten sich keine Effekte. Dennoch ist diese Differenzierung für die Untersuchung des Einflusses von Copingstrategien auf eine resiliente Anpassung an kritische Lebensereignisse wichtig, da die subjektive Interpretation und Bewertung des Ereignisses eine bedeutende Rolle bei diesen Anpassungsprozessen spielt (siehe Kapitel 04.1.1).

Auch die neuen Ansätze zur Untersuchung *emotionsbezogener Copingstrategien* sind ein Schritt zu einer differenzierteren Betrachtung der Adaptivität von Copingstrategien. Es wird vermutet, dass aktive emotionsbezogene Strategien – wie zum Beispiel, Probleme als solche wahrzunehmen und zu akzeptieren bzw. positiv umzudeuten, sich eigenen Ängsten zu stellen, Probleme mit Humor zu sehen oder die eigene Kompetenz aufzuwerten – in bestimmten Situationen eine protektive Wirkung entfalten können. In der Arbeitsgruppe um Anette Stanton wurde eine Skala entwickelt, in der innerhalb der aktiven emotionalen Copingstrategien nochmals zwischen emotionaler Verarbeitung und emotionalem Ausdruck unterschieden wird (Stanton, Kirk, Cameron und Danoff-Burg 2000). Diese Forschungsrichtung weist viele Berührungspunkte zur Erforschung der protektiven Wirkung positiver Emotionen auf und könnte auch dort einen wichtigen Impuls setzen (vgl. Folkman und Moskowitz 2004).

Der *repressive Copingstil* hat sich als Sonderform der Copingstrategien erwiesen, da es sich um eine Emotionsregulierungsstrategie zu handeln scheint, die der bewussten Wahrnehmung nur begrenzt zugänglich ist (Coifman, Bonanno und Rafaeli 2007) und die simultan zu anderen Copingstrategien ablaufen kann (Langens und Mörth 2003, Smeets, Giesbrecht, Raymaekers, Shaw und Merckelbach 2010). Obwohl die Befunde zur protektiven Wirkung dieses Copingstils sehr ermutigend sind, wird immer wieder diskutiert, ob diese Form der Verarbeitung langfristig mit negativen gesundheitlichen Folgen verbunden ist. In einigen Studien wurde gezeigt, dass ein repressiver Copingstil unter anderem mit einem erhöhten Risiko für Herzerkrankungen, Bluthochdruck und Krebserkrankungen einhergeht (siehe für eine detaillierte Darstellung Myers 2010). In einer aktuellen Metaanalyse wurde dieser Zusammenhang jedoch nur für Krebserkrankungen und Bluthochdruck klar bestätigt (Mund und Mitte 2011). Koronare Herzerkrankungen scheinen nach dieser Metaanalyse sogar häufiger bei Personen aufzutreten, die keinen repressiven Copingstil zeigen. Abgesehen vom Krankheitsrisiko an sich, gibt es auch Hinweise auf einen positiven Zusammenhang von repressivem Coping und körperlicher Gesundheit; zum Beispiel scheinen Represser bei wahrgenommener Kontrollierbarkeit von Situationen ein besseres Gesundheitsverhalten bzw. bei Erkrankungen eine erhöhte Behandlungscompliance aufzuweisen (siehe Myers 2010). Die Bewertung der protektiven Wirkung eines repressiven Copingstils wird durch diese Befunde erschwert. Auch wenn kurzfristig protektive Effekte aufzutreten scheinen, bedarf es sorgfältiger Längsschnittstudien, um ein schlüssiges Gesamtbild zu ermöglichen.

Insgesamt bleibt die Beziehung zwischen Copingstil und Resilienz aufgrund konzeptueller Unschärfen und der zur Analyse der Zusammenhänge notwendigen aufwendigen Forschungsdesigns weiter offen.

» 05.11 Soziale Unterstützung

Die Forschung zur protektiven Wirkung sozialer Unterstützung geht auf eine mittlerweile berühmte, groß angelegte epidemiologische Studie zurück, die in den 1970er-Jahren in Kalifornien durchgeführt wurde (»Alameda County Longitudinal Epidemiological Study«; Berkman 1978). In dieser und in folgenden Studien wurde deutlich, dass sozial isolierte Personen ein wesentlich höheres Erkrankungs- und Sterberisiko haben als Personen mit einem funktionierenden sozialen Netzwerk (siehe zusammenfassend House, Umberson und Landis 1988). Seit diesen ersten Studien wurde eine große Zahl von Studien zur sozialen Unterstützung durchgeführt. Heute gilt soziale Unterstützung neben der positiven Wirkung auf das psychische Wohlbefinden als der am besten belegte psychologische Faktor mit Einfluss auf die physische Gesundheit (Uchino, Bowen, Carlisle und Birmingham 2012). Soziale Unterstützung reduziert das Risiko für kardiovaskuläre Erkrankungen, aber auch für andere potenziell lebensverkürzende Erkrankungen mit einem den Risikofaktoren Rauchen, Übergewicht und fehlender körperlicher Aktivität vergleichbarem Einfluss (Review siehe zum Beispiel Holt-Lunstad, Smith und Layton 2010).

Das Konstrukt »Soziale Unterstützung« wurde seit Mitte der 1980er-Jahre in eine Vielfalt von Aspekten differenziert. Es wird heute als Sammelbegriff für verschiedene Formen der sozialen Interaktion gebraucht, die zum Ziel haben, eine der involvierten Personen zu unterstützen. Die Quantität dieser Interaktionen, also zum Beispiel Anzahl von Freundinnen und Freunden, Art der Beziehung und Häufigkeit der Kontakte, wird primär unter dem Stichwort »Soziale Netzwerke« beforscht. Qualitativ werden unterstützende Interaktionen in die Bereiche emotionale/psychologische, praktische/instrumentelle und informationelle Unterstützung unterteilt.

Unter emotionaler (psychologischer) Unterstützung versteht man Zuwendung, Trost, Verständnis, Aussprache, aber auch die Vermittlung eines Gefühls von Zugehörigkeit und Rückhalt. Praktische (instrumentelle) Unterstützung besteht in konkreten alltäglichen Hilfen oder der Bereitstellung finanzieller oder Sachmittel. Mit informationeller Unterstützung ist die Zurverfügungstellung von Informationen bzw. konkreten Hinweisen zur Problemlösung gemeint. Wie diese Formen der sozialen Unterstützung wirken, hängt von einer Vielzahl von Variablen wie der Beziehung zwischen den interagierenden Personen, dem individuellen Unterstützungsbedürfnis oder der Wahrnehmung bzw. Erwartung von Unterstützungsangeboten ab.

Es wurde auch untersucht, über welche *Wirkmechanismen* sich der protektive Effekt sozialer Unterstützung erklären lässt. Als direkten Effekt oder Haupteffekt der sozialen Unterstützung bezeichnet man dabei die positive Wirkung auf Gesundheit und psychisches Wohlbefinden, unabhängig von der konkreten Belastungssituation. Soziale Unterstützung kann zum einen gewissermaßen als »Schutzschild« gegen Belastungen fungieren. Eine adäquate soziale Integration in ein funktionierendes Netzwerk kann potenzielle und reale Belastungen von einer Person fernhalten, indem zum Beispiel Hilfe bei der Kinderbetreuung zur Verfügung steht, Verwandte bei finanziellen Schwierigkeiten aushelfen, bevor es zu einem echten Engpass kommt, oder nach einer arbeitsreichen Woche entlastende Aktivitäten mit Freundinnen und Freunden unternommen werden. Zum anderen zeigt sich ein positiver Zusammenhang von sozialer Unterstützung und psychologischen Variablen, die vor psychischer Belastung schützen. Dazu gehören neben positiven Emotionen im sozialen Kontakt auch ein stabiles Selbstwertgefühl, eine hohe Selbstwirksamkeitserwartung sowie hohe Kontrollüberzeugungen (siehe Uchino, Bowen, Carlisle und Birmingham 2012).

Daneben spielt auch das Gesundheitsverhalten eine bedeutsame Rolle. Ein funktionierendes soziales Netzwerk kann dabei behilflich sein, mit dem Rauchen aufzuhören, weniger zu trinken, sportlich aktiv zu bleiben oder im Falle einer chronischen Erkrankung medizinische Behandlungsempfehlungen einzuhalten (zum Beispiel Gallant 2003, Kienle, Knoll und Renneberg 2006). Hier wird jedoch auch die Komplexität der Wirkung von sozialer Unterstützung deutlich, da die Einbindung in soziale Netzwerke mit risikoreichem Verhalten auch eine Modellfunktion in Richtung von risikoerhöhenden Verhaltensweisen mit sich bringen kann.

Liegt eine Stresssituation oder ein kritisches bzw. traumatisches Lebensereignis vor, spricht man vom »Puffereffekt« der sozialen Unterstützung, da diese die negativen Folgen einer Krise oder Belastung mildern kann. Psychologisch kann soziale Unterstützung im Sinne des Stressverarbeitungsmodells nach Lazarus und Folkman (1984) als Ressource betrachtet werden, die eine Einschätzung des Stressors als weniger bedrohlich begünstigt. Dadurch treten weniger negative Emotionen wie Angst, Hilflosigkeit oder Hoffnungslosigkeit auf. In psychophysiologischen Studien senkte soziale Unterstützung auch das körperliche Stressniveau (Ditzen und Heinrichs 2007). In diesen Laborstudien werden Versuchspersonen Aufgaben gestellt, die sie unter Stress setzen. Sie werden zum Beispiel aufgefordert, Zahlenfolgen im Kopf zusammenzurechnen oder einen Vortrag zu emotional fordernden Themen wie Euthanasie zu halten (zum Beispiel Lepore, Allen und Evans 1993). Teilweise werden auch standardisierte Verfahren wie zum Beispiel der »Trier Social Stress Test« (zum Beispiel Heinrichs, Baumgartner, Kirschbaum und Ehlert 2003, Kirschbaum, Klauer, Filipp und Hellhammer 1995) eingesetzt oder körperlicher Stress induziert, indem zum Beispiel die Hand für zwei Minuten in Eiswasser gehalten werden soll (Allen, Blascovich und Mendes 2002). Variiert wird jeweils, ob und wer den Personen unterstützend zur Seite steht. Es konnte gezeigt werden, dass soziale Unterstützung Blutdruck und Herzrate senkt, die neuroendokrine Stressantwort (Cortisol) mindert sowie mit angstreduzierenden Strukturen und Transmittersystemen assoziiert ist (Ditzen und Heinrichs 2007). Eine Schlüsselwirkung scheint dabei dem Hormon Oxytocin zuzukommen, dessen herausragende Bedeutung bei der Steuerung des sozialen Bindungsverhaltens bei Tieren bekannt ist (Meyer-Lindenberg, Domes, Kirsch und Heinrichs 2011). Möglicherweise ist dies einer der zentralen Mechanismen, über den beim Menschen der Effekt sozialer Unterstützung auf die körperlichen Stresssysteme vermittelt wird (Ditzen und Heinrichs 2007). Die Effekte sozialer Unterstützung sind in diesen Studien meist umso stärker, je aversiver und bedrohlicher der Stressor ist.

Einer der zentralen Aspekte ist die Differenzierung in *wahrgenommene und tatsächlich erhaltene soziale Unterstützung*. Interessanterweise hängen diese beiden Punkte nur gering zusammen. Obwohl man erwarten könnte, dass das tatsächlich vorhandene Ausmaß an Unterstützung eine protektive Wirkung entfaltet, übt in den meisten Studien die wahrgenommene Unterstützung einen deutlich stärkeren positiven Effekt aus. Die wahrgenommene soziale Unterstützung wird als allgemeine und mittelfristig stabile Erwartung verstanden, um bei Bedarf unterstützt zu werden (Sarason, Sarason und Shearin 1986). Unabhängig davon, ob es im Einzelfall tatsächlich zu unterstützenden Interaktionen kommt, scheint die Überzeugung, auf ein Netzwerk von Freundinnen und Freunden oder Familie zurückgreifen zu können, eine protektive Wirkung zu haben. Tatsächlich erhaltene Unterstützung scheint hingegen ein zweischneidiges Schwert zu sein. Sie kann zwar durchaus eine schützende Wirkung haben, in vielen Studien in realen Belastungssituationen wurde jedoch keine oder sogar eine negative Wirkung gefunden (vgl. Bolger, Zuckerman und Kessler 2000). Tatsächlich erhaltene Unterstützung scheint die Belastung in einigen Situationen demnach nicht abzumildern, sondern zu erhöhen.

Die Ursache für diese potenziell risikoerhöhende Wirkung tatsächlich erhaltener Unterstützung ist nicht ganz klar. Ein Erklärungsansatz ist die Diskrepanz zwischen Erwartung und Erhalt von Unterstützung (Leppin und Schwarzer 1997). Bekommt eine Person beim Auftreten eines Stressors weniger Unterstützung als erwartet, könnte diese Enttäuschung einen zusätzlichen Belastungsfaktor darstellen. Eine weitere Möglichkeit besteht darin, dass nicht alle Unterstützungsformen in der konkreten

Situation auch tatsächlich hilfreich sind, wie beispielsweise die durchaus positiv gemeinte Bagatellisierung des Problems oder die unerwünschte Einmischung in die eigenen Bewältigungsbemühungen (zum Beispiel Schokker et al. 2010; vgl. Laireiter, Fuchs und Pichler 2007). Interessanterweise kann jedoch auch ein Zuviel an geleisteter Unterstützung negative Effekte haben. Insbesondere, wenn die betroffene Person das Gefühl bekommt, nicht selbst in der Lage zu sein, ihr Problem zu lösen, wirkt sich mehr soziale Unterstützung negativ auf das Selbstwertgefühl und die Selbstwirksamkeitserwartung aus (vgl. Schwarzer und Knoll 2007).

Bolger, Zuckermann und Kessler (2000) führen daher die Unterscheidung in sichtbare versus unsichtbare Unterstützung ein. Unsichtbare Unterstützung kann zum einen so geleistet werden, dass der oder die Betroffene die Unterstützung nicht bemerkt, indem zum Beispiel der Partner oder die Partnerin zusätzlich anfallende Hausarbeit stillschweigend erledigt. Zum anderen so, dass der oder die Betroffene sie nicht als Unterstützung interpretiert – zum Beispiel, indem ein Ratschlag oder eine Information in einem Kontext übermittelt wird, der nicht direkt mit dem Stressor in Verbindung steht. Unsichtbare Unterstützung wäre also eine Form der tatsächlich erhaltenen Unterstützung, bei der die negativen Effekte auf die Selbstwahrnehmung der Betroffenen ausbleiben. Bolger und Amarel (2007) konnten im experimentellen Setting zeigen, dass der negative Effekt tatsächlich erhaltener Unterstützung ausblieb, wenn den Unterstützten ein Gefühl von Kompetenz vermittelt wurde.

In psychophysiologischen Laborstudien senkte hingegen besonders nicht wertende, tatsächlich erhaltene Unterstützung das körperliche Stresslevel (Ditzen und Heinrichs 2007). Diese Diskrepanz zwischen Labor- und Feldstudien lässt sich jedoch ebenfalls mit den potenziell selbstwertmindernden Auswirkungen erhaltener Unterstützung erklären. Nach Ditzen und Heinrichs (2007) hat tatsächlich erhaltene Unterstützung im Labor deswegen einen höheren protektiven Effekt als die per Selbstauskunft erhobene wahrgenommene Unterstützung: Die Gefahr der Selbstwertbedrohung bei experimentell gestalteten, alltagsfernen Aufgaben ist nämlich geringer (siehe auch Uchino, Carlisle, Birmingham und Vaughn 2010). Ein weiterer Aspekt bei der Wirkung tatsächlich erhaltener Unterstützung ist das individuelle situationsabhängige Unterstützungsbedürfnis. Nach dem »optimal matching model« ist soziale Unterstützung dann besonders wirksam, wenn sie zu dem aktuellen Bedürfnis und den Zielen einer Person passt (Cutrona 1990). Es wurde davon ausgegangen, dass Informationen oder Hilfe zur Problemlösung (instrumentell) bei subjektiv kontrollierbaren Stressoren und Zuwendung und Verständnis (emotional) bei unkontrollierbaren Stressoren hilfreich seien. Diese Hypothesen konnten jedoch nur eingeschränkt belegt werden. Die Zufriedenheit mit der Unterstützung scheint zwar dann am höchsten zu sein, wenn eine Passung vorliegt. Emotionale Unterstützung wurde jedoch in einigen Studien auch dann als adäquat bewertet, wenn der Stressor kontrollierbar war und ein Bedürfnis nach Informationen oder konkreter Hilfe vorlag (zum Beispiel Horowitz et al. 2001). In einer aktuelleren Studie von Cutrona und Kollegen (2007) war die Passung nur dann entscheidend, wenn emotionale Unterstützung gesucht, aber nicht gegeben wurde.

Der schützende Effekt wahrgenommener Unterstützung wird, wie oben bereits angedeutet, mittlerweile weniger auf die individuelle Wahrnehmung tatsächlich stattgefundener unterstützender Interaktionen zurückgeführt als vielmehr auf die Erwartung, im Krisenfall auf Unterstützung zurückgreifen zu können (Schwarzer 2000). Diese situationsunabhängige und zeitlich relativ stabile Erwartungshaltung entwickelt sich durch vergangene Erfahrungen von Unterstützung und wird von vielen Autorinnen und Autoren im Zusammenhang mit der *Bindungsorientierung* der betreffenden Personen gesehen (zum Beispiel Perrier, Boucher, Etchegary, Sadava und Molnar 2010). Konzepte der Bindungsorientierung im Erwachsenenalter (Bartholomew und Horowitz 1991, Hazan und Shaver 1987) gehen auf die Bindungstheorie von John Bowlby und Mary Ainsworth zurück (zum Beispiel Bowlby 1988). Nach der Bindungstheorie werden in frühkindlichen Erfahrungen mit den primären Bezugspartnern sowie – wenn auch weniger einflussreich – späteren Erfahrungen von vertrauensvollen Interaktionen in langjährigen Beziehungen sowohl die Grundsteine für das Verhalten in späteren sozialen Interaktionen als auch die intrapsychische Affektregulation und Stressbewältigung gelegt (Bowlby 1988).

Kinder mit zuverlässigen Bindungserfahrungen, die durch feinfühliges Verhalten ihrer Bindungspersonen geprägt sind, entwickeln eine sichere Bindungsorientierung. Sie haben keine Probleme, enge Bindungen einzugehen, können ihre Emotionen gut regulieren und zeigen ein offenes, zugewandtes Interaktionsverhalten (Bartholomew und Horowitz 1991). Kinder, deren Bindungserfahrungen nicht zuverlässig oder nicht vorhersehbar waren, entwickeln verschiedene Strategien, mit dieser Frustration des Bindungsbedürfnisses umzugehen (nach Bartholomew und Horowitz 1991: besitzergreifend/anklammernd, ängstlich vermeidend, abweisend). Beispielsweise sind Personen mit einer abweisenden Bindungsorientierung in sozialen Beziehungen emotional wenig beteiligt, demonstrieren ihre Stärke und Unabhängigkeit und haben Schwierigkeiten, enge Beziehungen einzugehen. Auch wenn die Stabilität sowie die Situationsunabhängigkeit der Bindungsorientierung immer wieder kontrovers diskutiert wird (zum Beispiel Laireiter, Fuchs und Pichler 2007), gibt es mittlerweile eine Fülle von empirischen Befunden, die eine sichere Bindungsorientierung mit psychischer Gesundheit und Wohlbefinden assoziieren (Strauß, Buchheim und Kächele 2002). Auch in der Resilienzforschung wurde ein protektiver Effekt einer sicheren Bindung angesichts schwerwiegender Stressoren in ersten Studien gezeigt (zum Beispiel Hamama-Raz und Solomon 2006, Mikulincer, Florian und Weller 1993, Zakin et al. 2003). Die schützende Wirkung scheint in engem Zusammenhang mit dem Konzept der wahrgenommenen sozialen Unterstützung zu stehen. Personen mit einer sicheren Bindungsorientierung haben erfolgreiche Erfahrungen mit sozialer Unterstützung gemacht und haben damit sowohl eine höhere Wahrscheinlichkeit, in belastenden Situationen Unterstützung zu erwarten, als auch eine höhere Wahrscheinlichkeit, diese aktiv zu suchen (Collins und Feeney 2000).

Darüber hinaus verfügen sicher gebundene Erwachsene über ein größeres soziales Netzwerk und berichten über mehr positive und befriedigende Interaktionen (Anders und Tucker 2000). Tatsächlich hatte die wahrgenommene soziale Unterstützung in einer Reihe von Studien keine oder nur wenig zusätzliche Vorhersagekraft, wenn der Bindungsstil statistisch kontrolliert wurde (zum Beispiel McLewin und Muller 2006, Perrier, Boucher, Etchegary, Sadava und Molnar 2010). Je nach Bindungsorientierung scheinen darüber hinaus die verschiedenen Formen sozialer Unterstützung eine unterschiedliche Wirkung zu haben. In einer experimentellen Studie von Mikulincer und Florian (1997) wurden Versuchspersonen aufgefordert, mit einer Schlange auf dem Arm verschiedene Bewegungsabläufe durchzuführen. Personen mit einem sicheren Bindungsstil fühlten sich in dieser Situation weniger bedroht, wenn sie durch einen unbekannten Mitarbeiter der Forscher emotionale oder instrumentelle Unterstützung bekamen. Personen mit einem vermeidenden Bindungsstil profitierten hingegen nur von instrumenteller Unterstützung und berichteten bei emotionaler Unterstützung sogar ein erhöhtes Stressniveau. Bei ängstlich ambivalenten Studienteilnehmerinnen und -teilnehmern hatte emotionale Unterstützung keinen und instrumentelle Unterstützung einen negativen Effekt.

Einige Studien weisen darauf hin, dass in diesem Zusammenhang auch die *individuellen Kommunikationskompetenzen* eine Rolle spielen. Mallinckrodt (Mallinckrodt 2000, Mallinckrodt und Wei 2005) geht sogar davon aus, dass der Zusammenhang zwischen Bindungsorientierung und mangelnder sozialer Unterstützung zu einem Großteil über Defizite im Bereich der sozialen Kommunikationsfertigkeiten vermittelt wird. Personen mit einem unsicheren Bindungsstil haben häufig eine geringere Empathiefähigkeit, können eigene Emotionen schlechter wahrnehmen und mitteilen, verfügen über weniger Konfliktlösungsstrategien und Selbstwirksamkeitserwartung in sozialen Situationen (vgl. Anders und Tucker 2000). Ihnen fehlen demnach wesentliche Fertigkeiten zum Aufbau adäquat funktionierender sozialer Beziehungen, die im Krisenfall unterstützend wirken könnten.

Ein Befund, der sich in vielen Studien zur sozialen Unterstützung findet, sind die *Geschlechtsunterschiede*. Bereits im Jugendalter entwickeln Mädchen engere Beziehungen als ihre männlichen Altersgenossen, die im Erwachsenenalter in ein größeres soziales Netzwerk münden. Dies beschränkt sich nicht auf einen weiteren Bekanntenkreis, sondern schließt mehrere enge Bezugspersonen ein. Gleichzeitig berichten Frauen über ein größeres Maß an wahrgenommener Unterstützung, die im Bedarfsfall auch häufiger tatsächlich mobilisiert wird (siehe Klauer und Winkeler 2002, Knoll, Scholz und Rieckmann 2011). Dieser Effekt zeigt sich deutlich in Studien mit Ehepaaren. Da für Männer die Partnerin meist die wichtigste Quelle sozialer Unterstützung darstellt, erleben sie einen gravierenden Verlust an Unterstützung, wenn die Partnerin stirbt (Stroebe und Stroebe 2005) oder Eheprobleme auftreten (Gottman 1994). Frauen hingegen können bei Ehe- oder Beziehungsproblemen auf soziale Unterstützung durch Außenstehende zurückgreifen und haben damit eine wichtige zusätzliche Bewältigungsressource (Berkman, Vaccarino und Seeman 1993).

Darüber hinaus scheinen Männer und Frauen auf verschiedenen Ebenen von sozialer Unterstützung zu profitieren. In einer Studie von Kirschbaum und Kollegen (1995) zeigten Männer die niedrigste endokrine Stressreaktion, wenn sie von ihrer Partnerin (statt einer Fremden) unterstützt wurden. Frauen hingegen zeigten in Anwesenheit ihres Partners sogar eine leicht erhöhte Stressreaktion. Interessanterweise gaben sie jedoch an, stark von dieser Unterstützung profitiert zu haben. Ditzen und Heinrichs (2007) konnten diesen Befund weiter differenzieren. Frauen profitierten hier zwar ebenfalls nicht von verbaler Unterstützung durch ihren Ehepartner, ihre physiologische Stressantwort reduzierte sich jedoch, wenn sie von diesem einfach nur berührt wurden. In einer Feldstudie derselben Arbeitsgruppe (Ditzen, Hoppmann und Klumb 2008) war das Cortisol-Level von berufstätigen Paaren bei den Partnern beiden Geschlechts niedriger, wenn im Alltag mehr Zeit mit dem Austausch von Intimitäten wie Berührungen, Küssen oder Geschlechtsverkehr verbracht wurde. Es wäre möglich, dass auch diese Befunde damit zu erklären sind, dass Körperkontakt und Berührungen ausschließlich nicht wertende Signale von Sicherheit und Zugehörigkeit vermitteln, während verbale Unterstützung die Gefahr der Selbstwertbedrohung beinhaltet.

Eine Studie von Brock und Lawrence (2009) bietet weitere Hinweise darauf, dass auch die Art der Unterstützung geschlechtsspezifisch wirkt. Sie untersuchten den Zusammenhang zwischen dem Bedürfnis nach und dem tatsächlichen Erhalt von Unterstützung innerhalb der Ehe. Für die Ehefrauen war ein Zuviel an Unterstützung ungünstiger als ein Zuwenig, unabhängig davon, ob es sich um informationelle, emotionale oder finanziellen Unterstützung handelte. Für die Männer war es hingegen nur problematisch, wenn sie zu viel informationelle Unterstützung von ihren Ehefrauen bekamen.

Frauen erhalten nicht nur mehr Unterstützung, sie bieten auch häufiger Unterstützung an (Klauer und Winkeler 2002). In einer psychophysiologischen Studie von Glynn und Kollegen (1999) reduzierte nur eine weibliche Unterstützerin die physiologische Stressantwort der Untersuchungsteilnehmerinnen und -teilnehmer, was die Autoren zu folgender pointierten Schlussfolgerung führte: »The findings are consistent with the notion that married men are healthier because they marry women« (Glynn et al. 1999, S. 234). Allerdings scheint es auch hier wichtig zu sein, die Art der Unterstützung zu beachten. In einer Studie von Cutrona und Kollegen (2007) reagierten Frauen nur dann unterstützender, wenn emotionale Unterstützung gefragt war. Auf den Wunsch nach konkreten Ratschlägen (informationelle Unterstützung) reagierten sie tendenziell abweisender als Männer.

Neben Bindungsorientierung und Geschlecht spielen *weitere individuelle Merkmale* eine Rolle bei der Erwartung, Wirkung und dem Erhalt sozialer Unterstützung. Der Attributionsstil spielt insbesondere bei der Interpretation tatsächlich erhaltener Unterstützung eine Rolle und bestimmt mit, ob diese als selbstwertbedrohend wahrgenommen wird oder nicht (siehe zum Beispiel Brock und Lawrence 2009). Diskutiert werden darüber hinaus Persönlichkeitseigenschaften wie Neurotizismus, Emotionalität und Hardiness (siehe zum Beispiel Lidy und Kahn 2006).

In einer Studie von Luszczynska und Cieslak (2005) hatte soziale Unterstützung den höchsten schützenden Effekt bei Managerinnen und Managern, die niedrige Werte in Hardiness und hohe Werte auf einer Skala zur emotionalen Reaktivität aufwiesen. Borja, Callahan und Rambo (2009) untersuchten Opfer von Naturkatastrophen und Vergewaltigungsopfer. In beiden Stichproben profitierten Personen mit hohen Neurotizismuswerten verhältnismäßig wenig von sozialer Unterstützung.

Merkmale der Unterstützungsempfängerin bzw. des -empfängers haben jedoch nicht nur einen Einfluss darauf, wie Unterstützung wirkt, sondern auch, wer Unterstützung bekommt. Dabei scheinen sich mehrere Schutzfaktoren gegenseitig zu verstärken. Personen, die ohnehin eine hohe Kompetenzerwartung, ein hohes Selbstwertgefühl, einen ausgeprägten Optimismus und eine internale Kontrollüberzeugung aufweisen, haben auch eine höhere Wahrscheinlichkeit, soziale Unterstützung zu erhalten (Dunkel-Schetter und Skokan 1990). Copingstile bzw. das Bewältigungsverhalten einer Person hat hingegen einen differenzierteren Einfluss auf potenzielle Unterstützungsgeberinnen und -geber. Die Wahrscheinlichkeit, Unterstützung zu bekommen, ist am höchsten, wenn ein aktives, problemorientiertes Bewältigungsverhalten an den Tag gelegt wird (Antoniw, Borghardt und Weber 2007, Winkeler, Filipp und Aymanns 2006). Bei Personen mit perfektem Bewältigungsverhalten wird wenig Unterstützungsbedarf wahrgenommen bzw. die Unterstützung wird sogar als unangemessen oder unerwünscht betrachtet. Bei ungünstigen, passiven oder vermeidenden Bewältigungsstilen wird am wenigsten Unterstützung angeboten, obwohl Unterstützung in diesem Fall am meisten benötigt würde. Dieser Befund wird damit erklärt, dass solche Personen entweder Ärger hervorrufen (Antoniw, Borghardt und Weber 2007) oder sich die Unterstützungsgeberinnen und -geber selbst als wenig hilfreich und kompetent erleben (Winkeler, Filipp und Aymanns 2006).

In den meisten der bisher aufgeführten Studien wurde die Wirkung sozialer Unterstützung bei alltäglichen Stressoren oder kritischen Lebensereignissen untersucht. In Studien zu *traumatischen Ereignissen im engeren Sinne* wird zunächst vor allem das Risiko fehlender sozialer Unterstützung deutlich (Guay, Billette und Marchand 2006). In zwei Metaanalysen war fehlende soziale Unterstützung neben der wahrgenommenen Lebensbedrohung und peritraumatischen Emotionen der bedeutendste Risikofaktor für die Entwicklung einer Posttraumatischen Belastungsstörung (Brewin, Andrews und Valentine 2000, Ozer, Best, Lipsey und Weiss 2003; siehe auch Becker, Witschen und Bengel, in Druck). Dagegen konnte positive soziale Unterstützung in methodisch weniger guten Studien als klarer Schutzfaktor bestätigt werden (siehe zum Beispiel Ahern et al. 2004, Kaspersen, Matthiesen und Götestam 2003, Koenen, Stellman, Stellman und Sommer 2003). In einer prospektiven Studie mit amerikanischen Kriegsveteranen gingen die PTBS-Symptome bei denjenigen Veteranen im Laufe von 14 Jahren stärker zurück, die an ihrem Wohnort in soziale Strukturen eingebunden waren. Diejenigen, die gegenüber Gemeinschaftsaktivitäten negativ eingestellt waren, hatten ein höheres Risiko für einen chronischen Verlauf der PTBS (Koenen et al. 2003). In einer groß angelegten Studie (n = 777) mit sozial benachteiligten Frauen in einer Großstadt schützte soziale Unterstützung besonders die Frauen, die sowohl als Kind missbraucht als auch im Erwachsenenalter vergewaltigt worden waren, vor psychopathologischen Symptomen (Schumm, Briggs-Phillips und Hobfoll 2006). Bei Frauen, die kein oder nur eines der beiden Traumata erlebt hatten, war dieser Effekt weniger deutlich.

Charusvastra und Cloitre (2008) kommen in ihrer Überblicksarbeit zu der Schlussfolgerung, dass Traumaopfer häufig sowohl risikoerhöhenden als auch schützenden sozialen Interaktionen ausgesetzt sind und soziale Unterstützung damit simultan als Risiko- und Schutzfaktor wirken kann. Die sozialen Reaktionen scheinen bei traumatischen Ereignissen in besonderem Maße von der Art des Traumas und dessen sozialer Wahrnehmung beeinflusst zu sein. Sozial ambivalente und für das Umfeld wenig greifbare Stressoren wie der Einsatz in einem unpopulären Krieg, eheliche Gewalt oder schwere Verkehrsunfälle, bei denen die Schuldfrage ungeklärt ist, rufen generell mehr negative oder zumindest ungünstig wirkende Reaktionen hervor als für alle offensichtlichen und positiv konnotierten traumatischen Erfahrungen, wie zum Beispiel Ersthelferinnen und -helfer nach Terroranschlägen wie dem 11. September in den USA (vgl. Punamäki, Komproe, Qouta, El-Masri und de Jong 2005). Frauen scheinen ein besonders hohes Risiko für negative soziale Reaktionen zu haben.

Andrews, Brewin und Rose (2003) konnten zeigen, dass Frauen, die zum Opfer gewalttätiger Verbrechen (wie bewaffnete Überfälle oder sexuelle Gewalt durch Fremde) wurden, signifikant mehr negative soziale Reaktionen bekamen als Männer, die ebenfalls gewalttätige Verbrechen erlebt hatten (siehe auch Zoellner, Foa und Brigidi 1999). Es gibt Hinweise darauf, dass diese negativen sozialen Reaktionen wie beispielsweise Kritik, Abwertung, Schuldzuweisung oder Enttäuschung eine so starke Wirkung haben, dass die negativen Auswirkungen auch durch gleichzeitig vorhandene positive soziale Unterstützung nicht abgefedert werden können (Andrews et al. 2003, Zoellner et al. 1999; siehe auch Dunmore, Clark und Ehlers 2001). Allerdings scheinen auch hier nicht alle Arten positiver sozialer Unterstützung den intendierten positiven Effekt zu haben. In einer Studie mit Angestellten eines belgischen Sicherheitsdienstes (n = 530) konnten Declercq und Kollegen (2007) zeigen, dass diejenigen, die während der Arbeit potenziell traumatischen Ereignissen ausgesetzt waren, nur von instrumenteller Unterstützung und neutralen Interaktionen mit nahe stehenden Personen profitierten. Emotionale Unterstützung hatte den gegenteiligen Effekt und erhöhte Symptome von psychischer Belastung und posttraumatischem Stress.

Die Wirkung sozialer Unterstützung nach traumatischen Erfahrungen scheint auf mehreren Prozessen zu beruhen. Zum einen kann ein funktionierendes stabiles soziales Netzwerk den Betroffenen ein

Gefühl von Sicherheit vermitteln, das die in der Situation empfundene Lebensgefahr relativiert (Charuvastra und Cloitre 2008). Ein weiterer Wirkmechanismus könnte das Konzept der Selbstöffnung (»self-disclosure«; vgl. Ehlers und Clark 2000) sein. Das Verarbeiten des Ereignisses sowie damit verbundener Gefühle kann durch Gespräche und Austausch mit Personen erleichtert werden, denen die Betroffenen vertrauen und von denen sie sich verstanden fühlen. Das Vertrauen in die Welt, das durch traumatische Ereignisse häufig erschüttert wird, kann in diesem Prozess zumindest teilweise wiederhergestellt werden. Allerdings scheint es eine wichtige Rolle zu spielen, wem die Betroffenen sich anvertrauen. In einer Studie von Hoyt und Kollegen (2010) war das PTBS-Risiko zwar reduziert, wenn Soldaten sich ihrem Freundeskreis oder Familien öffneten. Wenn diese jedoch untereinander über ihre negativen Gedanken und Gefühle zu dem erlebten Trauma sprachen, erhöhte dies die Wahrscheinlichkeit für die Entwicklung von Stresssymptomen. Hoyt und Kollegen (2010) vermuten, dass Interaktionen zwischen unmittelbar betroffenen Personen das Risiko eines unstrukturierten, ruminativen Wiederauflebens der traumatischen Situation bergen und damit einer gesunden Verarbeitung eher entgegenwirken.

Auch auf kognitiver Ebene scheint der soziale Austausch eine wichtige Funktion zu haben. Die eigene Interpretation der Geschehnisse wird durch Meinungen und Äußerungen wichtiger Bezugspersonen beeinflusst (vgl. Joseph, Williams und Yule 1997, Lepore 2001), was neben der schützenden Wirkung auch ein Wirkmechanismus der risikoerhöhenden Wirkung sozialer Interaktion sein könnte. Robinaugh und Kollegen (2011) lieferten in ihrer Studie mit Opfern schwerer Autounfälle (n = 112) erste empirische Hinweise für diesen Zusammenhang. Personen, die die erhaltene Unterstützung und die Interaktionen mit Bezugspersonen als negativ einschätzten, berichteten sowohl über mehr negative Kognitionen bezüglich des Traumas als auch über mehr Symptome von posttraumatischem Stress.

Bewertung und kritische Würdigung

Das Konstrukt der sozialen Unterstützung wurde von allen in diesem Band diskutierten Schutzfaktoren am häufigsten untersucht. Die Schlussfolgerung, dass soziale Unterstützung insgesamt mit einem deutlich verringerten Mortalitätsrisiko sowie psychischer Gesundheit assoziiert ist, ist empirisch gut abgesichert. In den Studien wurde deutlich, dass soziale Unterstützung unabhängig voneinander sowohl als Risiko- wie auch als Schutzfaktor wirken kann. Die risikoerhöhende Wirkung fehlender sozialer Unterstützung ist konsistent belegt. Das Risiko negativer Auswirkungen auf die körperliche und psychische Gesundheit scheint dabei ebenso hoch zu sein wie das einiger gut untersuchter Risikofaktoren auf körperlicher und Verhaltensebene, etwa Rauchen, Übergewicht und fehlende körperliche Aktivität (Review siehe zum Beispiel Holt-Lunstad, Smith und Layton 2010).

Beim Vorliegen sozialer Unterstützung ist die Bewertung einzelner Interaktionen als schützend oder risikoerhöhend wesentlich schwieriger und erfordert eine differenzierte Betrachtung des Konstrukts. Die individuelle Unterstützungswahrnehmung, das Bedürfnis, die Mobilisierung, der Erhalt sowie das Angebot spielen dabei ebenso eine Rolle wie interpersonelle Faktoren – etwa die Beziehung zwischen Unterstützungsgeber und -nehmer (vgl. Schwarzer, Knoll und Rieckmann 2004). Die wichtigste Differenzierung ist die Unterscheidung in wahrgenommene und tatsächlich erhaltene soziale Unterstützung. Die wahrgenommene Unterstützung als situationsübergreifende und mittelfristig stabile Erwartung, bei Bedarf unterstützt zu werden, zeigt sich in empirischen Studien als konsistenter kognitiver Schutzfaktor. Sie wird mit vergangenen Erfahrungen adäquat unterstützender Interaktionen und einer sicheren Bindungsorientierung, die sich im Säuglings- und Kindesalter entwickelt, in Verbindung gebracht. Befunde zu tatsächlich erhaltener Unterstützung sind hingegen inkonsistent. Diese Form der Unterstützung kann zwar schützend und entlastend wirken, unter Umständen jedoch auch das Gefühl vermitteln, selbst nicht in der Lage zu sein, das Problem lösen zu können; es kann somit einen selbstwertbedrohenden Charakter bekommen. Auch hier spielen kognitive Prozesse im Sinne der Interpretation und Bewertung von Unterstützung eine wesentliche Rolle.

Darüber hinaus haben verschiedene Persönlichkeitseigenschaften, Kommunikationskompetenzen und insbesondere das Geschlecht eine zentrale Bedeutung bei der Wirkung sozialer Unterstützung. Frauen haben meist ein größeres Netz an sozial unterstützenden Bezugspersonen und weisen ein höheres Maß an wahrgenommener Unterstützung auf. Im Krisenfall mobilisieren und erhalten sie mehr Unterstützung als Männer, bieten gleichzeitig jedoch auch häufiger Unterstützung an. Darüber hinaus scheint es für Frauen besonders wichtig zu sein, dass die tatsächlich erhaltene soziale Unterstützung keine Wertung beinhaltet. Sie scheinen stärker von emotionaler Unterstützung zu profitieren als Männer, allerdings nur, wenn diese keine selbstwertbedrohende Komponente beinhaltet.

Im Bereich der sozialen Unterstützung gibt es auch im psychophysiologischen Bereich viele Forschungsarbeiten zu den spezifischen Wirkmechanismen. Dabei ist besonders hervorzuheben, dass soziale Unterstützung eines der wenigen Konstrukte ist, bei denen ein direkter Effekt auf verschiedene körperliche Prozesse belegt ist (vgl. zur Diskussion Uchino, Bowen, Carlisle und Birmingham 2012). Soziale Unterstützung wirkt unabhängig von konkreten Stresssituationen, indem ein funktionierendes Netzwerk Belastungen abfängt, bevor sie eine negative Wirkung entfalten können oder soziale Unterstützung ein adäquates Gesundheitsverhalten fördert. Treten chronische Stressoren oder kritische Lebensereignisse auf, wirkt soziale Unterstützung auf emotionaler, kognitiver und körperlicher Ebene positiv auf die Stressverarbeitung. Bei traumatischen Ereignissen im engeren Sinne wird insbesondere das Konzept der Selbstöffnung mit weniger Symptomen von posttraumatischem Stress in Verbindung gebracht. Hier wird deutlich, dass soziale Unterstützung mit vielen der anderen in diesem Fachheft diskutierten Schutzfaktoren in engem Zusammenhang steht. Zum einen haben Erfahrungen im sozialen Rahmen und soziale Unterstützungsinteraktionen einen Einfluss auf die Entwicklung von Schutzfaktoren wie Selbstwirksamkeitserwartung, Optimismus, adäquate Copingbemühungen und internale Kontrollüberzeugungen. Zum anderen wirken sich diese Faktoren darauf aus, wie sozial integriert eine Person ist und wie viel tatsächliche Unterstützung sie im konkreten Krisenfall bekommt.

Eine abschließende Bewertung zur schützenden Wirkung sozialer Unterstützung als Gesamtkonstrukt ist angesichts der vielen verschiedenen Wirkmechanismen nicht möglich. Auf der kognitiven Ebene scheint jedoch die wahrgenommene Unterstützung – also die stabile Erwartung, im Zweifelsfall die gewünschte und erhoffte Form der Unterstützung zu bekommen – einen protektiven Effekt zu haben. Auf der Handlungsebene scheinen hingegen vor allem nichtwertende Interaktionen, die dem individuellen Bedürfnis entsprechen, entlastend zu sein.

06

» Transfer in Prävention und Gesundheitsförderung

Traditionell haben Maßnahmen der Prävention eine Verringerung des Erkrankungsrisikos zum Ziel. Mit der Ottawa-Charta der WHO im Jahre 1986 (World Health Organization 1986) wurde dieser pathogenetische Ansatz durch das Konzept der Gesundheitsförderung erweitert. Neben der Verhinderung von Krankheiten wird damit auch die Förderung von Gesundheit als Aufgabe definiert. Das Konzept der Gesundheitsförderung wurde in der Ottawa-Charta als umfassende Programmatik formuliert und zielt »auf einen Prozess, allen Menschen ein höheres Maß an Selbstbestimmung über ihre Gesundheit zu ermöglichen und sie damit zur Stärkung ihrer Gesundheit zu befähigen« (World Health Organization 1986; zitiert nach Franzkowiak und Sabo 1993, S. 96). Um dies zu realisieren, setzt das Konzept nicht nur an der Veränderung individueller Verhaltensweisen an (Verhaltensprävention), sondern auch an der Herstellung einer gesundheitsförderlichen Lebenswelt. Es sollen die sozialen, ökologischen, strukturellen und individuellen Voraussetzungen für einen gesundheitsförderlichen Lebensstil geschaffen werden (Verhältnisprävention).

Die Resilienzforschung leistet einen Beitrag zur Prävention und vor allem zur Gesundheitsförderung, indem sie Schutzfaktoren identifiziert und Modelle des Zusammenwirkens dieser Faktoren vorstellt. Damit können Programme zur Gesundheitsförderung entwickelt und für die Praxis nutzbar gemacht werden (Kent und Davis 2010, Masten 2007). Bei den meisten vorliegenden Konzepten und Maßnahmen zur Stärkung von Schutzfaktoren handelt es sich um Programme zur Verhaltensprävention, das heißt, die Programme wenden sich direkt an die Personen, deren Schutzfaktoren bzw. Resilienz gestärkt werden soll. Konzepte, die sich auf Maßnahmen zur Verhältnisprävention beziehen – wie beispielsweise Bemühungen, die Resilienz von Unternehmen oder Gemeinden über strukturelle Maßnahmen zu erhöhen –, berufen sich zwar ebenfalls auf die Resilienzforschung (zum Beispiel Denhardt und Denhardt 2010, Kretzmann 2010). Diese Konzepte reichen jedoch deutlich über die hier beschriebenen psychologischen Konstrukte und Mechanismen hinaus und beinhalten politische, rechtliche, ökonomische und gesellschaftliche Aspekte, wie sie in der Ottawa-Charta formuliert wurden. Der Fokus soll daher im Folgenden auf der Umsetzung im Rahmen verhaltensbezogener Interventionen liegen.

Das Modell der Salutogenese fand großen Anklang in der Prävention und in der Gesundheitsförderung. Es diente den bis dahin eher theoriearmen präventiven Aktivitäten als Rahmentheorie und wurde als Legitimation für konzeptuelle Überlegungen und Maßnahmenplanung genutzt (siehe Bengel, Strittmatter und Willmann 1998). Für die inhaltliche Gestaltung von Maßnahmen war das Modell jedoch nur begrenzt nützlich. Antonovsky ging von einer Stabilität des Kohärenzgefühls im Erwachsenenalter aus, woraus sich das Problem ergibt, dass intensive Maßnahmen erforderlich wären, um diesbezüglich eine Veränderung zu erreichen. Die meisten heute etablierten Präventionsprogramme, die neben der Reduktion von Risiken auch die Förderung von Schutzfaktoren beinhalten, beziehen sich auf Modelle zu Gesundheitsverhalten, Verhaltensänderung und Motivation (siehe Jerusalem 2005).

Allgemeine Programme zur Vermittlung von Bewältigungsverhalten basieren häufig auf stresstheoretischen Modellen, wie zum Beispiel dem Transtheoretischen Stressmodell nach Lazarus (Lazarus und Folkman 1984). Wesentliche Elemente solcher Programme sind dementsprechend Wissensvermittlung, die Kräftigung von Einstellungen wie zum Beispiel Kompetenzüberzeugungen und Motivation sowie systematische Verhaltenseinübung, damit langfristig neue Verhaltensstile aufgebaut werden (Jerusalem 2005). Die überwiegende Mehrzahl der etablierten Präventionsprogramme für Erwachsene bezieht sich auf den Aufbau von Gesundheitsverhalten oder die Reduktion von Folgeproblemen bei bereits bestehenden körperlichen Erkrankungen wie zum Beispiel Asthma, Diabetes, chronischer Schmerz oder koronare Herzerkrankungen (zum Überblick siehe Jerusalem und Weber 2003). Ein wesentlicher Grund für diese Fokussierung liegt nach Krampen (2003) darin, dass Erwachsene häufig wenig motiviert für Präventionsprogramme sind, solange kein Leidensdruck besteht oder ein kritisches Lebensereignis eingetreten ist.

Die empirischen Befunde der Resilienzforschung können einen wichtigen Beitrag zur Stärkung von Schutzfaktoren leisten. In Europa ist der Transfer in wissenschaftlich fundierte Programme bislang jedoch vergleichsweise zögerlich. In den angloamerikanischen Ländern wurden in den letzten zehn Jahren vielfältige Programme entwickelt, die die Stärkung von Resilienz zum Ziel haben. Eine systematische Übersicht über aktuelle Programme zur Resilienzförderung ist zum heutigen Zeitpunkt nicht zu leisten, da davon auszugehen ist, dass bisher nur ein Teil der in der Praxis bestehenden Programme veröffentlicht ist. Gut funktionierende Ansätze zum Beispiel in Unternehmen werden mangels Ressourcen nicht evaluiert, oder aber es besteht kein Interesse und keine Notwendigkeit, sich an der wissenschaftlichen Diskussion zu beteiligen. Einige Programme, die sich teilweise noch in der Entwicklungsphase befinden, werden zwar in Übersichtsartikeln erwähnt oder in kurzen Beiträgen skizziert, jedoch nicht im Detail beschrieben. Daher ist es auch bei publizierten Programmen überwiegend nicht möglich, Aussagen über die Qualität und Effektivität einzelner Ansätze zu machen.

Bisherige Ansätze zur Resilienzförderung lassen sich in vier Kategorien aufteilen. In den USA finden sich Bemühungen, über 1) informationsbasierte massenmediale Ansätze das öffentliche Bewusstsein für Resilienz zu fördern. Daneben gibt es 2) strukturierte Präventionsprogramme, die sich als universelle Programme an die Allgemeinbevölkerung oder als 3) selektive Programme an bestimmte Zielgruppen richten. Ferner kann hier danach unterschieden werden, ob bei der Zielgruppe bereits eine Belastung vorliegt (primäre versus sekundäre Prävention) und welche Ziele mit dem Programm verfolgt werden bzw. ob bestimmte Schutzfaktoren oder allgemein die Resilienz gestärkt werden soll (spezifische versus unspezifische Maßnahmen). Vereinzelt wurden 4) auch erste Mehrebenenprogramme entwickelt, bei denen Resilienz auf mehreren Interventionsebenen mit verschiedenen Programmkomponenten gestärkt werden soll.

Obwohl eine umfassende und systematische Übersicht über die bestehenden Ansätze nicht möglich ist, soll dennoch im folgenden Abschnitt ein Überblick über die Aktivitäten in diesem Bereich gegeben werden. Die Auswahl der vorgestellten Ansätze hat weder den Anspruch auf Vollständigkeit noch liefert sie eine Qualitätsaussage über die einzelnen Ansätze. Einige der vorgestellten Programme werden exemplarisch näher erläutert, um die Variabilität der Ansätze deutlich zu machen. Dabei liegt der Fokus auf Programmen, die einzelne Personen ansprechen. Programme für Familien werden nicht berücksichtigt (zum Beispiel Saltzman et al. 2011; siehe auch Benzies und Mychasiuk 2009).

Informationsbasierte massenmediale Ansätze

Informationsbasierte Ansätze, wie beispielweise Broschüren oder Internetseiten, haben primär das Ziel, das öffentliche Bewusstsein für Resilienz zu stärken und Hilfe zur Selbsthilfe zu bieten. Weit verbreitet und allgemein gehalten ist die Kampagne der American Psychological Association »The road to resilience«. Diese Kampagne wurde infolge der Anschläge vom 11. September 2001 entwickelt und richtet sich an die US-amerikanische Bevölkerung. Die Kernbotschaft der Kampagne lautet, dass Resilienz keine angeborene Eigenschaft ist, sondern von jedem erlernt werden kann und einen lebenslangen Lernprozess darstellt, der interindividuell unterschiedlich verläuft (Newman 2003). Zu Beginn der Kampagne wurde eine einstündige Fernsehdokumentation ausgestrahlt, eine Internetseite eingerichtet, und es wurden Broschüren erstellt. Auf dieser Seite werden einzelne potenziell protektive Faktoren aufgelistet und kurz erläutert (siehe Kasten 5). Gleich im ersten Jahr wurde ein großes öffentliches Interesse an der Thematik deutlich, sodass weitere, zielgruppenspezifische Informationsmaterialien erstellt wurden (Newman 2005).

Zehn Wege zur Entwicklung von Resilienz (APA 2008)

1. Bemühen Sie sich um soziale Beziehungen.
2. Betrachten Sie Krisen als überwindbare Probleme.
3. Akzeptieren Sie, dass Veränderung Teil des Lebens ist.
4. Streben Sie danach, Ihre Ziele zu erreichen.
5. Entschließen Sie sich zum Handeln.
6. Suchen Sie nach Möglichkeiten, um „sich selbst zu finden".
7. Fördern Sie ein positives Selbstbild.
8. Betrachten Sie Situationen nüchtern.
9. Behalten Sie eine optimistische Erwartungshaltung bei.
10. Sorgen Sie für sich selbst.

» Kasten 5: »The road to resilience« (American Psychological Association 2008)

Universelle Programme

Universelle Maßnahmen zielen im Sinne einer Primärprävention auf die Allgemeinbevölkerung. Sie sind in der Regel unabhängig von individuellen Risikofaktoren und früheren Belastungen. Die Programme unterscheiden sich hinsichtlich ihrer Ziele, dem

Setting sowie der Dauer und der Intensität der Intervention. Bei einigen Programmen werden gezielt spezifische Schutzfaktoren adressiert (zum Beispiel Burton, Pakenham und Brown 2009, Schiraldi, Brown, Jackson und Jordan 2010), bei anderen liegt der Fokus eher auf der Vermittlung eines Resilienzmodells (zum Beispiel Steinhardt und Dolbier 2008) bzw. der theoriegeleiteten Förderung einer adaptiven Lebenseinstellung (zum Beispiel Richardson und Waite 2002). Zum Setting gehören die Zusammensetzung der Teilnehmerinnen und Teilnehmer sowie der Interventionsort der Maßnahme. Die meisten Präventionsprogramme sind für Gruppen von acht bis 15 Teilnehmenden konzipiert. Als Interventionsorte sind prinzipiell viele Möglichkeiten wie zum Beispiel Volkshochschulen oder Gemeindezentren denkbar, in denen Räumlichkeiten für die Durchführung einer regelmäßig stattfindenden Gruppe zur Verfügung stehen. In der Praxis stellt sich jedoch die Frage, wie Personen zur Teilnahme an einem solchen Programm motiviert werden können.

Bei Kindern und Jugendlichen werden Programme zur Stärkung von Schutzfaktoren häufig in Schule oder Kindergarten durchgeführt, wo die Erreichbarkeit sehr hoch und die Schwelle zur Anmeldung durch die Eltern niedrig ist (siehe Bengel, Meinders-Lücking und Rottmann 2009). Einen solchen natürlichen Interventionsort, an dem ein breiter Bevölkerungsteil erreicht werden kann, gibt es im Erwachsenenalter nicht. Alle universellen Programme zur Resilienzstärkung, die hier vorgestellt werden, wurden daher entweder für den universitären Kontext (Schiraldi, Brown, Jackson und Jordan 2010, Steinhardt und Dolbier 2008) oder für Arbeitnehmerinnen und Arbeitnehmer bestimmter öffentlicher Einrichtungen (Burton, Pakenham und Brown 2009, Liossis, Shochet, Millear und Biggs 2009, Waite und Richardson 2004) konzipiert, sind jedoch prinzipiell auch für andere Bevölkerungsgruppen geeignet. Programme zur Resilienzstärkung bestehen in der Regel aus verschiedenen Modulen, die in mehreren Gruppentreffen über einen bestimmten Zeitraum hinweg durchgeführt werden. Der zeitliche Rahmen der hier vorgestellten Programme variiert zwischen acht (Steinhardt und Dolbier 2008) und 45 Stunden (Schiraldi et al. 2010). Auch die therapeutische Intensität der Programme ist sehr unterschiedlich. Während das Programm von Steinhardt und Dolbier (2008) sich vorwiegend auf psychoedukative Elemente beschränkt, spielen zum Beispiel bei Schiraldi, Brown, Jackson und Jordan (2010) auch verhaltenstherapeutische Elemente wie kognitive Umstrukturierung eine zentrale Rolle.

Zu den Maßnahmen, die für den universitären Kontext entwickelt wurden, gehört das psychoedukative Programm von Steinhardt und Dolbier (2008) *Transforming lives through resilience education*. In diesem Programm werden nicht gezielt einzelne Schutzfaktoren adressiert, sondern in vier Unterrichtseinheiten à 2 Stunden Elemente vermittelt, die im Resilienzmodell der Autoren eine zentrale Rolle spielen:

1. »Transforming stress into resilience« (Vermittlung des Resilienzmodells, Erklärung der Adaptivität einer flexiblen Nutzung von emotionsfokussierten und problemorientierten Copingstrategien),
2. »Taking responsibility« (Betonung der Rolle von Eigenverantwortung bei der Stressbewältigung, Stärkung der Selbstwirksamkeit),
3. »Focusing on empowering interpretations« (Erläuterung der Rolle der eigenen Kognitionen und Interpretationen bei der Stresswahrnehmung und Verarbeitung) und
4. »Creating meaningful connections« (Bedeutung von sozialer Unterstützung, Motivation zum Aufbau und der Pflege eines funktionierenden sozialen Netzes).

Diese Module werden Studierenden von der Universität Texas neben Präsenzangeboten auch online zur Verfügung gestellt und von den Autoren für externe Interessentinnen und Interessenten als kostenpflichtiger Download angeboten (http://www.utexas.edu/education/resilience/viewings). In ersten Evaluationen berichteten Studierende, die den Kurs besucht hatten, im Vergleich zu ihren Kommilitoninnen und Kommilitonen weniger depressive Symptome und negative Emotionen während der Prüfungszeit, die sie zudem als weniger stressreich erlebten. Im Vergleich zur Erhebung vor Beginn des Kurses gaben sie neben einem erhöhten Selbstwertgefühl und mehr positiven Emotionen höhere Werte auf einer Resilienzskala an (Dolbier, Jaggars und Steinhardt 2010, Steinhardt und Dolbier 2008).

Das Programm von Schiraldi, Brown, Jackson und Jordan (*Resilience training for functioning adults;* Schiraldi et al. 2010) wurde ebenfalls für Studierende entwickelt. Hier werden neben psychoedukativen Elementen vor allem Techniken der kognitiven Verhaltenstherapie wie Verhaltensaufbau und kognitive Umstrukturierung angewandt. Ziel der Maßnahme, die zweimal wöchentlich (à 75 Minuten) über 15 Wochen hinweg angeboten wird, ist die Stärkung von folgenden Fähigkeiten bzw. Einstellungen, die die Autoren als protektiv bewerten: in Stresssituationen Ruhe bewahren, rationales Denken, Selbstwertgefühl, interpersonale Fähigkeiten, Umgang mit Emotionen, adaptive Copingstrategien, ein ausgewogener Lebensstil (hinsichtlich Ernährung und Sport, aber auch der Integration kultureller und sozialer Interessen), Bedeutung und Sinn im Leben empfinden, persönliche Integrität wahren, Optimismus, Humor, Altruismus, Glauben und die Wahrnehmung von Wachstumspotenzial bei belastenden Lebensereignissen.

Die Teilnehmerinnen und Teilnehmer werden aufgefordert, die erarbeiteten Themen und Strategien zwischen den Sitzungen in ihren Alltag zu integrieren bzw. zu üben. Zusätzlich soll ein Tagebuch zur Reflexion und Vertiefung der persönlichen Relevanz einzelner Themen geführt werden. Auch dieses Präventionsprogramm erwies sich in einer ersten Evaluationsstudie mit Studierenden als effektiv hinsichtlich der Verringerung von psychopathologischen Symptomen und der Stärkung von Resilienz, Optimismus und Selbstwertgefühl (Schiraldi et al. 2010).

Das bisher wohl am weitesten verbreitete Programm zur Resilienzstärkung am Arbeitsplatz ist das australische Programm *Resilience and activity for every day* (READY; Burton, Pakenham und Brown 2009). Es basiert auf der Akzeptanz- und Commitmenttherapie nach Hayes (Hayes, Luoma, Bond, Masuda und Lillis 2006) und wird in zehn Gruppenstunden à 2,5 Stunden durchgeführt. Der Fokus liegt auf folgenden Schutzfaktoren: positive Emotionen, kognitive Flexibilität, soziale Unterstützung, Lebenssinn und aktive Bewältigungsstrategien. Da neben der Stärkung von Resilienz auch das Risiko für koronare Herzerkrankungen gesenkt werden soll, ist ein weiteres Ziel der Motivationsaufbau für körperliche Aktivität. Ähnlich wie in der Maßnahme von Schiraldi und Kollegen (Schiraldi, Brown, Jackson und Jordan 2010) werden vorwiegend Psychoedukation, Gruppendiskussionen, Verhaltensexperimente und Übungen zwischen den Sitzungen durchgeführt, um die Inhalte zu vermitteln. Alle Teilnehmerinnen und Teilnehmer erhalten ein Workbook, in dem eine CD mit angeleiteten Übungen, psychoedukative Texte, strukturierte Reflexionen und Übungen enthalten sind. Zu diesem Programm liegen erste ermutigende Evaluierungsergebnisse für Beschäftigte im öffentlichen Dienst vor (Burton et al. 2009, Burton, Pakenham und Brown 2010).

Zwei weitere Maßnahmen zur Stärkung von Resilienz am Arbeitsplatz wurden ebenfalls für Beschäftigte im öffentlichen Dienst entwickelt. Das Programm *Promoting adult resilience* (PAR) von Liossis, Shochet, Millear und Biggs (2009) wird in sieben 1,5-stündigen Sitzungen angeboten und folgt in der Grundstruktur einem ähnlichen Ansatz wie READY. Ziele sind die Stärkung einer positiven Selbstwahrnehmung, der Aufbau unterstützender Beziehungen sowie das Erlernen von adaptiven Problemlöse- und Stressbewältigungsstrategien. Erste Evaluationsstudien zeigen auch hier positive Ergebnisse (Millear, Liossis, Shochet, Biggs und Donald 2008).

Das Programm *Personal resilience and resilient relationships* (PRRR) von Richardson und Waite (2002) baut hingegen auf einer sehr speziellen Konzeptualisierung von Resilienz auf. Richardson (2002) geht in Anlehnung an die transpersonale Psychologie davon aus, dass Resilienz aus einer dem Menschen innewohnenden Kraft resultiert, nach Selbstaktualisierung, Weisheit und Harmonie zu streben. Entsprechend werden die Teilnehmerinnen und Teilnehmer in der von seiner Arbeitsgruppe entwickelten Maßnahme ermutigt, diese inneren Bestrebungen wahrzunehmen, anzuerkennen und in das tägliche Leben zu integrieren. Erste Ergebnisse aus einer Evaluationsstudie (Waite und Richardson 2004) weisen darauf hin, dass mit diesem Ansatz die internale Kontrollüberzeugung, die Wahrnehmung von Sinn im eigenen Leben, die Zufriedenheit mit zwischenmenschlichen Beziehungen und das Selbstwertgefühl gestärkt werden können.

Selektive Programme

Selektive Programme zur Resilienzstärkung wenden sich an bestimmte Zielgruppen, entweder weil diese ein besonders hohes Risiko für eine Traumaexposition oder die Entwicklung stressbedingter Erkrankungen haben *(primärpräventive, selektive Programme)* oder weil bereits eine körperliche Erkrankung vorliegt bzw. ein potenziell traumatisches Ereignis erlebt wurde *(sekundärpräventive, selektive Programme)*. Bei den selektiven Programmen wird besonders deutlich, dass die Abgrenzung von sogenannten Resilienzprogrammen und anderen Präventionsprogrammen, die die Stärkung von Schutzfaktoren zum Ziel haben, inhaltlich kaum möglich ist. Im Bereich der Primärprävention bei Polizei, Rettungskräften und Feuerwehr gibt es bereits seit Längerem Ansätze und Überlegungen, die große Ähnlichkeit zu Programmen aufweisen, die aktuell unter dem Label »Resilienz« für diese Zielgruppen veröffentlicht werden (vgl. Bengel 2001). Für Arbeitnehmerinnen und Arbeitnehmer, die ein erhöhtes Risiko für Burn-out oder andere stressbedingte Erkrankungen haben, wurden Stressbewältigungsprogramme entwickelt, die die Wahrscheinlichkeit für das Auftreten psychischer Störungen senken sollen (zum Beispiel Kaluza 2004, Reschke und Schröder 2010). Da der flexible Einsatz von Copingstrategien als personaler Schutzfaktor gewertet werden kann, wäre es auch möglich, diese Ansätze als resilienzförderliche Maßnahmen zu bezeichnen.

Bei vielen Resilienzförderungsprogrammen mit sekundärpräventivem Schwerpunkt werden Anleihen bei ressourcenorientierten Therapieprogrammen oder traumatherapeutischen Ansätzen genommen (zum Beispiel Kent, Davis, Stark und Stewart 2011, Leitch, Vanslyke und Allen 2009, Steensma, Den Heijer und Stallen 2006). Hier ist die Abgrenzung zwischen resilienzförderlicher Sekundärprävention und Therapie schwierig. Darüber hinaus gibt es besonders im Bereich chronischer Erkrankungen wie zum Beispiel Diabetes oder Multiple Sklerose bereits eine Tradition zur Stärkung der Selbstwirksamkeitserwartung (zum Beispiel Rigby, Thornton und Young 2008, Wu et al. 2011), die einen der am besten empirisch bestätigten Schutzfaktoren darstellt (vgl. Kapitel 05.4). Da diese Entwicklung ihren Ursprung nicht im Bereich der Resilienzforschung hat, werden solche Programme meist nicht als Resilienzprogramme veröffentlicht und propagiert, obwohl sie ebenfalls dazu gezählt werden könnten.

Ein Beispiel für Resilienzförderung im Bereich der primärpräventiven zielgruppenspezifischen Maßnahmen ist das *Trauma Resilience Training* von Arnetz und Kollegen (Arnetz, Nevedal, Lumley, Backman und Lublin 2009). Dieses Programm ist ein Imaginations- und Fertigkeitentraining zum Umgang mit potenziell traumatischen Situationen für Polizeianwärterinnen und -anwärter, das in zehn wöchentlichen Sitzungen à 2 Stunden durchgeführt wird. Wesentliche Elemente sind 1) das Erlernen von Entspannungstechniken, 2) angeleitete Imaginationen von potenziell traumatischen Ereignissen und 3) der Erwerb adaptiver Copingstrategien bei der Konfrontation mit diesen Ereignissen. Die Inhalte dieses Programms ähneln denen eines in Deutschland entwickelten primärpräventiven Programms für berufliche Hochrisikogruppen wie Einsatzkräfte der Polizei, des Rettungsdienstes oder der Feuerwehr (Wagner et al. 2001), das in einer einmaligen Intervention durchgeführt wird. Während Arnetz und Kollegen (2009) in einer ersten Evaluation ihres Programms über positive Ergebnisse berichten, schnitt die Interventionsgruppe beim Programm von Wagner und Kollegen (2001) schlechter ab. Dies könnte darauf hinweisen, dass Präventionsprogramme mit wiederholten Sitzungen – wie bei Arnetz und Kollegen (2009) beschrieben – eine Gewöhnung an traumarelevante Reize bewirken können (vgl. Maercker 2003).

Eine weitere sekundärpräventive zielgruppenspezifische Maßnahme, die in direktem Zusammenhang mit der Resilienzforschung entwickelt wurde, ist das *Resiliency Training* für Diabetespatientinnen und -patienten von Bradshaw und Kollegen (Bradshaw et al. 2007). Diese Maßnahme umfasst zehn Module à 1,5 Stunden und orientiert sich am Resilienzmodell sowie dem oben beschriebenen Programm von Richardson und Waite (Richardson und Waite 2002). Ziel der Maßnahme ist es, über die Aktivierung und Befriedigung grundlegender Bedürfnisse nach sozialer Einbindung, Anerkennung, Wertschätzung und Selbstverwirklichung die Resilienz der Teilnehmerinnen und Teilnehmer zu fördern und ihr gesundheitsbezogenes Verhalten zu verbessern. Zusätzlich zu den Gruppensitzungen werden Informationen über die Bedeutung von Behandlung, Ernährung und Lebensstil bei Diabetes zur Verfügung gestellt, und die Teilnehmerinnen und Teilnehmer werden zu gesundheitsbezogenem Verhalten motiviert. In einer ersten Evaluationsstudie berichteten die Teilnehmenden im Vergleich zu einer Kontrollgruppe über ein höheres Wohlbefinden und positive Emotionen, mehr Zufriedenheit mit sozialen Beziehungen sowie ein verbessertes Gesundheitsverhalten (Bradshaw et al. 2007).

Eine spezifische sekundärpräventive Maßnahme, die direkt aus empirischen Befunden der Resilienzforschung entwickelt wurde, ist ein Programm für kürzlich mit HIV infizierte Personen der Arbeitsgruppe von Judith Moskowitz (*Intervention for those recently informed of their seropositive status* [IRISS]; Moskowitz 2010). In fünf Einzelsitzungen mit einem Psychologen bzw. einer Psychologin werden den Betroffenen verschiedene Strategien vermittelt, mit denen das Auftreten und bewusste Wahrnehmen von positiven Emotionen gestärkt werden soll. Hierzu gehören zum Beispiel regelmäßige Achtsamkeitsübungen oder das tägliche Notieren positiver Ereignisse, anderen Menschen bewusst freundlich zu begegnen. Einige Elemente des Programms – wie zum Beispiel die Neubewertung von Situationen, die Wahrnehmung persönlicher Stärken oder das Formulieren erreichbarer Ziele – werden zwar im Hinblick auf positive Emotionen eingeführt, adressieren jedoch indirekt auch andere Schutzfaktoren. In einer ersten Evaluationsstudie hatten die Teilnehmerinnen und Teilnehmer sechs Wochen nach Beendigung der Maßnahme deutlich weniger depressive Symptome als die Vergleichsgruppe (Moskowitz 2010).

Mehrebenenprogramme

In der Diskussion und empirischen Forschung zur Stärkung von Schutzfaktoren von Kindern und Jugendlichen hat sich gezeigt, dass umfassende und langfristig angelegte Multikomponenten- oder Mehrebenenprogramme einen nachhaltigen Effekt auf die

Sozialisation von Kindern haben (vgl. Bengel, Meinders-Lücking und Rottmann 2009). Dabei werden unterschiedliche Interventionsebenen und Programmkomponenten (zum Beispiel zur Stärkung von Selbstwirksamkeit oder Vermittlung von Stressbewältigungsfähigkeiten) kombiniert. Beispielsweise werden einzelne Komponenten mit den Kindern in der Schule und andere mit den Eltern zu Hause durchgeführt. Auf einer weiteren Ebene kann das Erziehungsverhalten der Eltern oder die Konfliktfähigkeit von Erzieherinnen und und Erziehern sowie Lehrerinnen und Lehrern gestärkt und somit die Resilienz der Kinder indirekt gefördert werden (siehe Heinrichs, Saßmann, Hahlweg und Perrez 2002). Es liegt nahe, dass eine solche umfassende Resilienzförderung auch im Erwachsenenalter wirksam sein könnte. Einzelne Großunternehmen haben diesen Ansatz bereits aufgegriffen und Initiativen gestartet, bei denen das psychosoziale Wohlbefinden ihrer Angestellten auf mehreren Ebenen verbessert werden soll. Auf der Organisationsebene sollen Arbeitsgestaltungsmaßnahmen wie zum Beispiel die Arbeitszeitenregelungen auf ihre Auswirkungen auf die Resilienz des gesamten Unternehmens wie auch einzelner Angestellter überprüft werden. Auf der Managementebene werden Führungskräfte geschult, um Teamresilienz zu fördern; auf der individuellen Ebene werden Kurse zur Stärkung von Schutzfaktoren und Belastbarkeit angeboten (zum Beispiel GlaxoSmithKline, http://www.enterprise-for-health.org/netzwerk/mitglieder/glaxosmithkline.html). Diese Programme versuchen über eine Steigerung der Belastbarkeit der Mitarbeiterinnen und Mitarbeiter in erster Linie die Produktivität des Unternehmens zu stärken. Dennoch kann eine solche Initiative auch für die einzelne Arbeitnehmerin bzw. den einzelnen Arbeitnehmer zu einer gesundheitlichen Verbesserung führen. Da bisher keines dieser Mehrebenenprogramme umfassend evaluiert wurde, steht eine Bewertung der Effektivität noch aus.

Das weltweit wahrscheinlich größte Mehrebenenprogramm zur Stärkung von Resilienz wurde 2008 von der US-amerikanischen Armee (*Comprehensive soldier fitness*) in Zusammenarbeit mit US-amerikanischen Psychologinnen und Psychologen entwickelt und pilotiert. Angesichts der hohen Erkrankungs- und Suizidraten von US-amerikanischen Soldaten seit dem Vietnamkrieg, ist die Grundidee dieses Programms, innerhalb der Armee eine »Resilienzkultur« zu entwickeln (Casey 2011). Es soll deutlich werden, dass »psychische Fitness« (wie es die Initiatoren nennen) wie körperliche Fitness immer wieder trainiert werden muss. Die Grundkomponenten sehen – ähnlich wie oben bei den Mehrebenenprogrammen in Unternehmen skizziert – Resilienzförderung auf der Ebene der Gesamtorganisation, der Befehlshaber einzelner Einheiten und der einzelnen Soldaten vor. Über ein internetbasiertes Assessmenttool soll jeder US-amerikanische Soldat ein Profil seiner individuellen Stärken und Schwächen erstellen und Kursmodule zur Förderung einzelner Schutzfaktoren besuchen (Cornum, Matthews und Seligman 2011). Darüber hinaus sind Komponenten zur Förderung von Familienresilienz, Stärkung sozialer Kompetenzen und Netzwerke sowie zur sekundären Prävention nach Kriegseinsätzen geplant (Cacioppo, Reis und Zautra 2011, Gottman, Gottman und Atkins 2011, Tedeschi und McNally 2011). Die Implementierung eines solchen Programms in der Armee, das in letzter Konsequenz das Ziel hat, kampffähige Soldaten auszubilden, ist auch in den USA nicht unumstritten (Eidelson, Pilisuk und Soldz 2011, Quick 2011). Befürworter des Programms, wie zum Beispiel der ehemalige Präsident der American Psychological Association Martin Seligman, halten dagegen, dass die Tatsache bewaffneter Konflikte in der Welt kein Anlass sein dürfe, die psychosoziale Gesundheit von Soldaten zu vernachlässigen (Seligman 2011).

07

» Fragen und Probleme der Resilienz- und Schutzfaktorenforschung

Die grundsätzlichen forschungsmethodischen Fragen und Probleme in der Resilienz- und Schutzfaktorenforschung unterscheiden sich nicht prinzipiell von denen anderer Bereiche der sozialwissenschaftlichen und der medizinischen Forschung. Einige Probleme sind in der Resilienzforschung jedoch besonders akzentuiert und werden im Folgenden näher erläutert. Dazu gehören die Definition der Konstrukte, die Abgrenzung und Überlappung einzelner Konstrukte sowie der Nachweis der Spezifität von Schutzfaktoren.

Die meisten der in diesem Fachheft ausgewählten Faktoren sind psychologische Konstrukte, die einer theoretischen Einordnung und Fundierung bedürfen. Solche Konstrukte müssen präzise definiert werden, um sie für eine Erfassung operational beschreiben und in messbare Kategorien übertragen zu können. Bei Faktoren, die eine lange Forschungstradition besitzen, wie beispielsweise der internalen Kontrollüberzeugung oder der Selbstwirksamkeitserwartung, ist diese Definition mit dem Verweis auf die zugrunde liegende Theorie meist gegeben. Bei anderen Faktoren, wie etwa dem Erleben positiver Emotionen, dem Selbstwertgefühl oder einer optimistischen Lebenseinstellung, wurden bisher eine präzise Definition und vor allem eine theoretische Fundierung in vielen Arbeiten vernachlässigt. Die Autorinnen und Autoren berichten häufig nicht genau, was sie unter dem untersuchten Faktor verstehen und warum die gewählten Messinstrumente dieser Definition entsprechen. Schwierigkeiten bei der Befundzusammenfassung ergeben sich auch aus der unterschiedlichen Definition der Konstrukte. So wird Optimismus beispielsweise je nach Autorin oder Autor als zeitlich stabile Tendenz zu positiven Ergebniserwartungen, als kognitiver Bewertungsstil oder als situationsabhängige positive Illusion definiert (vgl. Hoyer 2000).

Da die zu erfassenden Konstrukte oftmals sehr komplex sind, ergeben sich Messprobleme. Im Idealfall sollten Konstrukte multimodal erhoben werden, das heißt, Selbstauskunft, Fremdauskunft und/oder Verhaltensbeobachtung sollten miteinander kombiniert werden. Da eine solche Erhebung methodisch sehr aufwendig ist, beruhen die Daten in der Regel auf der Selbsteinschätzung der Probandinnen und Probanden, die durch verschiedene Effekte verzerrt sein kann (zum Beispiel wird die Anzahl sozial unterstützender Personen überschätzt; Erklärung: »wishful thinking«).

Ein weiteres Problem stellen die Messinstrumente dar. Wurden für ein Konstrukt mehrere Messinstrumente entwickelt, erfassen diese möglicherweise verschiedene Aspekte eines Konstrukts und können daher zu unterschiedlichen Ergebnissen kommen. Dies erschwert die Vergleichbarkeit der Ergebnisse aus verschiedenen Studien. Die Interpretation von Ergebnissen ist jedoch auch erschwert, wenn nur ein Messinstrument existiert, wie beispielsweise zur Erfassung des Konstrukts »Hoffnung« von Snyder (2002). Streng genommen kann in diesem Fall nur geschlussfolgert werden, ob das, was mit diesem Messinstrument erhoben wird, eine protektive Wirkung hat. Ob das Messinstrument jedoch eine adäquate Abbildung des theoretischen Konstrukts darstellt, müsste in Studien zur Konstruktvalidität des Messinstruments geprüft werden.

Eines der größten Probleme der Resilienzforschung ist paradoxerweise der häufig undifferenzierte Gebrauch des Begriffs Resilienz. Wie in Kapitel 04 näher erläutert, verstehen einzelne Autorinnen und Autoren unter Resilienz unterschiedliche Formen des Umgangs mit einem Stressor, was den Vergleich empirischer Studien erheblich erschwert. Zusätzlich wird die den Studien zugrunde liegende Definition von Resilienz nicht immer erläutert. In manchen Studien ist nur der methodischen Analyse zu entnehmen, ob Resilienz als psychische Widerstandskraft im Sinne eines Schutzfaktors oder als Ergebnis der Belastungsverarbeitung erfasst wurde. Zusätzlich wird von einigen Autorinnen und Autoren zur Operationalisierung von Resilienz als Widerstandskraft ein Index aus verschiedenen Schutzfaktoren genutzt und entsprechend als Resilienz bezeichnet (Chan, Lai und Wong 2006, Schok, Kleber und Lensvelt Mulders 2010, Tarakeshwar, Hansen, Kochman, Fox und Sikkema 2006, Yi, Vitaliano, Smith, Yi und Weinger 2008).

Zu den definitorischen Problemen kommt die inhaltliche Überschneidung zwischen potenziellen Schutzfaktoren und dem Ergebnis der Belastungsverarbeitung hinzu. So wird beispielsweise das Erleben von positiven Emotionen von einer substanziellen Anzahl von Autorinnen und Autoren als potenzieller Schutzfaktor untersucht (vgl. Kapitel 05.1). In einigen Studien werden positive Emotionen jedoch als positives Ergebnis der Belastungsbewältigung interpretiert und als resiliente Anpassung bezeichnet (Al-Yagon und Margalit 2009, Crowley, Hayslip und Hobdy 2003, Knappe und Pinquart 2009). Andere potenzielle Schutzfaktoren wie zum Beispiel das Kohärenzgefühl oder aktive problemorientierte Copingstrategien weisen eine große Nähe zu häufig verwandten Ergebnisvariablen einer resilienten Anpassung wie Depressivität bzw. aktive Teilhabe am Leben auf. Ein Zusammenhang der untersuchten Variablen ist daher unabhängig von Stichprobe und Studiendesign a priori sehr wahrscheinlich.

Auch die einzelnen Schutzfaktoren sind nicht immer klar voneinander abzugrenzen. Dies trifft insbesondere auf die schon erwähnten Konstrukte Optimismus und Erleben von positiven Emotionen zu, die teilweise sogar mit denselben Erhebungsinstrumenten gemessen werden. Auch die Wahrnehmung der Kontrollierbarkeit von Situationen und die Bewertung eigener Bewältigungskompetenzen sind in mehreren Konstrukten enthalten. Bei der internalen Kontrollüberzeugung nach Rotter (1966) nehmen Personen eintretende Ereignisse vorwiegend als Resultat eigener Handlungen wahr. Dieser Aspekt spiegelt sich in der Kontrollskala des Konstrukts Hardiness (Kobasa 1979) wider. Diese erfasst die Wahrnehmung, Situationen nicht hilflos ausgeliefert zu sein, sondern sie aktiv beeinflussen zu können. Das Konstrukt der Selbstwirksamkeitserwartung (Bandura 1977) beschreibt eine optimistische Einschätzung der generellen Lebensbewältigungskompetenz. Diese Einschätzung ist auch im Kohärenzgefühl nach Antonovsky (1987) in der Skala »Bewältigbarkeit« und dem Konstrukt »Hoffnung« nach Synder (2002) in der Skala »agency thinking« enthalten. Diese Konstrukte unterscheiden sich zwar im Detail, erfassen jedoch unterschiedliche Aspekte und konnten in methodischen Studien jeweils eigene Varianzanteile aufklären. Dennoch stellt sich die Frage, ob die Grundeinstellungen zu Kontrollierbarkeit und eigenen Bewältigungskompetenzen unabhängig von den einzelnen Konstrukten protektive Effekte aufweisen.

Die Abgrenzung zwischen Risiko- und Schutzfaktoren gelingt nicht immer. Häufig wird eine geringe Ausprägung eines Risikofaktors als Schutzfaktor interpretiert. So wird zum Beispiel in einigen Studien zum Selbstwertgefühl von einer schützenden Wirkung eines stabil ausgeprägten Selbstwertgefühls gesprochen, wobei bei näherem Hinsehen nur die risikoerhöhende Wirkung eines geringen Selbstwertgefühls belegt werden konnte (zum Beispiel Bradley, Schwartz und Kaslow 2005, David, Ceschi, Billieux und van der Linden 2008). Andere Faktoren werden als Kontinuum erfasst; das eine Skalenende wird als Risiko-, das andere als Schutzfaktor interpretiert, obwohl das Forschungsdesign eine solche Betrachtung nicht unterstützt.

Eine zentrale methodische Herausforderung der Resilienzforschung ist die Frage nach der Spezifität von Schutzfaktoren. Da in der Resilienzforschung im Erwachsenenalter sehr unterschiedliche Stressoren untersucht werden (vgl. Kapitel 04.1.1), ist anzunehmen, dass zumindest einige Faktoren in bestimmten Situationen besser schützen als in anderen. Ein Beispiel für die situationsspezifische Wirkung von Schutzfaktoren ist die »goodness-of-fit«-Hypothese in der Copingforschung (siehe Kapitel 05.10). Sie geht davon aus, dass problemorientierte Copingstrategien angesichts subjektiv als kontrollierbar wahrgenommener Situationen und emotionsbezogene Strategien angesichts subjektiv als unkontrollierbar wahrgenommener Situationen eine protektive Wirkung entfalten. In ersten empirischen Studien wurde kein eindeutiger Beleg für diese Hypothese erbracht. Dennoch kann dieser Ansatz als ein erster wichtiger Schritt zur Erforschung der Stressorspezifität von Schutzfaktoren gelten. Außer dem Stressor spielen noch weitere Variablen wie das Geschlecht, die Lebensphase und der soziale, kulturelle und ökonomische Kontext eine Rolle bei der spezifischen Wirkungsweise von Schutzfaktoren. So hängt beispielsweise die Wirkung von Religiosität in hohem Maße davon ab, in welchem Land sie untersucht wird, wie religiös die Betroffenen sind und welcher Form von religiöser Gemeinschaft sie angehören (vgl. Kapitel 05.9).

Die Komplexität dieser Zusammenhänge erfordert sehr aufwendige Studiendesigns, die hohe personelle, zeitliche und finanzielle Ressourcen voraussetzen. Es müssen zahlreiche Variablen einbezogen werden, und es muss eine möglichst genaue Kontrolle interner und externer Störfaktoren gewährleistet werden. Die Mehrzahl der vorgestellten Befunde stammt aus Querschnittstudien, gerade die Situations- und Kontextspezifität von Schutzfaktoren lässt sich jedoch methodisch sorgfältig nur in Längsschnittstudien untersuchen. Sowohl bei chronischen Stressoren wie auch bei potenziell traumatischen Lebensereignissen unterscheidet sich die Belastungsverarbeitung interindividuell stark. In manchen Fällen treten Belastungssymptome erst nach einiger Zeit auf, wenn sich beispielsweise kurzfristig adaptive Bewältigungsmechanismen als langfristig dysfunktional herausstellen. Die Vorteile von Längsschnittstudien liegen auf der Hand: Bewältigungsverläufe können über die Zeit erfasst werden, kausale Interpretationen sind möglich, die Stabilität von Konstrukten ist untersuchbar. Demgegenüber sind die Nachteile ebenfalls evident: Längsschnittstudien sind mit erheblichem Aufwand und Kosten verbunden, die Stichprobe unterliegt Drop-out-Problemen, es kann zu Entwicklungs- und Alterseffekten kommen. Zusätzlich sind die bekannten Probleme der Designs wie Randomisierung und Kontrollgruppen zu beachten. Die Stichprobenauswahl bzw. die Selektion in der Stichprobe ist bei Längsschnittstudien wegen des hohen Risikos von Datenausfällen über die Zeit besonders zentral. Da es sowohl im Zugang wie im Rücklauf zu einer Selektion kommt, ist das Verhältnis von Grundgesamtheit zur Stichprobe entscheidend für die Aussagekraft.

Wie in der Einleitung erwähnt, werden hier nur psychologische Faktoren diskutiert. Die Wechselwirkung mit genetischen, konstitutionellen und biologischen Merkmalen einerseits und die Wechselwirkung mit sozialen und gesellschaftlichen Bedingungen andererseits konnte hier nicht berücksichtigt werden. Aktuelle Studien belegen die Wirkung früher kritischer Ereignisse und traumatischer Erfahrungen auf das biologische System, das wiederum das aktuelle Erleben und Verhalten beeinflusst (Heim, Newport, Mletzko, Miller und Nemeroff 2008, Kumsta, Rutter, Stevens und Sonuga-Barke 2010).

08

Anhang

08.1 Dokumentation der Literaturrecherche

Die Grundlage dieser Expertise bildet eine umfassende Literaturrecherche für den Zeitraum 1998 bis 2011. Als Quellen wurden die gängigen Literaturdatenbanken sowie das Internet herangezogen.

Verwendete Datenbanken: PsycInfo, Psyndex, Medline

Suchbegriffe: resilience, resilien*, protective factor*, protective function*, protective effect*

Sucheinschränkungen: Die Suche wurde auf den Zeitraum von 1998 bis 2011 und die Altersgruppe Erwachsene beschränkt. Es wurden nur englisch- und deutschsprachige Publikationen einbezogen. Kommentare und Editorials wurden ebenso wie Dissertation Abstracts als Publikationstypus ausgeschlossen.

Erläuterungen zur Suchstrategie: Weder PsycInfo noch Psyndex führen den Begriff »protective factor« als Suchbegriff im Thesaurus auf. Der Begriff »resilience« ist als Suchbegriff vorhanden. Jedoch ergab eine Überprüfung uns bereits vorliegender Studien, dass viele relevante Artikel nicht über »resilience«, sondern über »psychosocial factors«, »risk factors«, »adaptation«, »health«, »trauma« oder andere verwandte Konzepte verschlagwortet sind. Dies erschwert eine systematische Suche. Daher wurde sowohl eine Suche mit »resilience« als Subject Heading als auch eine Freitextsuche mit den oben aufgeführten trunkierten Suchbegriffen in Titel und Abstract durchgeführt. Die in den Datenbanken erzielten Treffer wurden anhand der Abstracts auf ihre Relevanz für die Expertise überprüft. Weitere relevante Artikel wurden über die Literaturverzeichnisse der Datenbanktreffer recherchiert.

Dokumentation der Recherchestrategie in PsycInfo
(für die Suche in Psyndex und Medline wurden die Sucheinschränkungen entsprechend den Vorgaben der Datenbanken angepasst):

S1: DE »resilience (psychological)«
S2: TI (resilien* or protective factor* or protective function* or protective effect*)
S3: AB (resilien* or protective factor* or protective function* or protective effect*)
S4: (S3 or S2 or S1)
S5: (S3 or S2 or S1) Limiters – Publication Year: 1998–2011; Language: English, German; Age Groups: Adulthood [18 years and older]
S6: PZ (comment or column or editorial or letter)
S7: PT dissertation abstract
S8: (S6 or S7)
S9: (S5 not S8)

» 8.2 Literaturverzeichnis

Adler, A. B., Dolan, C. A. (2006): Military hardiness as a buffer of psychological health on return from deployment. *Military Medicine, 171* (2), 93–98.

Adler, N., Matthews, K. (1994): Health psychology: Why do some people get sick and some stay well? *Annual Review of Psychology, 45,* 229–259.

Affleck, G., Tennen, H. (1996): Construing benefits from adversity: Adaptational significance and dispositional underpinnings. *Journal of Personality, 64* (4), 899–922.

Agaibi, C. E., Wilson, J. P. (2005): Trauma, PTSD, and resilience: A review of the literature. *Trauma, Violence, & Abuse, 6* (3), 195–216.

Ahern, J., Galea, S., Fernandez, W. G., Koci, B., Waldman, R., Vlahov, D. (2004): Gender, social support, and posttraumatic stress in postwar Kosovo. *Journal of Nervous and Mental Disease, 192* (11), 762–770.

Ahern, N. R., Kiehl, E. M., Sole, M. L., Byers, J. (2006): A review of instruments measuring resilience. *Issues in Comprehensive Pediatric Nursing, 29* (2), 103–125.

Ahmad, S., Feder, A., Lee, E. J., Wang, Y., Southwick, S. M., Schlackman, E. et al. (2010): Earthquake impact in a remote South Asian population: Psychosocial factors and posttraumatic symptoms. *Journal of Traumatic Stress, 23* (3), 408–412.

Aldwin, C. M., Yancura, L. A. (2004): Coping and health: A comparison of the stress and trauma literatures. In: Schnurr, P. P., Green, B. L. (Eds.): Trauma and health: Physical health consequences of exposure to extreme stress, 99–125. Washington: American Psychological Association.

Alexander, D. A., Klein, S. (2001): Ambulance personnel and critical incidents: Impact of accident and emergency work on mental health and emotional well-being. *British Journal of Psychiatry, 178,* 76–81.

Allen, J. R., Whittlesey, S., Pfefferbaum, B., Ondersma, M. L. (1999): Community and coping of mothers and grandmothers of children killed in a human-caused disaster. *Psychiatric Annals, 29* (2), 85–91.

Allen, K., Blascovich, J., Mendes, W. B. (2002): Cardiovascular reactivity in the presence of pets, friends, and spouses: The truth about cats and dogs. *Psychosomatic Medicine, 64* (5), 727–739.

Allport, G. W. (1966): The religious context of prejudice. *Journal for the Scientific Study of Religion, 5* (3), 448–451.

Almedom, A. M., Glandon, D. (2007): Resilience is not the absence of PTSD any more than health is the absence of disease. *Journal of Loss and Trauma, 12* (2), 127–143.

Al-Naser, F., Sandman, M. M. A. (2000): Evaluating resiliency patterns using the ER89: A case study from Kuwait. *Social Behavior and Personality, 28* (5), 505–514.

Alvarez, J., Hunt, M. (2005): Risk and resilience in canine search and rescue handlers after 9/11. *Journal of Traumatic Stress, 18* (5), 497–505.

Al-Yagon, M., Margalit, M. (2009): Positive and negative affect among mothers of children with intellectual disabilities. *British Journal of Developmental Disabilities, 55* (109), 109–127.

American Psychological Association (2008): The road to resilience. Washington, DC US. Internet: http://www.apa.org/helpcenter/road-resilience.aspx. Zugriff am 21.12.2011.

Anders, S. L., Tucker, J. S. (2000): Adult attachment style, interpersonal communication competence, and social support. *Personal Relationships, 7* (4), 379–389.

Andrew, M. E., McCanlies, E. C., Burchfiel, C. M., Charles, L., Hartley, T. A., Fekedulegn, D. et al. (2008): Hardiness and psychological distress in a cohort of police officers. *International Journal of Emergency Mental Health, 10* (2), 137–148.

Andrews, B., Brewin, C. R., Rose, S. (2003): Gender, social support, and PTSD in victims of violent crime. *Journal of Traumatic Stress, 16* (4), 421–427.

Andrews, L., Troop, N., Joseph, S., Hiskey, S., Coyne, I. (2002): Attempted versus successful avoidance: Associations with distress, symptoms, and strategies for mental control. *Personality and Individual Differences, 33* (6), 897–907.

Anke, A. G. W., Fugl-Meyer, A. R. (2003): Life satisfaction several years after severe multiple trauma: A retrospective investigation. *Clinical Rehabilitation, 17* (4), 431–442.

Antoniw, K., Borghardt, A., Weber, H. (2007): Des Guten zuviel: Der Einfluss von Bewältigungsverhalten auf die Bereitschaft zu sozialer Unterstützung. *Zeitschrift für Gesundheitspsychologie, 15* (4), 158–167.

Antonovsky, A. (1972): Breakdown: A needed fourth step in the conceptual armamentarium of modern medicine. *Social Science & Medicine* (6), 537–544.

Antonovsky, A. (1979a): Health, stress, and coping (Chapter 7: »The salutogenetic model of health«, 182–197). San Francisco: Jossey-Bass.

Antonovsky, A. (1979b): Health, stress, and coping: New perspectives on mental and physical well-being. San Francisco: Jossey-Bass.

Antonovsky, A. (1987): Unraveling the mystery of health. How people manage stress and stay well. San Francisco: Jossey-Bass.

Antonovsky, A. (1989): Die salutogenetische Perspektive: Zu einer neuen Sicht von Gesundheit und Krankheit. *Meducs* (2), 51–57.

Antonovsky, A. (1993a): Gesundheitsforschung versus Krankheitsforschung. In: Franke A., Broda, M. (Hrsg.): Psychosomatische Gesundheit. Versuch einer Abkehr vom Pathogenese-Konzept, 3–14. Tübingen: dgvt.

Antonovsky, A. (1993b): The implications of salutogenesis. An outsider's view. In: Turnbull, A. P., Patterson, J. M., Behr, S. K., Murphy, D. L., Marquis, J. G., Blue-Banning, M. J. (Eds.): Cognitive coping, families, and disability, 111–122. Baltimore: Brooks.

Antonovsky, A. (1993c): The structure and properties of the Sense of Coherence Scale. *Social Science & Medicine* (37), 170–178.

Antonovsky, A. (1997): Salutogenese. Zur Entmystifizierung der Gesundheit. (Dt. erweit. Herausgabe von A. Franke.) Tübingen: dgvt.

Appel, C., Müller, C., Murken, S. (2010): Subjektive Belastung und Religiosität bei chronischen Schmerzen und Brustkrebs. Ein Stichprobenvergleich. *Der Schmerz, 24* (5), 449–457.

Araya, M., Chotai, J., Komproe, I. H., Jong, J. T. (2007): Effect of trauma on quality of life as mediated by mental distress and moderated by coping and social support among postconflict displaced Ethiopians. *Quality* *of Life Research: An International Journal of Quality of Life Aspects of Treatment, Care & Rehabilitation, 16* (6), 915–927.

Armata, P. M., Baldwin, D. R. (2008): Stress, optimism, resiliency, and cortisol with relation to digestive symptoms or diagnosis. *Individual Differences Research, 6* (2), 123–138.

Arnetz, B. B., Nevedal, D. C., Lumley, M. A., Backman, L., Lublin, A. (2009): Trauma resilience training for police: Psychophysiological and performance effects. *Journal of Police and Criminal Psychology, 24* (1), 1–9.

Aroian, K. J., Norris, A. E. (2000): Resilience, stress, and depression among Russian immigrants to Israel. *Western Journal of Nursing Research, 22* (1), 54–67.

Ashford, S., Edmunds, J., French, D. P. (2010): What is the best way to change self-efficacy to promote lifestyle and recreational physical activity? A systematic review with meta-analysis. *British Journal of Health Psychology, 15* (2), 265–288.

Atri, A., Sharma, M., Cottrell, R. (2006): Role of social support, hardiness, and acculturation as predictors of mental health among international students of Asian Indian origin. *International Quarterly of Community Health Education, 27* (1), 59–73.

Austenfeld, J. L., Stanton, A. L. (2004): Coping through emotional approach: A new look at emotion, coping, and health-related outcomes. *Journal of Personality, 72* (6), 1335–1363.

Avey, J. B., Luthans, F., Jensen, S. M. (2009): Psychological capital: A positive resource for combating employee stress and turnover. *Human Resource Management, 48* (5), 677–693.

Avey, J. B., Luthans, F., Smith, R. M., Palmer, N. F. (2010): Impact of positive psychological capital on employee well-being over time. *Journal of Occupational Health Psychology, 15* (1), 17–28.

Bandura, A. (1977): Self-efficacy: Toward a unifying theory of behavioral change. *Psychological Review, 84* (2), 191–215.

Bandura, A. (1997): Self-efficacy: The exercise of control. New York: Freeman and Company.

Bandura, A. (2001): Social cognitive theory: An agentic perspective. *Annual Review of Psychology, 52,* 1–26.

Banyard, V. L., Williams, L. M. (2007): Women's voices on recovery: A multi-method study of the complexity of recovery from child sexual abuse. *Child Abuse & Neglect, 31* (3), 275–290.

Banyard, V. L., Williams, L. M., Siegel, J. A. (2003): The impact of complex trauma and depression on parenting: An exploration of mediating risk and protective factors. *Child Maltreatment, 8* (4), 334–349.

Banyard, V. L., Williams, L. M., Siegel, J. A., West, C. M. (2002): Childhood sexual abuse in the lives of Black women: Risk and resilience in a longitudinal study. *Women & Therapy, 25* (3–4), 45–58.

Barry, L. C., Guo, Z., Kerns, R. D., Duong, B. D., Reid, M. C. (2003): Functional self-efficacy and pain-related disability among older veterans with chronic pain in a primary care setting. *Pain, 104* (1–2), 131–137.

Barskova, T., Oesterreich, R. (2009): Post-traumatic growth in people living with serious medical condition and its relations to physical and mental health: A systematic review. *Disability and Rehabilitation, 31* (21), 1709–1733.

Bartholomew, K., Horowitz, L. M. (1991): Attachment styles among young adults: A test of a four-category model. *Journal of Personality and Social Psychology, 61* (2), 226–244.

Bartlett, S. J., Piedmont, R., Bilderback, A., Matsumoto, A. K., Bathon, J. M. (2003): Spirituality, well-being, and quality of life in people with rheumatoid arthritis. *Arthritis & Rheumatism, 49* (6), 778–783.

Bartone, P. T. (1999): Hardiness protects against war-related stress in Army Reserve forces. *Consulting Psychology Journal: Practice and Research, 51* (2), 72–82.

Bartone, P. T. (2007): Test-retest reliability of the Dispositional Resilience Scale-15, a brief hardiness scale. *Psychological Reports, 101* (3), 943–944.

Bartsch, H. H., Bengel, J. (Hrsg.) (1997): Salutogenese in der Onkologie. Basel: Karger.

Baruth, K. E., Caroll, J. J. (2002): A formal assessment of resilience: The Baruth Protective Factors Inventory. *The Journal of Individual Psychology, 58* (3), 235–244.

Bastine, R. (Hrsg.) (1998): Klinische Psychologie (Band 1). Stuttgart: Kohlhammer.

Baumeister, R. F., Campbell, J. D., Krueger, J. I., Vohs, K. D. (2003): Does high self-esteem cause better performance, interpersonal success, happiness, or healthier lifestyles? *Psychological Science in the Public Interest, 4* (1), 1–44.

Beasley, M., Thompson, T., Davidson, J. (2003): Resilience in responses to life stress: The effects of coping style and cognitive hardiness. *Personality and Individual Differences, 34* (1), 77–95.

Becker, K., Witschen, I., Bengel, J. (in Druck): Schutz- und Risikofaktoren für Traumafolgestörungen: Ein systematischer Review. *Klinische Psychologie und Psychotherapie, Themenheft Bewältigung von Notfällen: Von der Grundlagenforschung bis zur Therapie.*

Becker, P. (1992): Seelische Gesundheit als protektive Persönlichkeitseigenschaft. *Zeitschrift für Klinische Psychologie* (21), 64–75.

Bengel, J. (1993): Gesundheit, Risikowahrnehmung und Vorsorgeverhalten. Göttingen: Hogrefe.

Bengel, J. (2001): Psychologische Maßnahmen für Einsatzkräfte bei Katastrophen: Das Zugunglück von Eschede. In: Maercker, A., Ehlert, U. (Hrsg.): Psychotraumatologie (Jahrbuch der Medizinischen Psychologie, Band 20, 186–200). Göttingen: Hogrefe.

Bengel, J., Hubert, S. (2010): Anpassungsstörung und akute Belastungsreaktion. Fortschritte der Psychotherapie. Göttingen: Hogrefe.

Bengel, J., Meinders-Lücking, F., Rottmann, N. (2009): Schutzfaktoren bei Kindern und Jugendlichen – Stand der Forschung zu psychosozialen Schutzfaktoren von Gesundheit. Forschung und Praxis der Gesundheitsförderung, Band 35. Köln: Bundeszentrale für gesundheitliche Aufklärung.

Bengel, J., Strittmatter, R., Willmann, H. (1998): Was erhält Menschen gesund? Antonovskys Modell der Salutogenese – Diskussionsstand und Stellenwert. Köln: Bundeszentrale für gesundheitliche Aufklärung.

Bengtsson, T., Mineau, G. P. (2009): Early-life effects on socio-economic performance and mortality in later life: A full life-course approach using contemporary and historical sources. *Social Science & Medicine, 68* (9), 1561–1564.

Benight, C. C., Bandura, A. (2004): Social cognitive theory of posttraumatic recovery: The role of perceived self-efficacy. *Behaviour Research and Therapy, 42* (10), 1129–1148.

Benight, C. C., Flores, J., Tashiro, T. (2001): Bereavement coping self-efficacy in cancer widows. *Death Studies, 25* (2), 97–125.

Benight, C. C., Freyaldenhoven, R. W., Hughes, J., Ruiz, J. M., Zoschke, T. A., Lovallo, W. R. (2000): Coping self-efficacy and psychological distress following the Oklahoma City bombing. *Journal of Applied Social Psychology, 30* (7), 1331–1344.

Benight, C. C., Ironson, G., Klebe, K., Carver, C. S., Wynings, C., Burnett, K. et al. (1999): Conservation of resources and coping self-efficacy predicting distress following a natural disaster: A causal model analysis where the environment meets the mind. *Anxiety, Stress & Coping: An International Journal, 12* (2), 107–126.

Benishek, L. A., Lopez, F. G. (1997): Critical evaluation of hardiness theory: Gender differences, perception of life events, and neuroticism. *Work & Stress, 11* (1), 33–45.

Benzies, K., Mychasiuk, R. (2009): Fostering family resiliency: A review of the key protective factors. *Child & Family Social Work, 14* (1), 103–114.

Berendes, D., Keefe, F. J., Somers, T. J., Kothadia, S. M., Porter, L. S., Cheavens, J. S. (2010): Hope in the context of lung cancer: Relationships of hope to symptoms and psychological distress. *Journal of Pain and Symptom Management, 40* (2), 174–182.

Berkman, L. F. (1978): Social networks, host resistance, and mortality: A follow-up study of Alameda County residents. *Dissertation Abstracts International, 39* (2-B), 671–672.

Berkman, L. F., Vaccarino, V., Seeman, T. (1993): Gender differences in cardiovascular morbidity and mortality: The contribution of social networks and support. *Annals of Behavioral Medicine, 15* (2–3), 112–118.

Bernard, L. C., Hutchison, S., Lavin, A., Pennington, P. (1996): Ego-strength, hardiness, self-esteem, self-efficacy, optimism, and maladjustment: Health-related personality constructs and the »Big Five« model of personality. *Assessment, 3* (2), 115–131.

Bernas, K. H., Major, D. A. (2000): Contributors to stress resistance: Testing a model of women's work-family conflict. *Psychology of Women Quarterly, 24* (2), 170–178.

Billington, E., Simpson, J., Unwin, J., Bray, D., Giles, D. (2008): Does hope predict adjustment to end-stage renal failure and consequent dialysis? *British Journal of Health Psychology, 13* (4), 683–699.

Bisconti, T. L., Bergeman, C. S., Boker, S. M. (2006): Social support as a predictor of variability: An examination of the adjustment trajectories of recent widows. *Psychology and Aging, 21* (3), 590–599.

Blättner, B. (2007): Das Modell der Salutogenese – Eine Leitorientierung für die berufliche Praxis. *Prävention und Gesundheitsförderung, 2,* 67–73.

Block, J., Kremen, A. M. (1996): IQ and ego-resiliency: Conceptual and empirical connections and separateness. *Journal of Personality and Social Psychology, 70* (2), 349–361.

Block, J. H., Block, J. (1980): The role of ego-control and ego resiliency in the organization of behavior. In: Collins, W. A. (Ed.): *Minnesota symposium on child psychology*, 39–101. Hillsdale, NJ: Erlbaum.

Bock, A. (Hrsg.) (2010): Essays der Gesundheitswissenschaften: Salutogenese in Theorie und Praxis. München: Akademische Verlagsgemeinschaft.

Bolger, N., Amarel, D. (2007): Effects of social support visibility on adjustment to stress: Experimental evidence. *Journal of Personality and Social Psychology, 92* (3), 458–475.

Bolger, N., Zuckerman, A., Kessler, R. C. (2000): Invisible support and adjustment to stress. *Journal of Personality and Social Psychology, 79* (6), 953–961.

Bonanno, G. A. (2004): Loss, trauma, and human resilience: Have we underestimated the human capacity to thrive after extremely aversive events? *American Psychologist, 59* (1), 20–28.

Bonanno, G. A. (2005): Resilience in the face of potential trauma. *Current Directions in Psychological Science, 14* (3), 135–138.

Bonanno, G. A., Colak, D. M., Keltner, D., Shiota, M. N., Papa, A., Noll, J. G. et al. (2007): Context matters: The benefits and costs of expressing positive emotion among survivors of childhood sexual abuse. *Emotion, 7* (4), 824–837.

Bonanno, G. A., Field, N. P. (2001): Examining the delayed grief hypothesis across 5 years of bereavement. *American Behavioral Scientist, 44* (5), 798–816.

Bonanno, G. A., Field, N. P., Kovacevic, A., Kaltman, S. (2002): Self-enhancement as a buffer against extreme adversity: Civil war in Bosnia and traumatic loss in the United States. *Personality and Social Psychology Bulletin, 28* (2), 184–196.

Bonanno, G. A., Galea, S., Bucciarelli, A., Vlahov, D. (2006): Psychological resilience after disaster: New York City in the aftermath of the September 11th terrorist attack. *Psychological Science, 17* (3), 181–186.

Bonanno, G. A., Galea, S., Bucciarelli, A., Vlahov, D. (2007): What predicts psychological resilience after disaster? The role of demographics, resources, and life stress. *Journal of Consulting & Clinical Psychology, 75* (5), 671–682.

Bonanno, G. A., Keltner, D., Holen, A., Horowitz, M. J. (1995): When avoiding unpleasant emotions might not be such a bad thing: Verbal-autonomic response dissociation and midlife conjugal bereavement. *Journal of Personality and Social Psychology, 69* (5), 975–989.

Bonanno, G. A., Moskowitz, J. T., Papa, A., Folkman, S. (2005): Resilience to loss in bereaved spouses, bereaved parents, and bereaved gay men. *Journal of Personality and Social Psychology, 88* (5), 827–843.

Bonanno, G. A., Noll, J. G., Putnam, F. W., O'Neill, M., Trickett, P. K. (2003): Predicting the willingness to disclose childhood sexual abuse from measures of repressive coping and dissociative tendencies. *Child Maltreatment, 8* (4), 302–318.

Bonanno, G. A., Rennicke, C., Dekel, S. (2005): Self-enhancement among high-exposure survivors of the September 11th terrorist attack: Resilience or social maladjustment? *Journal of Personality and Social Psychology, 88* (6), 984–998.

Bonanno, G. A., Wortman, C. B., Lehman, D. R., Tweed, R. G., Haring, M., Sonnega, J. et al. (2002): Resilience to loss and chronic grief: A prospective study from preloss to 18-months postloss. *Journal of Personality and Social Psychology, 83* (5), 1150–1164.

Bonanno, G. A., Wortman, C. B., Nesse, R. M. (2004): Prospective patterns of resilience and maladjustment during widowhood. *Psychology and Aging, 19* (2), 260–271.

Bonanno, G. A., Znoj, H., Siddique, H. I., Horowitz, M. J. (1999): Verbal-autonomic dissociation and adaptation to midlife conjugal loss: A follow-up at 25 months. *Cognitive Therapy and Research, 23* (6), 605–624.

Borja, S. E., Callahan, J. L., Rambo, P. L. (2009): Understanding negative outcomes following traumatic exposure: The roles of neuroticism and social support. *Psychological Trauma: Theory, Research, Practice, and Policy, 1* (2), 118–129.

Bowen, D. J., Morasca, A. A., Meischke, H. (2003): Measures and correlates of resilience. *Women & Health, 38* (2), 65–76.

Bowlby, J. (1988): A secure base: Parent-child attachment and healthy human development: A secure base: Parent-child attachment and healthy human development. New York, NY US: Basic Books.

Bradley, R., Schwartz, A. C., Kaslow, N. J. (2005): Posttraumatic stress disorder symptoms among low-income, african american women with a history of intimate partner violence and suicidal behaviors: Self-esteem, social support, and religious coping. *Journal of Traumatic Stress, 18* (6), 685–696.

Bradshaw, B. G., Richardson, G. E., Kumpfer, K., Carlson, J., Stanchfield, J., Overall, J. et al. (2007): Determining the efficacy of a resiliency training approach in adults with type 2 diabetes. *Diabetes Educator, 33* (4), 650–659.

Braungardt, T., Schindler, N., Vogel, M., Schneider, W. (2011): Förderung der Gesundheit und der psychosozialen Selbstwirksamkeit bei Langzeitarbeitslosen: Wirksamkeit eines manualisierten Gruppenprogramms. *Psychotherapeut, 56* (1), 40–46.

Brewin, C. R., Andrews, B., Valentine, J. D. (2000): Meta-analysis of risk factors for posttraumatic stress disorder in trauma-exposed adults. *Journal of Consulting & Clinical Psychology, 68* (5), 748–766.

Brock, R. L., Lawrence, E. (2009): Too much of a good thing: Underprovision versus overprovision of partner support. *Journal of Family Psychology, 23* (2), 181–192.

Brooks, M. V. (2003): Health-related hardiness and chronic illness: A synthesis of current research. *Nursing Forum, 38* (3), 11–20.

Brunetti, G. J. (2006): Resilience under fire: Perspectives on the work of experienced, inner city high school teachers in the United States. *Teaching and Teacher Education, 22* (7), 812–825.

Bühler, A., Heppekausen, K. (2005): Gesundheitsförderung durch Lebenskompetenzprogramme in Deutschland. Gesundheitsförderung konkret, Band 6. Köln: Bundeszentrale für gesundheitliche Aufklärung.

Burton, N. W., Pakenham, K. I., Brown, W. J. (2009): Evaluating the effectiveness of psychosocial resilience training for heart health, and the added value of promoting physical activity: A cluster randomized trial of the READY program. *BMC Public Health, 427.*

Burton, N. W., Pakenham, K. I., Brown, W. J. (2010): Feasibility and effectiveness of psychosocial resilience training: A pilot study of the READY program. *Psychology, Health & Medicine, 15* (3), 266–277.

Butler, L. D., Koopman, C., Azarow, J., Blasey, C. M., Magdalene, J. C., DiMiceli, S. et al. (2009): Psychosocial predictors of resilience after the September 11, 2001 terrorist attacks. *Journal of Nervous & Mental Disease, 197* (4), 266–273.

Bux, S. M., Coyne, S. M. (2009): The effects of terrorism: The aftermath of the London terror attacks. *Journal of Applied Social Psychology, 39* (12), 2936–2966.

Cacioppo, J. T., Reis, H. T., Zautra, A. J. (2011): Social resilience: The value of social fitness with an application to the military. *American Psychologist, 66* (1), 43–51.

Calhoun, L. G., Tedeschi, R. G. (2006): The foundations of posttraumatic growth: An expanded framework. In: Calhoun, L. G., Tedeschi, R. G. (Eds.): *Handbook of posttraumatic growth: Research & practice*, 1–23. Mahwah: Lawrence Erlbaum.

Callahan, C. D. (2000): Stress, coping, and personality hardiness in patients with temporomandibular disorders. *Rehabilitation Psychology, 45* (1), 38–48.

Callahan, L. F., Pincus, T. (1995): The Sense of Coherence Scale in patients with rheumatoid arthritis. *Arthritis Care & Research, 8* (1), 28–35.

Campos, M. D., Podus, D., Anglin, M. D., Warda, U. (2008): Mental health need and substance abuse problem risk: Acculturation among Latinas as a protective factor among CalWORKs applicants and recipients. *Journal of Ethnicity in Substance Abuse, 7* (3), 268–291.

Carey, P., Seedat, S. (2004): Adjustment to trauma exposure in mountain guides. *Journal of Psychosomatic Research, 57* (4), 337–338.

Carlson, B. E., McNutt, L.-A., Choi, D. Y., Rose, I. M. (2002): Intimate partner abuse and mental health: The role of social support and other protective factors. *Violence Against Women, 8* (6), 720–745.

Carver, C. S., Scheier, M. F. (1990): Principles of self-regulation: Action and emotion. In: Higgins, E. T., Sorrentino, R. M. (Eds.): Handbook of motivation and cognition: Foundations of social behavior, Vol. 2, 3–52. New York: Guilford Press.

Carver, C. S., Scheier, M. F. (2002): The hopeful optimist. *Psychological Inquiry, 13* (4), 288–290.

Carver, C. S., Scheier, M. F., Weintraub, J. K. (1989): Assessing coping strategies: A theoretically based approach. *Journal of Personality and Social Psychology, 56* (2), 267–283.

Casey, G. W. (2011): Comprehensive soldier fitness: A vision for psychological resilience in the U.S. Army. *American Psychologist, 66* (1), 1–3.

Chambers, E., Belicki, K. (1998): Using sleep dysfunction to explore the nature of resilience in adult survivors of childhood abuse or trauma. *Child Abuse & Neglect, 22* (8), 753–758.

Chan, I. W. S., Lai, J. C. L., Wong, K. W. N. (2006): Resilience is associated with better recovery in Chinese people diagnosed with coronary heart disease. *Psychology & Health, 21* (3), 335–349.

Chara, P. J., Jr., Chara, K. A. (2004): PTSD and coping resources among survivors of a kamikaze attack: The role of character strength. *Psychological Reports, 95* (3), 1163–1171.

Charuvastra, A., Cloitre, M. (2008): Social bonds and posttraumatic stress disorder. *Annual Review of Psychology, 59,* 301–328.

Christopher, K. A. (2000): Determinants of psychological well-being in Irish immigrants. *Western Journal of Nursing Research, 22* (2), 123–140.

Cicchetti, D., Cohen, D. J. (Eds.) (2006): Developmental psychopathology: Risk, disorder, and adaptation. Hoboken, NJ: John Wiley.

Clark, P. C. (2002): Effects of individual and family hardiness on caregiver depression and fatigue. *Research in Nursing & Health, 25* (1), 37–48.

Cohen, O., Savaya, R. (2003): Sense of coherence and adjustment to divorce among Muslim Arab citizens of Israel. *European Journal of Personality, 17* (4), 309–326.

Cohen, S., Alper, C. M., Doyle, W. J., Treanor, J. J., Turner, R. B. (2006): Positive emotional style predicts resistance to illness after experimental exposure to rhinovirus or influenza A virus. *Psychosomatic Medicine, 68* (6), 809–815.

Cohn, M. A., Fredrickson, B. L., Brown, S. L., Mikels, J. A., Conway, A. M. (2009): Happiness unpacked: Positive emotions increase life satisfaction by building resilience. *Emotion, 9* (3), 361–368.

Coifman, K. G., Bonanno, G. A., Rafaeli, E. (2007): Affect dynamics, bereavement and resilience to loss. *Journal of Happiness Studies, 8* (3), 371–392.

Coifman, K. G., Bonanno, G. A., Ray, R. D., Gross, J. J. (2007): Does repressive coping promote resilience? Affective-autonomic response discrepancy during bereavement. *Journal of Personality and Social Psychology, 92* (4), 745–758.

Coker, A. L., Weston, R., Creson, D. L., Justice, B., Blakeney, P. (2005): PTSD symptoms among men and women survivors of intimate partner violence: The role of risk and protective factors. *Violence and Victims, 20* (6), 625–643.

Cole, A. S., Lynn, S. J. (2010): Adjustment of sexual assault survivors: Hardiness and acceptance coping in posttraumatic growth. *Imagination, Cognition and Personality, 30* (1), 111–127.

Collins, N. L., Feeney, B. C. (2000): A safe haven: An attachment theory perspective on support seeking and caregiving in intimate relationships. *Journal of Personality and Social Psychology, 78* (6), 1053–1073.

Collishaw, S., Pickles, A., Messer, J., Rutter, M., Shearer, C., Maughan, B. (2007): Resilience to adult psychopathology following childhood maltreatment: Evidence from a community sample. *Child Abuse & Neglect, 31* (3), 211–229.

Colvin, C. R., Block, J., Funder, D. C. (1995): Overly positive self-evaluations and personality: Negative implications for mental health. *Journal of Personality and Social Psychology, 68* (6), 1152–1162.

Condly, S. J. (2006): Resilience in children: A review of literature with implications for education. *Urban Education, 41* (3), 211–236.

Connor, K. M., Davidson, J. R. T. (2003): Development of a new resilience scale: The Connor-Davidson Resilience Scale (CD-RISC). *Depression and Anxiety, 18* (2), 76–82.

Connor, K. M., Davidson, J. R. T., Lee, L. C. (2003): Spirituality, resilience, and anger in survivors of violent trauma: A community survey. *Journal of Traumatic Stress, 16* (5), 487–494.

Corley, C. (2010): Creative expression and resilience among Holocaust survivors. *Journal of Human Behavior in the Social Environment, 20* (4), 542–552.

Cornum, R., Matthews, M. D., Seligman, M. E. P. (2011): Comprehensive Soldier Fitness: Building resilience in a challenging institutional context. *American Psychologist, 66* (1), 4–9.

Costanzo, E. S., Ryff, C. D., Singer, B. H. (2009): Psychosocial adjustment among cancer survivors: Findings from a national survey of health and well-being. *Health Psychology, 28* (2), 147–156.

Crowley, B. J., Hayslip, B., Hobdy, J. (2003): Psychological hardiness and adjustment to life events in adulthood. *Journal of Adult Development, 10* (4), 237–248.

Cutrona, C. E. (1990): Stress and social support: In search of optimal matching. *Journal of Social and Clinical Psychology, 9* (1), 3–14.

Cutrona, C. E., Shaffer, P. A., Wesner, K. A., Gardner, K. A. (2007): Optimally matching support and perceived spousal sensitivity. *Journal of Family Psychology, 21* (4), 754–758.

Danner, G., Radnitz, C. L. (2000): Protective factors and posttraumatic stress disorder in veterans with spinal cord injury. *International Journal of Rehabilitation & Health, 5* (3), 195–203.

David, M., Ceschi, G., Billieux, J., van der Linden, M. (2008): Depressive symptoms after trauma: Is self-esteem a mediating factor? *Journal of Nervous and Mental Disease, 196* (10), 735–742.

Davis, M. C., Luecken, L., Lemery-Chalfant, K. (2009): Resilience in common life: Introduction to the special issue. *Journal of Personality, 77* (6), 1637–1644.

Davis, M. C., Zautra, A. J., Smith, B. W. (2004): Chronic pain, stress, and the dynamics of affective differentiation. *Journal of Personality, 72* (6), 1133–1159.

Davydov, D. M., Stewart, R., Ritchie, K., Chaudieu, I. (2010): Resilience and mental health. *Clinical Psychology Review, 30* (5), 479–495.

Declercq, F., Vanheule, S., Markey, S., Willemsen, J. (2007): Posttraumatic distress in security guards and the various effects of social support. *Journal of Clinical Psychology, 63* (12), 1239–1246.

Dekel, S., Mandl, C., Solomon, Z. (2011): Shared and unique predictors of post-traumatic growth and distress. *Journal of Clinical Psychology, 67* (3), 241–252.

DeLongis, A., Folkman, S., Lazarus, R. S. (1988): The impact of daily stress on health and mood: Psychological and social resources as mediators. *Journal of Personality and Social Psychology, 54* (3), 486–495.

DeMatteo, D., Heilbrun, K., Marczyk, G. (2005): Psychopathy, risk of violence, and protective factors in a noninstitutionalized and noncriminal sample. *The International Journal of Forensic Mental Health, 4* (2), 147–157.

Denhardt, J., Denhardt, R. (2010): Building organizational resilience and adaptive management. In: Reich, J. W., Zautra, A. J., Hall, J. S. (Eds.): Handbook of adult resilience, 333–349. New York: Guilford Press.

deRoon-Cassini, T. A., Mancini, A. D., Rusch, M. D., Bonanno, G. A. (2010): Psychopathology and resilience following traumatic injury: A latent growth mixture model analysis. *Rehabilitation Psychology, 55* (1), 1–11.

DiBartolo, M. C., Soeken, K. L. (2003): Appraisal, coping, hardiness, and self-perceived health in community-dwelling spouse caregivers of persons with Dementia. *Research in Nursing & Health, 26* (6), 445–458.

Diener, E., Diener, M. (1995): Cross-cultural correlates of life satisfaction and self-esteem. *Journal of Personality and Social Psychology, 68* (4), 653–663.

Diener, E., Nickerson, C., Lucas, R. E., Sandvik, E. (2002): Dispositional affect and job outcomes. *Social Indicators Research, 59* (3), 229–259.

Dienstbier, R. A. (1989): Arousal and physiological toughness: Implications for mental and physical health. *Psychological Review, 96* (1), 84–100.

Ditzen, B., Heinrichs, M. (2007): Psychobiologische Mechanismen sozialer Unterstützung: Ein Überblick. *Zeitschrift für Gesundheitspsychologie, 15* (4), 143–157.

Ditzen, B., Hoppmann, C., Klumb, P. (2008): Positive couple interactions and daily cortisol: On the stress-protecting role of intimacy. *Psychosomatic Medicine, 70* (8), 883–889.

Dixon, L., Browne, K., Hamilton-Giachritsis, C. (2009): Patterns of risk and protective factors in the intergenerational cycle of maltreatment. *Journal of Family Violence, 24* (2), 111–122.

Dlugosch, G. E. (1994): Modelle der Gesundheitspsychologie. In: Schwenkmezger, P., Schmidt, L. (Hrsg.): Lehrbuch der Gesundheitspsychologie, 101–117. Stuttgart: Enke.

Dolbier, C. L., Jaggars, S. S., Steinhardt, M. A. (2010): Stress-related growth: Pre-intervention correlates and change following a resilience intervention. *Stress and Health: Journal of the International Society for the Investigation of Stress, 26* (2), 135–147.

Donald, M., Dower, J., Correa-Velez, I., Jones, M. (2006): Risk and protective factors for medically serious suicide attempts: A comparison of hospital-based with population-based samples of young adults. *Australian and New Zealand Journal of Psychiatry, 40* (1), 87–96.

Dörfel, D., Rabe, S., Karl, A. (2008): Coping strategies in daily life as protective and risk factors for post-traumatic stress in motor vehicle accident survivors. *Journal of Loss and Trauma, 13* (5), 422–440.

Dörr, A. (2004): Religiöses Coping als Ressource bei der Bewältigung von Life Events. In: Zwingmann, C., Moosbrugger, H. (Hrsg.): Religiosität: Messverfahren und Studien zu Gesundheit und Lebensbewältigung. Neue Beiträge zur Religionspsychologie, 261–275. Münster: Waxmann.

Dougall, A. L., Ursano, R. J., Posluszny, D. M., Fullerton, C. S., Baum, A. (2001): Predictors of posttraumatic stress among victims of motor vehicle accidents. *Psychosomatic Medicine, 63* (3), 402–411.

Dufour, M. H., Nadeau, L. (2001): Sexual abuse: A comparison between resilient victims and drug-addicted victims. *Violence and Victims, 16* (6), 655–672.

Dumont, C., Gervais, M., Fougeyrollas, P., Bertrand, R. (2004): Toward an explanatory model of social participation for adults with traumatic brain injury. *The Journal of Head Trauma Rehabilitation, 19* (6), 431–444.

Dunkel-Schetter, C., Skokan, L. A. (1990): Determinants of social support provision in personal relationships. *Journal of Social and Personal Relationships, 7* (4), 437–450.

Dunmore, E., Clark, D. M., Ehlers, A. (2001): A prospective investigation of the role of cognitive factors in persistent posttraumatic stress disorder (PTSD) after physical or sexual assault. *Behaviour Research and Therapy, 39* (9), 1063–1084.

Ehlers, A., Clark, D. M. (2000): A cognitive model of posttraumatic stress disorder. *Behaviour Research and Therapy, 38* (4), 319–345.

Eid, J., Morgan, C. A. (2006): Dissociation, hardiness, and performance in military cadets participating in survival training. *Military Medicine, 171* (5), 436–442.

Eidelson, R., Pilisuk, M., Soldz, S. (2011): The dark side of comprehensive soldier fitness. *American Psychologist, 66* (7), 643–644.

Elder, G. H. (1974): Children of the Great Depression: Social Change in Life Experiences. Chicago: University of Chicago Press.

Engel, G. L. (1979): Die Notwendigkeit eines neuen medizinischen Modells: Eine Herausforderung der Biomedizin. In: Keupp, H. (Hg.): Normalität und Abweichung. Fortsetzung einer notwendigen Kontroverse, 63–86. München: Urban und Schwarzenberg.

Eriksson, M., Lindström, B. (2005): Validity of Antonovsky's sense of coherence scale: A systematic review. *Journal of Epidemiology and Community Health, 59* (6), 460–466.

Eriksson, M., Lindström, B. (2006): Antonovsky's sense of coherence scale and the relation with health: A systematic review. *Journal of Epidemiology & Community Health, 60* (5), 376–381.

Eriksson, M., Lindström, B. (2007): Antonovsky's sense of coherence scale and its relation with quality of life: A systematic review. *Journal of Epidemiology & Community Health, 61* (11), 938–944.

Erim, Y., Morawa, E., Atay, H., Tagay, S., Aygün, S., Senf, W. (2009): Traumaerlebnisse, Posttraumatische Belastungsstörung und Kohärenzgefühl bei türkischsprachigen Patienten einer psychosomatischen Universitätsambulanz. *Zeitschrift für Medizinische Psychologie, 18* (3–4), 108–116.

Eschleman, K. J., Bowling, N. A., Alarcon, G. M. (2010): A meta-analytic examination of hardiness. *International Journal of Stress Management, 17* (4), 277–307.

Faltermaier, T. (1994): *Gesundheitsbewußtsein und Gesundheitshandeln*. Weinheim: Beltz.

Faltermaier, T. (2000): Die Salutogenese als Forschungsprogramm und Praxisperspektive: Anmerkungen zu Stand, Problemen und Entwicklungschancen. In: Wydler, H., Kolip, P., Abel, T. (Hrsg.): Salutogenese und Kohärenzgefühl. Grundlagen, Empirie und Praxis eines gesundheitswissenschaftlichen Konzepts, 185–196. Weinheim: Juventa.

Farber, E. W., Schwartz, J. A. J., Schaper, P. E., Moonen, D. J., McDaniel, J. S. (2000): Resilience factors associated with adaptation to HIV disease. *Psychosomatics: Journal of Consultation Liaison Psychiatry, 41* (2), 140–146.

Feder, A., Southwick, S. M., Goetz, R. R., Wang, Y., Alonso, A., Smith, B. W. et al. (2008): Posttraumatic growth in former Vietnam prisoners of war. *Psychiatry: Interpersonal and Biological Processes, 71* (4), 359–370.

Feinauer, L., Hilton, H. G., Callahan, E. H. (2003): Hardiness as a moderator of shame associated with childhood sexual abuse. *American Journal of Family Therapy, 31* (2), 65–78.

Feldman, B. J., Conger, R. D., Burzette, R. G. (2004): Traumatic events, psychiatric disorders, and pathways of risk and resilience during the transition to adulthood. *Research in Human Development, 1* (4), 259–290.

Feldt, T., Kinnunen, U., Maunao, S. (2000): A mediational model of sense of coherence in the work context: A one-year follow-up study. *Journal of Organizational Behavior, 21* (4), 461–476.

Fernquist, R. M. (2004): Does single motherhood protect against Black female suicide? *Archives of Suicide Research, 8* (2), 163–171.

Fikretoglu, D., Brunet, A., Poundja, J., Guay, S., Pedlar, D. (2006): Validation of the Deployment Risk and Resilience Inventory in French-Canadian veterans: Findings on the relation between deployment experiences and postdeployment health. *The Canadian Journal of Psychiatry / La Revue canadienne de psychiatrie, 51* (12), 755–763.

Filipp, S.-H. (1999): A three-stage model of coping with loss and trauma. In: Maercker, A., Schützwohl, M., Solomon, Z. (Eds.): Posttraumatic stress disorder: A lifespan developmental perspective, 43–78. Seattle: Hogrefe und Huber.

Flensborg-Madsen, T., Ventegodt, S., Merrick, J. (2005): Why is Antonovsky's sense of coherence not correlated to physical health? Analysing Antonovsky's 29-item sense of coherence scale (SOC-29). *Scientific world journal, 5*, 767–776.

Folkman, S. (2008): The case for positive emotions in the stress process. *Anxiety, Stress & Coping: An International Journal, 21* (1), 3–14.

Folkman, S. (2010): Stress, coping, and hope. *Psycho-Oncology, 19* (9), 901–908.

Folkman, S., Moskowitz, J. T. (2000): Positive affect and the other side of coping. *American Psychologist, 55* (6), 647–654.

Folkman, S., Moskowitz, J. T. (2004): Coping: Pitfalls and promise. *Annual Review of Psychology, 55*, 745–774.

Forstmeier, S., Kuwert, P., Spitzer, C., Freyberger, H. J., Maercker, A. (2009): Posttraumatic growth, social acknowledgment as survivors, and sense of coherence in former German child soldiers of World War II. *The American Journal of Geriatric Psychiatry, 17* (12), 1030–1039.

Forthofer, M. S., Janz, N. K., Dodge, J. A., Clark, N. M. (2001): Gender differences in the associations self esteem, stress and social support with functional health status among older adults with heart disease. *Journal of Women & Aging, 13* (1), 19–36.

Frain, M. P., Berven, N. L., Chan, F., Tschopp, M. K. (2008): Family resiliency, uncertainty, optimism, and the quality of life of individuals with HIV/AIDS. *Rehabilitation Counseling Bulletin, 52* (1), 16–27.

Franke, A., Elsesser, K., Sitzler, F. (1997): Gesundheit und Abhängigkeit bei Frauen. Eine salutogenetische Verlaufsstudie. Bonn: Bundesministerium für Gesundheit.

Franzkowiak, P., Sabo, P. (1993): Die Entwicklung der Gesundheitsförderung in internationalen und nationalen Dokumenten. In: Franzkowiak, P., Sabo, P. (Hrsg.): Dokumente der Gesundheitsförderung, 11–59. Mainz: Peter Sabo.

Frazier, P., Steward, J., Mortensen, H. (2004): Perceived control and adjustment to trauma: A comparison across events. *Journal of Social and Clinical Psychology, 23* (3), 303–324.

Fredrickson, B. L. (1998): What good are positive emotions? *Review of General Psychology, 2* (3), 300–319.

Fredrickson, B. L., Joiner, T. (2002): Positive emotions trigger upward spirals toward emotional well-being. *Psychological Science, 13* (2), 172–175.

Fredrickson, B. L., Tugade, M. M., Waugh, C. E., Larkin, G. R. (2003): What good are positive emotions in crisis? A prospective study of resilience and emotions following the terrorist attacks on the United States on September 11th, 2001. *Journal of Personality and Social Psychology, 84* (2), 365–376.

Frenz, A. W., Carey, M. P., Jorgensen, R. S. (1993): Psychometric evaluation of Antonovsky's Sense of Coherence Scale. *Psychological Assessment, 5* (2), 145–153.

Friborg, O., Hjemdal, O., Martinussen, M., Rosenvinge, J. H. (2009): Empirical support for resilience as more than the counterpart and absence of vulnerability and symptoms of mental disorder. *Journal of Individual Differences, 30* (3), 138–151.

Friborg, O., Hjemdal, O., Rosenvinge, J. H., Martinussen, M. (2003): A new rating scale for adult resilience: What are the central protective resources behind healthy adjustment? *International Journal of Methods in Psychiatric Research, 12* (2), 65–76.

Friedman, M. J., Keane, T. M., Resick, P. A. (Eds.) (2007): Handbook of PTSD: Science and practice. New York: Guilford Press.

Frommberger, U., Stieglitz, R.-D., Straub, S., Nyberg, E., Schlickewei, W., Kuner, E. et al. (1999): The concept of »sense of coherence« and the development of posttraumatic stress disorder in traffic accident victims. *Journal of Psychosomatic Research, 46* (4), 343–348.

Funk, S. C., Houston, B. K. (1987): A critical analysis of the Hardiness Scale's validity and utility. *Journal of Personality and Social Psychology, 53* (3), 572–578.

Gallagher, T. J., Wagenfeld, M. O., Baro, F., Haepers, K. (1994): Sense of coherence, coping and caregiver role overload. *Social Science & Medicine, 39* (12), 1615–1622.

Gallant, M. P. (2003): The influence of social support on chronic illness self-management: A review and directions for research. *Health Education & Behavior, 30* (2), 170–195.

Gallup Organization (2004): Religion in Europe: Trust not filling the pews (Gallup Organization, Eds.). Internet: http://poll.gallup.com/topics.

Gallup Organization (2005): The Gallup Poll: Religion, Gallup Organization. Internet: http://poll.gallup.com/topics.

Gallup Organization (2010): Religiosity highest in world's poorest nations (Gallup Organization, Eds.). Internet: http://poll.gallup.com/topics.

Garmezy, N., Masten, A. S., Tellegen, A. (1984): The study of stress and competence in children: A building block for developmental psychopathology. *Child Development, 55* (1), 97–111.

Gaugler, J. E., Kane, R. L., Newcomer, R. (2007): Resilience and transitions from dementia caregiving. The Journals of Gerontology: Series B: *Psychological Sciences and Social Sciences, 62B* (1), 38–44.

Gerbershagen, K., Trojan, M., Kuhn, J., Limmroth, V., Bewermeyer, H. (2008): Bedeutung der gesundheitsbezogenen Lebensqualität und Religiosität für die Akzeptanz von chronischen Schmerzen. *Der Schmerz, 22* (5), 586–593.

Gerstein, E. D., Crnic, K. A., Blacher, J., Baker, B. L. (2009): Resilience and the course of daily parenting stress in families of young children with intellectual disabilities. *Journal of Intellectual Disability Research, 53* (12), 981–997.

Geschwind, N., Peeters, F., Jacobs, N., Delespaul, P., Derom, C., Thiery, E. et al. (2010): Meeting risk with resilience: High daily life reward experience preserves mental health. *Acta Psychiatrica Scandinavica, 122* (2), 129–138.

Ghorbani, N., Watson, P. J., Morris, R. J. (2000): Personality, stress and mental health: Evidence of relationships in a sample of Iranian managers. *Personality and Individual Differences, 28* (4), 647–657.

Gillespie, B. M., Chaboyer, W., Wallis, M. (2009): The influence of personal characteristics on the resilience of operating room nurses: A predictor study. *International Journal of Nursing Studies, 46* (7), 968–976.

Gillespie, B. M., Chaboyer, W., Wallis, M., Grimbeek, P. (2007): Resilience in the operating room: Developing and testing of a resilience model. *Journal of Advanced Nursing, 59* (4), 427–438.

Ginzburg, H. M., Bateman, D. J. (2008): New Orleans medical students post-Katrina: An assessment of psychopathology and anticipatory transference of resilience. *Psychiatric Annals, 38* (2), 145–156.

Ginzburg, K., Solomon, Z., Bleich, A. (2002): Repressive coping style, acute stress disorder, and posttraumatic stress disorder after myocardial infarction. *Psychosomatic Medicine, 64* (5), 748–757.

Glock, C. (1962): On the study of religious commitment. *Religious Education, 57* (4), 98–110.

Glymour, M. M., Weuve, J., Fay, M. E., Glass, T., Berkman, L. F. (2008): Social ties and cognitive recovery after stroke: Does social integration promote cognitive resilience? *Neuroepidemiology, 31* (1), 10–20.

Glynn, L. M., Christenfeld, N., Gerin, W. (1999): Gender, social support, and cardiovascular responses to stress. *Psychosomatic Medicine, 61* (2), 234–242.

Gold, P. B., Engdahl, B. E., Eberly, R. E., Blake, R. J., Page, W. F., Frueh, B. C. (2000): Trauma exposure, resilience, social support, and PTSD construct validity among former prisoners of war. *Social Psychiatry and Psychiatric Epidemiology, 35* (1), 36–42.

Gottman, J. M. (1994): What predicts divorce? The relationship between marital processes and marital outcomes. Hillsdale, NJ: Lawrence Erlbaum.

Gottman, J. M., Gottman, J. S., Atkins, C. L. (2011): The Comprehensive Soldier Fitness Program: Family skills component. *American Psychologist, 66* (1), 52–57.

Gray-Stanley, J. A., Muramatsu, N., Heller, T., Hughes, S., Johnson, T. P., Ramirez-Valles, J. (2010): Work stress and depression among direct support professionals: The role of work support and locus of control. *Journal of Intellectual Disability Research, 54* (8), 749–761.

Greene, R. R., Graham, S. A. (2009): Role of resilience among Nazi holocaust survivors: A strength-based paradigm for understanding survivorship. *Family & Community Health: The Journal of Health Promotion & Maintenance, 32* (Suppl. 1), S75.

Griffiths, C. A. (2009): Sense of coherence and mental health rehabilitation. *Clinical Rehabilitation, 23* (1), 72–78.

Grom, B. (2004): Religiosität – psychische Gesundheit – subjektives Wohlbefinden: Ein Forschungsüberblick. In: Zwingmann, C., Moosbrugger, H. (Hrsg.): Religiosität: Messverfahren und Studien zu Gesundheit und Lebensbewältigung. Neue Beiträge zur Religionspsychologie, 187–214. Münster: Waxmann.

Grote, N. K., Bledsoe, S. E., Larkin, J., Lemay, E. P., Brown, C. (2007): Stress exposure and depression in disadvantaged women: The protective effects of optimism and perceived control. *Social Work Research, 31* (1), 19–33.

Grotz, M., Hapke, U., Lampert, T., Baumeister, H. (2011): Health locus of control and health behaviour: Results from a nationally representative survey. *Psychology, Health & Medicine, 16* (2), 129–140.

Guay, S., Billette, V., Marchand, A. (2006): Exploring the links between posttraumatic stress disorder and social support: Processes and potential research avenues. *Journal of Traumatic Stress, 19* (3), 327–338.

Gum, A., Snyder, C. R., Duncan, P. W. (2006): Hopeful thinking, participation, and depressive symptoms three months after stroke. *Psychology & Health, 21* (3), 319–334.

Gupta, S., Bonanno, G. A. (2010): Trait self-enhancement as a buffer against potentially traumatic events: A prospective study. *Psychological Trauma: Theory, Research, Practice, and Policy, 2* (2), 83–92.

Hafen, M. (2007): Mythologie der Gesundheit: Zur Integration von Salutogenese und Pathogenese. Heidelberg: Auer.

Haimes, Y. Y. (2009): On the definition of resilience in systems. *Risk Analysis, 29* (4), 498–501.

Hamama-Raz, Y., Solomon, Z. (2006): Psychological adjustment of melanoma survivors: The contribution of hardiness, attachment, and cognitive appraisal. *Journal of Individual Differences, 27* (3), 172–182.

Harrow, M., Hansford, B. G., Astrachan-Fletcher, E. B. (2009): Locus of control: Relation to schizophrenia, to recovery, and to depression and psychosis – A 15-year longitudinal study. *Psychiatry Research, 168* (3), 186–192.

Hartley, S. M., Vance, D. E., Elliott, T. R., Cuckler, J. M., Berry, J. W. (2008): Hope, self-efficacy, and functional recovery after knee and hip replacement surgery. *Rehabilitation Psychology, 53* (4), 521–529.

Hasson-Ohayon, I., Braun, M., Galinsky, D., Baider, L. (2009): Religiosity and hope: A path for women coping with a diagnosis of breast cancer. *Psychosomatics: Journal of Consultation Liaison Psychiatry, 50* (5), 525–533.

Hatch, S. L., Dohrenwend, B. P. (2007): Distribution of traumatic and other stressful life events by race/ethnicity, gender, SES and age: A review of the research. *American Journal of Community Psychology, 40* (3–4), 313–332.

Hayes, S. C., Luoma, J. B., Bond, F. W., Masuda, A., Lillis, J. (2006): Acceptance and commitment therapy: Model, processes and outcomes. *Behaviour Research and Therapy, 44* (1), 1–25.

Hazan, C., Shaver, P. (1987): Romantic love conceptualized as an attachment process. *Journal of Personality and Social Psychology, 52* (3), 511–524.

Hebert, R. S., Dang, Q., Schulz, R. (2007): Religious beliefs and practices are associated with better mental health in family caregivers of patients with dementia: Findings from the REACH study. *The American Journal of Geriatric Psychiatry, 15* (4), 292–300.

Heim, C., Newport, D. J., Mletzko, T., Miller, A. H., Nemeroff, C. B. (2008): The link between childhood trauma and depression: Insights from HPA axis studies in humans. *Psychoneuroendocrinology, 33* (6), 693–710.

Heinrichs, M., Baumgartner, T., Kirschbaum, C., Ehlert, U. (2003): Social support and oxytocin interact to suppress cortisol and subjective responses to psychosocial stress. *Biological Psychiatry, 54* (12), 1389–1398.

Heinrichs, N., Saßmann, H., Hahlweg, K., Perrez, M. (2002): Prävention kindlicher Verhaltensstörungen. *Psychologische Rundschau, 53* (4), 170–183.

Helgeson, V. S., Reynolds, K. A., Tomich, P. L. (2006): A meta-analytic review of benefit finding and growth. *Journal of Consulting & Clinical Psychology, 74* (5), 797–816.

Hennig-Fast, K., Werner, N. S., Lermer, R., Latscha, K., Meister, F., Reiser, M. et al. (2009): After facing traumatic stress: Brain activation, cognition and stress coping in policemen. *Journal of Psychiatric Research, 43* (14), 1146–1155.

Herth, K. (1991): Development and refinement of an instrument to measure hope. *Scholarly Inquiry for Nursing Practice, 5* (1), 39–51.

Hirsch, J. K., Sirois, F. M., Lyness, J. M. (2011): Functional impairment and depressive symptoms in older adults: Mitigating effects of hope. *British Journal of Health Psychology, 16* (4), 744–760.

Hirt, E. R., Melton, R. J., McDonald, H. E., Harackiewicz, J. M. (1996): Processing goals, task interest, and the mood-performance relationship: A mediational analysis. *Journal of Personality and Social Psychology, 71* (2), 245–261.

Hobfoll, S. E., Canetti-Nisim, D., Johnson, R. J., Palmieri, P. A., Varley, J. D., Galea, S. (2008): The association of exposure, risk, and resiliency factors with PTSD among Jews and Arabs exposed to repeated acts of terrorism in Israel. *Journal of Traumatic Stress, 21* (1), 9–21.

Hobfoll, S. E., Palmieri, P. A., Johnson, R. J., Canetti-Nisim, D., Hall, B. J., Galea, S. (2009): Trajectories of resilience, resistance, and distress during ongoing terrorism: The case of Jews and Arabs in Israel. *Journal of Consulting & Clinical Psychology, 77* (1), 138–148.

Hoffmann, H., Kupper, Z. (2002): Facilitators of psychosocial recovery from schizophrenia. *International Review of Psychiatry, 14* (4), 293–302.

Hogh, A., Mikkelsen, E. G. (2005): Is sense of coherence a mediator or moderator of relationships between violence at work and stress reactions? *Scandinavian Journal of Psychology, 46* (5), 429–437.

Holt-Lunstad, J., Smith, T. B., Layton, J. B. (2010): Social relationships and mortality risk: a meta-analytic review. *PLoS Med, 7* (7), e1000316.

Holtmann, M., Schmidt, M. H. (2004): Resilienz im Kinder- und Jugendalter. *Kindheit und Entwicklung, 13* (4), 195–200.

Horowitz, L. M., Krasnoperova, E. N., Tatar, D. G., Hansen, M. B., Person, E. A., Galvin, K. L. et al. (2001): The way to console may depend on the goal: Experimental studies of social support. *Journal of Experimental Social Psychology, 37* (1), 49–61.

Horton, T. V., Wallander, J. L. (2001): Hope and social support as resilience factors against psychological distress of mothers who care for children with chronic physical conditions. *Rehabilitation Psychology, 46* (4), 382–399.

House, J. S., Umberson, D., Landis, K. R. (1988): Structures and processes of social support. *Annual Review of Sociology, 14,* 293–318.

Howard, S., Johnson, B. (2004): Resilient teachers: Resisting stress and burnout. *Social Psychology of Education, 7* (4), 399–420.

Hoyer, J. (2000): Optimismus und Gesundheit: Überblick, Kritik und Forschungsperspektiven. *Zeitschrift für Gesundheitspsychologie, 8* (3), 111–122.

Hoyt, T., Pasupathi, M., Smith, B. W., Yeater, E. A., Kay, V. S., Tooley, E. (2010): Disclosure of emotional events in groups at risk for posttraumatic stress disorder. *International Journal of Stress Management, 17* (1), 78–95.

Huggins, J. E., Grant, T., O'Malley, K., Streissguth, A. P. (2008): Suicide attempts among adults with fetal alcohol spectrum disorders: Clinical considerations. *Mental Health Aspects of Developmental Disabilities, 11* (2), 33–41.

Hummer, K., Vannatta, J., Thompson, D. (2011): Locus of control and metabolic control of diabetes: A meta-analysis. *The Diabetes Educator, 37* (1), 104–110.

Humphreys, J. (2003): Resilience in sheltered battered women. *Issues in Mental Health Nursing, 24* (2), 137–152.

Hystad, S. W., Eid, J., Brevik, J. I. (2011): Effects of psychological hardiness, job demands, and job control on sickness absence: A prospective study. *Journal of Occupational Health Psychology, 16* (3), 265–278.

Hystad, S. W., Eid, J., Johnsen, B. H., Laberg, J. C., Bartone, P. T. (2010): Psychometric properties of the revised Norwegian Dispositional Resilience (Hardiness) scale. *Scandinavian Journal of Psychology, 51* (3), 237–245.

Isen, A. M. (2000): Positive affect and decision making. In: Lewis, M., Haviland-Jones, J. M (Eds.): *Handbook of emotions*, 417–435. New York, NY US: Guilford Press.

Jackson, W. T., Taylor, R. E., Palmatier, A. D., Elliott, T. R., Elliott, J. L. (1998): Negotiating the reality of visual impairment: Hope, coping, and functional ability. *Journal of Clinical Psychology in Medical Settings, 5* (2), 173–185.

Janke, W., Erdmann, G. (1997): Stressverarbeitungsfragebogen SVF120. Göttingen: Hogrefe.

Janoff-Bulman, R. (2006): Schema-change perspectives on posttraumatic growth. In: Calhoun, L. G., Tedeschi, R. G. (Eds.): Handbook of posttraumatic growth: Research & practice, 81–99. Mahwah: Lawrence Erlbaum.

Jerusalem, M. (1997): Gesundheitspsychologie: Zur Mehrdimensionalität der Salutogenese. In: Seelbach, H., Kugler, J., Neumann, W. (Hrsg.): Von der Krankheit zur Gesundheit, 389–401. Bern: Huber.

Jerusalem, M. (2005): Gesundheitsförderung. In: Schwarzer, R. (Hrsg.): Gesundheitspsychologie (Enzyklopädie der Psychologie, Band 4, 547–563). Göttingen: Hogrefe.

Jerusalem, M., Hessling, J. K. (2009): Mental health promotion in schools by strengthening self-efficacy. *Health Education, 109* (4), 329–341.

Jerusalem, M., Weber, H. (Hrsg.) (2003): Psychologische Gesundheitsförderung: Diagnostik und Prävention. Göttingen: Hogrefe.

Johnson, S. K., Lange, G., Tiersky, L., DeLuca, J., Natelson, B. H. (2001): Health-related personality variables in chronic fatigue syndrome and multiple sclerosis. *Journal of Chronic Fatigue Syndrome, 8* (3–4), 41–52.

Johnston-Brooks, C. H., Lewis, M. A., Garg, S. (2002): Self-efficacy impacts self-care and HbA1c in young adults with Type I diabetes. *Psychosomatic Medicine, 64* (1), 43–51.

Jonzon, E., Lindblad, F. (2006): Risk factors and protective factors in relation to subjective health among adult female victims of child sexual abuse. *Child Abuse & Neglect, 30* (2), 127–143.

Joseph, S., Linley, P. A. (2005): Positive adjustment to threatening events: An organismic valuing theory of growth through adversity. *Review of General Psychology, 9* (3), 262–280.

Joseph, S., Williams, R., Yule, W. (1997): Understanding post-traumatic stress: A psychosocial perspective on PTSD and treatment. Chichester: Wiley-Blackwell.

Jovanovic, A. A., Aleksandric, B. V., Dunjic, D., Todorovic, V. S. (2004): Family hardiness and social support as predictors of post-traumatic stress disorder. *Psychiatry, Psychology and Law, 11* (2), 263–268.

Judkins, S., Rind, R. (2005): Hardiness, job satisfaction, and stress among home health nurses. *Home Health Care Management & Practice, 17* (2), 113–118.

Kalil, A., Born, C. E., Kunz, J., Caudill, P. J. (2001): Life stressors, social support, and depressive symptoms among first-time welfare recipients. *American Journal of Community Psychology, 29* (2), 355–369.

Kalimo, R., Pahkin, K., Mutanen, P. (2002): Work and personal resources as long-term predictors of well-being. *Stress and Health: Journal of the International Society for the Investigation of Stress, 18* (5), 227–234.

Kalimo, R., Pahkin, K., Mutanen, P., Toppinen-Tanner, S. (2003): Staying well or burning out at work: Work characteristics and personal resources as long-term predictors. *Work & Stress, 17* (2), 109–122.

Kallay, É., Miclea, M. (2007): The role of meaning in life in adaptation to life-threatening illness. *Cognitie Creier Comportament, 11* (1), 159–174.

Kaluza, G. (2004): Stressbewältigung: Trainingsmanual zur psychologischen Gesundheitsförderung. Berlin: Springer.

Kaluza, G., Hanke, C., Keller, S., Basler, H.-D. (2002): Salutogene Faktoren bei chronischen Rückenschmerzen: Moderieren soziale Unterstützung, Arbeitszufriedenheit und sportliche Aktivität den Zusammenhang zwischen Arbeitsbelastungen und Rückenschmerzaktivität? *Zeitschrift für Klinische Psychologie und Psychotherapie: Forschung und Praxis, 31* (3), 159–168.

Kaplan, Z., Matar, M. A., Kamin, R., Sadan, T., Cohen, H. (2005): Stress-related responses after 3 years of exposure to terror in Israel: Are ideological-religious factors associated with resilience? *Journal of Clinical Psychiatry, 66* (9), 1146–1154.

Kaslow, N. J., Sherry, A., Bethea, K., Wyckoff, S., Compton, M. T., Grall, M. B. et al. (2005): Social risk and protective factors for suicide attempts in low income African American men and women. *Suicide and Life-Threatening Behavior, 35* (4), 400–412.

Kaslow, N. J., Thompson, M. P., Okun, A., Price, A., Young, S., Bender, M. et al. (2002): Risk and protective factors for suicidal behavior in abused African American women. *Journal of Consulting & Clinical Psychology, 70* (2), 311–319.

Kaspersen, M., Matthiesen, S. B., Götestam, K. G. (2003): Social network as a moderator in the relation between trauma exposure and trauma reaction: A survey among UN soldiers and relief workers. *Scandinavian Journal of Psychology, 44* (5), 415–423.

Katerndahl, D., Burge, S., Kellogg, N. (2005): Predictors of development of adult psychopathology in female victims of childhood sexual abuse. *Journal of Nervous and Mental Disease, 193* (4), 258–264.

Kendell, K., Saxby, B., Farrow, M., Naisby, C. (2001): Psychological factors associated with short-term recovery from total knee replacement. *British Journal of Health Psychology, 6* (1), 41–52.

Kent, M., Davis, M. C. (2010): The emergence of capacity-building programs and models of resilience. In: Reich, J. W., Zautra, A. J., Hall, J. S. (Eds.): Handbook of adult resilience, 427–449. New York: Guilford Press.

Kent, M., Davis, M. C., Stark, S. L., Stewart, L. A. (2011): A resilience-oriented treatment for posttraumatic stress disorder: Results of a preliminary randomized clinical trial. *Journal of Traumatic Stress, 24* (5), 591–595.

Kienle, R., Knoll, N., Renneberg, B. (2006): Soziale Ressourcen und Gesundheit: soziale Unterstützung und dyadisches Bewältigen. In: Renneberg, B., Hammelstein, P. (Hrsg.): Gesundheitspsychologie, 107–122). Heidelberg: Springer.

Killian, K. D. (2008): Helping till it hurts? A multimethod study of compassion fatigue, burnout, and self-care in clinicians working with trauma survivors. *Traumatology, 14* (2), 32–44.

King, D. W., King, L. A., Foy, D. W., Keane, T. M., Fairbank, J. A. (1999): Posttraumatic stress disorder in a national sample of female and male Vietnam veterans: Risk factors, war-zone stressors, and resilience-recovery variables. *Journal of Abnormal Psychology, 108* (1), 164–170.

King, L. A., King, D. W., Fairbank, J. A., Keane, T. M., Adams, G. A. (1998): Resilience – recovery factors in post-traumatic stress disorder among female and male Vietnam veterans: Hardiness, postwar social support, and additional stressful life events. *Journal of Personality and Social Psychology, 74* (2), 420–434.

Kirkcaldy, B. D., Trimpop, R. M., Williams, S. (2002): Occupational stress and health outcome among British and German managers. *Journal of Managerial Psychology, 17* (6), 491–505.

Kirschbaum, C., Klauer, T., Filipp, S.-H., Hellhammer, D. H. (1995): Sex-specific effects of social support on cortisol and subjective responses to acute pychological stress. *Psychosomatic Medicine, 57* (1), 23–31.

Kivimäki, M., Feldt, T., Vahtera, J., Nurmi, J.-E. (2000): Sense of coherence and health: Evidence from two cross-lagged longitudinal samples. *Social Science & Medicine, 50* (4), 583–597.

Kivimäki, M., Vahtera, J., Elovainio, M., Lillrank, B., Kevin, M. V. (2002): Death or illness of a family member, violence, interpersonal conflict, and financial difficulties as predictors of sickness absence: Longitudinal cohort study on psychological and behavioral links. *Psychosomatic Medicine, 64* (5), 817–825.

Klag, S., Bradley, G. (2004): The role of hardiness in stress and illness: An exploration of the effect of negative affectivity and gender. *British Journal of Health Psychology, 9* (2), 137–161.

Klauer, T., Winkeler, M. (2002): Gender, mental health status, and social support during a stressful event. In: Weidner, G., Kopp, M. S., Kristenson, M. (Eds.): Heart disease: Environment, stress and gender, 223–234. Amsterdam: IOS Press.

Klein, C., Albani, C. (2007): Religiosität und psychische Gesundheit. Eine Übersicht über Befunde, Erklärungsansätze und Konsequenzen für die klinische Praxis. *Psychiatrische Praxis, 34* (2), 58–65.

Klohnen, E. C. (1996): Conceptual analysis and measurement of the construct of ego-resiliency. *Journal of Personality and Social Psychology, 70* (5), 1067–1079.

Knappe, S., Pinquart, M. (2009): Tracing criteria of successful aging? Health locus of control and well-being in older patients with internal diseases. *Psychology, Health & Medicine, 14* (2), 201–212.

Knoll, N., Scholz, U., Rieckmann, N. (2011): Soziale Unterstützung und Gesundheit. In: Knoll, N., Scholz, U., Rieckmann, N. (Hrsg.): Einführung in die Gesundheitspsychologie, 2. Aufl., 140–171. Stuttgart: UTB.

Kobasa, S. C. (1979): Stressful life events, personality, and health: An inquiry into hardiness. *Journal of Personality and Social Psychology, 37* (1), 1–11.

Kobasa, S. C., Maddi, S. R., Courington, S. (1981): Personality and constitution as mediators in the stress-illness relationship. *Journal of Health and Social Behavior, 22* (4), 368–378.

Koenen, K. C., Stellman, J. M., Stellman, S. D., Sommer, J. F. (2003): Risk factors for course of posttraumatic stress disorder among vietnam veterans: A 14-year follow-up of American legionnaires. *Journal of Consulting & Clinical Psychology, 71* (6), 980–986.

Koenig, H. G. (2001): Religion and medicine II: Religion, mental health, and related behaviors. *International Journal of Psychiatry in Medicine, 31* (1), 97–109.

Koenig, H. G., McCullough, M. E., Larson, D. B. (2001): Handbook of religion and health: Handbook of religion and health. New York, NY US: Oxford University Press.

Köhlmeier, J., Amann, G. (2006): Helfen Resilienzvariablen bei der Bewältigung von Gewalterfahrung? Die Rolle von Kohärenzgefühl und Selbstkonzept bei misshandelten Frauen. *Verhaltenstherapie und Verhaltensmedizin, 27* (2), 143–156.

Kouvonen, A. M., Väänänen, A., Vahtera, J., Heponiemi, T., Koskinen, A., Cox, S. J. et al. (2010): Sense of coherence and psychiatric morbidity: A 19-year register-based prospective study. *Journal of Epidemiology and Community Health, 64* (3), 255–261.

Krampen, G. (2003): Prävention bei Erwachsenen. In: Jerusalem, M., Weber, H. (Hrsg.): Psychologische Gesundheitsförderung. Diagnostik und Prävention, 419–432. Göttingen: Hogrefe.

Krantz, G., Östergren, P.-O. (2000): The association between violence victimisation and common symptoms in Swedish women. *Journal of Epidemiology and Community Health, 54* (11), 815–821.

Krause, C., Lorenz, R.-F. (2009): Was Kindern Halt gibt: Salutogenese in der Erziehung. Göttingen: Vandenhoeck und Ruprecht.

Kretzmann, J. P. (2010): Asset-based strategies for building resilient communities. In: Reich, J. W., Zautra, A. J., Hall, S. (Eds.): Handbook of adult resilience, 484–495. New York: Guilford Press.

Kumsta, R., Rutter, M., Stevens, S., Sonuga-Barke, E. J. (2010): Risk, causation, mediation, and moderation. *Monographs of the Society for Research in Child Development, 75* (1), 187–211.

Kuwert, P., Spitzer, C., Dudeck, M., Vogel, M., Freyberger, H. J., Ermann, M. (2008): Psychische Beschwerden, interpersonale Probleme, Lebensqualität und Kohärenzgefühl bei ehemaligen deutschen Kriegskindern. *Psychotherapie, Psychosomatik, Medizinische Psychologie, 58* (6), 257–263.

Laireiter, A.-R., Fuchs, M., Pichler, M.-E. (2007): Negative Soziale Unterstützung bei der Bewältigung von Lebensbelastungen. Eine konzeptuelle und empirische Analyse. *Zeitschrift für Gesundheitspsychologie, 15* (2), 43–56.

Lambie, I., Seymour, F., Lee, A., Adams, P. (2002): Resiliency in the victim-offender cycle in male sexual abuse. *Sexual Abuse: Journal of Research and Treatment, 14* (1), 31–48.

Lampl, C., Heuberger, B., Haas, S., Yazdi, K., Buzath, A., Kemetzhofer, P. (2003): Relationship of locus of control in women with migraine and healthy volunteers. *Headache: The Journal of Head and Face Pain, 43* (8), 878–883.

Langens, T. A., Mörth, S. (2003): Repressive coping and the use of passive and active coping strategies. *Personality and Individual Differences, 35* (2), 461–473.
Laucht, M. (1999): Risiko- vs. Schutzfaktor? Kritische Anmerkungen zu einer problematischen Dichotomie. In: Opp, G., Fingerle, M., Freytag, A. (Hrsg.): Was Kinder stärkt. Erziehung zwischen Risiko und Resilienz, 303–314. München.
Laucht, M., Esser, G., Schmidt, M. H. (1999): Was wird aus Risikokindern? Ergebnisse der Mannheimer Längsschnittstudie im Überblick. In: Opp, G., Fingerle, M., Freytag, A. (Hrsg.): Was Kinder stärkt. Erziehung zwischen Risiko und Resilienz, S. 71–93. München.
Layne, C. M., Warren, J. S., Watson, P. J., Shalev, A. Y. (2007): Risk, vulnerability, resistance, and resilience: Toward an integrative conceptualization of posttraumatic adaptation. In: Friedman, M. J., Keane, T. M., Resick, P. A. (Eds.): Handbook of PTSD: Science and practice, 497–520. New York: Guilford Press.
Lazarus, R. S. (1966): Psychological stress and the coping process. New York, NY US: McGraw.
Lazarus, R. S., Folkman, S. (1984): Stress, appraisal and coping. New York: Springer.
Lee, E.-K. O., Shen, C., Tran, T. V. (2009): Coping with Hurricane Katrina: Psychological distress and resilience among African American evacuees. *Journal of Black Psychology, 35* (1), 5–23.
Lee, H.-S., Brown, S. L., Mitchell, M. M., Schiraldi, G. R. (2008): Correlates of resilience in the face of adversity for Korean women immigrating to the US. *Journal of Immigrant and Minority Health, 10* (5), 415–422.
Leifer, M., Kilbane, T., Kalick, S. (2004): Vulnerability or resilience to intergenerational sexual abuse: The role of maternal factors. *Child Maltreatment, 9* (1), 78–91.
Leitch, M. L., Vanslyke, J., Allen, M. (2009): Somatic experiencing treatment with social service workers following Hurricanes Katrina and Rita. *Social Work, 54* (1), 9–18.
Leontopoulou, S. (2006): Resilience of Greek youth at an educational transition point: The role of locus of control and coping strategies as resources. *Social Indicators Research, 76* (1), 95–126.
Lepore, S. F., Evans, G. W. (1996): Coping with multiple stressors in the environment. In: Zeidner, M., Endler, N. S. (Eds.): Handbook of coping: Theory, research, applications, 350–377. Oxford England: John Wiley & Sons.
Lepore, S. F., Revenson, T. A. (2006): Resilience and posttraumatic growth: Recovery, resistance and reconfiguration. In: Calhoun, L. G., Tedeschi, R. G. (Eds.): Handbook of posttraumatic growth: Research & practice, 24–46. Mahwah: Lawrence Erlbaum.
Lepore, S. J. (2001): A social–cognitive processing model of emotional adjustment to cancer. In: Baum, A., Andersen, B. L. (Eds.): Psychosocial interventions for cancer, 99–116. Washington, DC US: American Psychological Association.
Lepore, S. J., Allen, K. M., Evans, G. W. (1993): Social support lowers cardiovascular reactivity to an acute stressor. *Psychosomatic Medicine, 55* (6), 518–524.
Leppin, A., Schwarzer, R. (1997): Sozialer Rückhalt, Krankheit und Gesundheitsverhalten. In: Schwarzer, R. (Hrsg.): Gesundheitspsychologie, 349–373. Göttingen: Hogrefe.
Lerner, C. F., Kennedy, L. T. (2000): Stay-leave decision making in battered women: Trauma, coping and self-efficacy. *Cognitive Therapy and Research, 24* (2), 215–232.
Letzring, T. D., Block, J., Funder, D. C. (2005): Ego-control and ego-resiliency: Generalization of self-report scales based on personality descriptions from acquaintances, clinicians, and the self. *Journal of Research in Personality, 39* (4), 395–422.

Levecque, K., Lodewyckx, I., Bracke, P. (2009): Psychological distress, depression and generalised anxiety in Turkish and Moroccan immigrants in Belgium: A general population study. *Social Psychiatry and Psychiatric Epidemiology, 44* (3), 188–197.

Levine, S. Z., Laufer, A., Stein, E., Hamama-Raz, Y., Solomon, Z. (2009): Examining the relationship between resilience and posttraumatic growth. *Journal of Traumatic Stress, 22* (4), 282–286.

Levy, A. R., Polman, R. C. J., Clough, P. J., Marchant, D. C., Earle, K. (2006): Mental toughness as a determinant of beliefs, pain, and adherence in sport injury rehabilitation. *Journal of Sport Rehabilitation, 15* (3), 246–254.

Lidy, K. M., Kahn, J. H. (2006): Personality as a predictor of first-semester adjustment to college: The mediational role of perceived social support. *Journal of College Counseling, 9* (2), 123–134.

Lindström, B., Eriksson, M. (2005): Salutogenesis. *Journal of Epidemiology & Community Health, 59* (6), 440–442.

Linley, P. A., Joseph, S. (2004): Positive change following trauma and adversity: A review. *Journal of Traumatic Stress, 17* (1), 11–21.

Liossis, P. L., Shochet, I. M., Millear, P. M., Biggs, H. (2009): The Promoting Adult Resilience (PAR) program: The effectiveness of the second, shorter pilot of a workplace prevention program. *Behaviour Change, 26* (2), 97–112.

Littleton, H., Horsley, S., John, S., Nelson, D. V. (2007): Trauma coping strategies and psychological distress: A meta-analysis. *Journal of Traumatic Stress, 20* (6), 977–988.

Lloyd, T., Hastings, R. P. (2009a): Parental locus of control and psychological well-being in mothers of children with intellectual disability. *Journal of Intellectual and Developmental Disability, 34* (2), 104–115.

Lloyd, T. J., Hastings, R. (2009b): Hope as a psychological resilience factor in mothers and fathers of children with intellectual disabilities. *Journal of Intellectual Disability Research, 53* (12), 957–968.

Logan, J. G., Barksdale, D. J. (2008): Allostasis and allostatic load: Expanding the discourse on stress and cardiovascular disease. *Journal of Clinical Nursing, 17* (7b), 201–208.

Lohaus, A. (1992): Kontrollüberzeugungen zu Gesundheit und Krankheit. *Zeitschrift für Klinische Psychologie, 21* (1), 76–87.

Lorenz, R. (2004): Salutogenese: Grundwissen für Psychologen, Mediziner, Gesundheits- und Pflegewissenschaftler. München: Reinhardt.

Lüchau, P. (2004): Report on Surveys of Religion in Europe and the United States, University of Copenhagen. Download unter http://www.ku.dk/satsning/Religion/indhold/publikationer/working_papers/report_surveys_of_religion_in_Europe_and_the_United_States.pdf. Zugriff am 21.12.2011.

Luecken, L. J., Purdom, C. L., Howe, R. (2009): Prenatal care initiation in low-income Hispanic women: Risk and protective factors. *American Journal of Health Behavior, 33* (3), 264–275.

Luszczynska, A. (2004): Change in breast self-examination behavior: Effects of intervention on enhancing self-efficacy. *International Journal of Behavioral Medicine, 11* (2), 95–103.

Luszczynska, A., Benight, C. C., Cieslak, R. (2009): Self-efficacy and health-related outcomes of collective trauma: A systematic review. *European Psychologist, 14* (1), 51–62.

Luszczynska, A., Cieslak, R. (2005): Protective, promotive, and buffering effects of perceived social support in managerial stress: The moderating role of personality. *Anxiety, Stress & Coping: An International Journal, 18* (3), 227–244.

Luthar, S., Cicchetti, D., Becker, B. (2000): The construct of resilience: A critical evaluation and guidelines for future work. *Child Development, 71* (3), 543–562.

Lutz, R., Mark, M. (1995): Wie gesund sind Kranke? Göttingen: VAP.

Lyubomirsky, S., Dickerhoof, R., Boehm, J. K., Sheldon, K. M. (2011): Becoming happier takes both a will and a proper way: An experimental longitudinal intervention to boost well-being. *Emotion, 11* (2), 391–402.

Lyubomirsky, S., King, L., Diener, E. (2005): The benefits of frequent positive affect: Does happiness lead to success? *Psychological Bulletin, 131* (6), 803–855.

Macrodimitris, S. D., Endler, N. S. (2001): Coping, control, and adjustment in type 2 diabetes. *Health Psychology, 20* (3), 208–216.

Maddi, S. R. (2002): The story of hardiness: Twenty years of theorizing, research, and practice. *Consulting Psychology Journal: Practice and Research, 54* (3), 173–185.

Maercker, A. (1998): Posttraumatische Belastungsstörungen: Psychologie der Extrembelastungsfolgen bei Opfern politischer Gewalt. Lengerich: Pabst.

Maercker, A. (2003): Posttraumatische Belastungsstörungen. In: Jerusalem, M., Weber, H. (Hrsg.): Psychologische Gesundheitsförderung. Diagnostik und Prävention, 635–654. Göttingen: Hogrefe.

Maercker, A., Povilonyte, M., Lianova, R., Pöhlmann, K. (2009): Is acknowledgment of trauma a protective factor? The sample case of refugees from Chechnya. *European Psychologist, 14* (3), 249–254.

Maercker, A., Zoellner, T. (2004): The Janus face of self-perceived growth: Toward a two-component model of posttraumatic growth. *Psychological Inquiry, 15* (1), 41–48.

Mallinckrodt, B. (2000): Attachment, social competencies, social support, and interpersonal process in psychotherapy. *Psychotherapy Research, 10* (3), 239–266.

Mallinckrodt, B., Wei, M. (2005): Attachment, social competencies, social support, and psychological distress. *Journal of Counseling Psychology, 52* (3), 358–367.

Malone, K. M., Oquendo, M. A., Haas, G. L., Ellis, S. P., Li, S., Mann, J. J. (2000): Protective factors against suicidal acts in major depression: Reasons for living. *The American Journal of Psychiatry, 157* (7), 1084–1088.

Margalit, M., Kleitman, T. (2006): Mothers' stress, resilience and early intervention. *European Journal of Special Needs Education, 21* (3), 269–283.

Margraf, J., Siegrist, J., Neuner, S. (Hrsg.) (1998): Gesundheits- oder Krankheitstheorie? Saluto- vs. pathogenetische Ansätze im Gesundheitswesen. Berlin: Springer.

Marks, G. N., Fleming, N. (1999): Influences and consequences of well-being among Australian young people: 1980–1995. *Social Indicators Research, 46* (3), 301–323.

Marsal, E. S. (2009): Spirituality as a protective factor against female gang membership. *Journal of Human Behavior in the Social Environment, 19* (3), 231–241.

Marty, M. A., Segal, D. L., Coolidge, F. L. (2010): Relationships among dispositional coping strategies, suicidal ideation, and protective factors against suicide in older adults. *Aging & Mental Health, 14* (8), 1015–1023.

Masten, A. S. (2001a): Ordinary magic. Resilience processes in development. *American Psychologist, 56* (3), 227–238.

Masten, A. S. (2001b): Resilienz in der Entwicklung: Wunder des Alltags. In: Röper, G., von Hagen, C., Noam, G. (Hrsg.): Entwicklung und Risiko. Perspektiven einer Klinischen Entwicklungspsychologie, 192–219. Stuttgart.

Masten, A. S. (2007): Resilience in developing systems: Progress and promise as the fourth wave rises. *Development and Psychopathology, 19* (3), 921–930.

Masten, A. S., Coatsworth, J. D., Neeman, J., Gest, S. D., Tellegen, A., Garmezy, N. (1995): The structure and coherence of competence from childhood through adolescence. *Child Development, 66,* 1635–1659.

Masten, A. S., Obradovic, J. (2008): Disaster preparation and recovery: Lessons from research on resilience in human development. *Ecology and society, 13* (1), 9 [online].

Mathews, L. L., Servaty-Seib, H. L. (2007): Hardiness and grief in a sample of bereaved college students. *Death Studies, 31* (3), 183–204.

McClure, F. H., Chavez, D. V., Agars, M. D., Peacock, M. J., Matosian, A. (2008): Resilience in sexually abused women: Risk and protective factors. *Journal of Family Violence, 23* (2), 81–88.

McLaren, S., Challis, C. (2009): Resilience among men farmers: The protective roles of social support and sense of belonging in the depression-suicidal ideation relation. *Death Studies, 33* (3), 262–276.

McLewin, L. A., Muller, R. T. (2006): Attachment and social support in the prediction of psychopathology among young adults with and without a history of physical maltreatment. *Child Abuse & Neglect, 30* (2), 171–191.

McSherry, W. C., Holm, J. E. (1994): Sense of coherence: Its effects on psychological and physiological processes prior to, during, and after a stressful situation. *Journal of Clinical Psychology, 50* (4), 476–487.

Meadows, L. A., Kaslow, N. J., Thompson, M. P., Jurkovic, G. J. (2005): Protective factors against suicide attempt risk among African American women experiencing intimate partner violence. *American Journal of Community Psychology, 36* (1–2), 109–121.

Mednick, L., Cogen, F., Henderson, C., Rohrbeck, C. A., Kitessa, D., Streisand, R. (2007): Hope more, worry less: Hope as a potential resilience factor in mothers of very young children with type 1 diabetes. *Children's Health Care, 36* (4), 385–396.

Mehnert, A., Rieß, S., Koch, U. (2003): Die Rolle religiöser Glaubensüberzeugungen bei der Krankheitsbewältigung maligner Melanome. *Verhaltenstherapie und Verhaltensmedizin, 24* (2), 147–166.

Metzl, E. S. (2009): The role of creative thinking in resilience after hurricane Katrina. *Psychology of Aesthetics, Creativity, and the Arts, 3* (2), 112–123.

Meyer-Lindenberg, A., Domes, G., Kirsch, P., Heinrichs, M. (2011): Oxytocin and vasopressin in the human brain: Social neuropeptides for translational medicine. *Nature Reviews Neuroscience, 12* (9), 524–538.

Michael, S. T., Snyder, C. R. (2005): Getting unstuck: The roles of hope, finding meaning, and rumination in adjustment to bereavement among college students. *Death Studies, 29* (5), 435–458.

Mikulincer, M., Florian, V. (1996): Coping and adaptation to trauma and loss. In: Zeidner, M. Endler, N. S. (Eds.): Handbook of coping: Theory, research, applications, 554–572. Oxford England: John Wiley & Sons.

Mikulincer, M., Florian, V. (1997): Are emotional and instrumental supportive interactions beneficial in times of stress? The impact of attachment style. *Anxiety, Stress & Coping: An International Journal, 10* (2), 109–127.

Mikulincer, M., Florian, V., Weller, A. (1993): Attachment styles, coping strategies, and posttraumatic psychological distress: The impact of the Gulf War in Israel. *Journal of Personality and Social Psychology, 64* (5), 817–826.

Millear, P., Liossis, P., Shochet, I. M., Biggs, H., Donald, M. (2008): Being on PAR: Outcomes of a pilot trial to improve mental health and wellbeing in the workplace with the Promoting Adult Resilience (PAR) program. *Behaviour Change, 25* (4), 215–228.

Mollica, R. F., Cui, X., McInnes, K., Massagli, M. P. (2002): Science-based policy for psychosocial interventions in refugee camps: A Cambodian example. *Journal of Nervous and Mental Disease, 190* (3), 158–166.

Moorhouse, A., Caltabiano, M. L. (2007): Resilience and unemployment: Exploring risk and protective influences for the outcome variables of depression and assertive job searching. *Journal of Employment Counseling, 44* (3), 115–125.

Moos, R. H., Holahan, C. J. (2003): Dispositional and contextual perspectives on coping: Toward an integrative framework. *Journal of Clinical Psychology, 59* (12), 1387–1403.

Moskowitz, J. T. (2010): Positive affect at the onset of chronic illness: Planting the seeds of resilience. In: Reich, J. W., Zautra, A. J., Hall, J. S. (Eds.): Handbook of adult resilience, 465–483. New York: Guilford Press.

Mund, M., Mitte, K. (2011): The costs of repression: A meta-analysis on the relation between repressive coping and somatic diseases. *Health Psychology* [Epub ahead of print].

Murphy, S. A., Johnson, L. C., Lohan, J. (2003): Finding meaning in a child's violent death: A five-year prospective analysis of parents' personal narratives and empirical data. *Death Studies, 27* (5), 381–404.

Murrell, S. A., Meeks, S., Walker, J. (1991): Protective functions of health and self-esteem against depression in older adults facing illness or bereavement. *Psychology and Aging, 6* (3), 352–360.

Myers, L. B. (2010): The importance of the repressive coping style: Findings from 30 years of research. *Anxiety, Stress & Coping: An International Journal, 23* (1), 3–17.

Myhren, H., Ekeberg, O., Toien, K., Karlsson, S., Stokland, O. (2010): Posttraumatic stress, anxiety and depression symptoms in patients during the first year post intensive care unit discharge. *Critical Care, 14,* R14.

Myin-Germeys, I., Nicolson, N. A., Delespaul, P. A. (2001): The context of delusional experiences in the daily life of patients with schizophrenia. *Psychological Medicine: A Journal of Research in Psychiatry and the Allied Sciences, 31* (3), 489–498.

Nasky, K. M., Hines, N. N., Simmer, E. (2009): The USS Cole bombing: Analysis of pre-existing factors as predictors for development of post-traumatic stress or depressive disorders. *Military Medicine, 174* (7), 689–694.

Natvik, S., Bjorvatn, B., Moen, B. E., Magerøy, N., Sivertsen, B., Pallesen, S. (2011): Personality factors related to shift work tolerance in two- and three-shift workers. *Applied Ergonomics, 42* (5), 719–724.

Nekolaichuk, C. L., Jevne, R. F., Maguire, T. O. (1999): Structuring the meaning of hope in health and illness. *Social Science & Medicine, 48* (5), 591–605.

Nelson, K. M., McFarland, L., Reiber, G. (2007): Factors influencing disease self-management among veterans with diabetes and poor glycemic control. *Journal of General Internal Medicine, 22* (4), 442–447.

Neuner, B., Miller, P., Maulhardt, A., Weiss-Gerlach, E., Neumann, T., Lau, A. et al. (2006): Hazardous alcohol consumption and sense of coherence in emergency department patients with minor trauma. *Drug and Alcohol Dependence, 82* (2), 143–150.

Newman, R. (2003): Providing direction on the Road to Resilience. *Behavioral Health Management, 23* (4), 42–44.

Newman, R. (2005): APA's resilience initiative. *Professional Psychology: Research and Practice, 36* (3), 227–229.

Nielsen, M. B., Matthiesen, S. B., Einarsen, S. (2008): Sense of coherence as a protective mechanism among targets of workplace bullying. *Journal of Occupational Health Psychology, 13* (2), 128–136.

Nilsson, B., Holmgren, L., Stegmayr, B., Westman, G. (2003): Sense of coherence – stability over time and relation to health, disease, and psychosocial changes in a general population: A longitudinal study. *Scandinavian Journal of Public Health, 31* (4), 297–304.

Nishizaka, S. (2002): Kindergarten teachers' mental health: Stress, pre-school teacher efficacy, and hardiness. *Japanese Journal of Educational Psychology, 50* (3), 283–290.

Northouse, L. L., Mood, D., Kershaw, T., Schafenacker, A., Mellon, S., Walker, J. et al. (2002): Quality of life of women with recurrent breast cancer and their family members. *Journal of Clinical Oncology, 20* (19), 4050–4064.

Notter, M. L., MacTavish, K. A., Shamah, D. (2008): Pathways toward resilience among women in rural trailer parks. *Family Relations, 57* (5), 613–624.

O'Dougherty Wright, M., Masten, A. S. (2006): Resilience processes in development. Fostering positive adaptation in the context of adversity. In: Goldstein, S., Brooks, R. B. (Eds.): Handbook of resilience in children, 17–37. New York, NY.

O'Leary, V. E., Alday, C. S., Ickovics, J. R. (1998): Models of life change and posttraumatic growth. In: Tedeschi, R. G., Park, C. L., Calhoun, L. G. (Eds.): Posttraumatic growth: Positive changes in the aftermath of crisis, 127–151. Mahwah: Lawrence Erlbaum.

Olsson, M. B., Hwang, C. P. (2008): Socioeconomic and psychological variables as risk and protective factors for parental well-being in families of children with intellectual disabilities. *Journal of Intellectual Disability Research, 52* (12), 1102–1113.

Ong, A. D., Bergeman, C. S., Bisconti, T. L., Wallace, K. A. (2006): Psychological resilience, positive emotions, and successful adaptation to stress in later life. *Journal of Personality and Social Psychol., 91* (4), 730–749.

Ong, A. D., Edwards, L. M., Bergeman, C. S. (2006): Hope as a source of resilience in later adulthood. *Personality and Individual Differences, 41* (7), 1263–1273.

Oquendo, M. A., Dragatsi, D., Harkavy-Friedman, J., Dervic, K., Currier, D., Burke, A. K. et al. (2005): Protective factors against suicidal behavior in Latinos. *Journal of Nervous and Mental Disease, 193* (7), 438–443.

Orengo, C. A., Wei, S. H., Molinari, V. A., Hale, D. D., Kunik, M. E. (2001): Functioning in rheumatoid arthritis: The role of depression and self-efficacy. *Clinical Gerontologist: The Journal of Aging and Mental Health, 23* (3–4), 45–56.

Ott, C. H., Lueger, R. J., Kelber, S. T., Prigerson, H. G. (2007): Spousal bereavement in older adults: Common, resilient, and chronic grief with defining characteristics. *Journal of Nervous and Mental Disease, 195* (4), 332–341.

Ozer, E. J., Best, S. R., Lipsey, T. L., Weiss, D. S. (2003): Predictors of posttraumatic stress disorder and symptoms in adults: A meta-analysis. *Psychological Bulletin, 129* (1), 52–73.

Palmieri, P. A., Canetti-Nisim, D., Galea, S., Johnson, R. J., Hobfoll, S. E. (2008): The psychological impact of the Israel-Hezbollah war on Jews and Arabs in Israel: The impact of risk and resilience factors. *Social Science & Medicine, 67* (8), 1208–1216.

Pan, J.-Y., Wong, D. F. K., Joubert, L., Chan, C. L. W. (2008): The protective function of meaning of life on life satisfaction among Chinese students in Australia and Hong Kong: A cross-cultural comparative study. *Journal of American College Health, 57* (2), 221–231.

Pargament, K. I. (1997): The psychology of religion and coping: Theory, research, practice. New York: Guilford Press.

Pargament, K. I., Cummings, J. (2010): Anchored by faith: Religion as a resilience factor. In: Reich, J. W., Zautra, A. J., Hall, J. S. (Eds.): Handbook of adult resilience, 193–210. New York: Guilford Press.

Pargament, K. I., Smith, B. W., Koenig, H. G., Perez, L. (1998): Patterns of positive and negative religious coping with major life stressors. *Journal for the Scientific Study of Religion, 37* (4), 710–724.

Park, C. L., Cohen, L. H., Murch, R. L. (1996): Assessment and prediction of stress-related growth. *Journal of Personality, 64* (1), 71–105.

Park, C. L., Folkman, S. (1997): Meaning in the context of stress and coping. *Review of General Psychology, 1* (2), 115–144.

Park, C. L., Folkman, S., Bostrom, A. (2001): Appraisals of controllability and coping in caregivers and HIV+ men: Testing the goodness-of-fit hypothesis. *Journal of Consulting & Clinical Psychology, 69* (3), 481–488.

Parker, H. A., McNally, R. J. (2008): Repressive coping, emotional adjustment, and cognition in people who have lost loved ones to suicide. *Suicide and Life-Threatening Behavior, 38* (6), 676–687.

Paulík, K. (2001): Hardiness, optimism, self-confidence and occupational stress among university teachers. *Studia Psychologica, 43* (2), 91–100.

Payne, Y. A. (2008): »Street life« as a site of resiliency: How street life-oriented Black men frame opportunity in the United States. *Journal of Black Psychology, 34* (1), 3–31.

Pedersen, A. F., Zachariae, R. (2010): Cancer, acute stress disorder, and repressive coping. *Scandinavian Journal of Psychology, 51* (1), 84–91.

Perrez, M., Laireiter, A. R., Baumann, U. (2005): Psychologische Faktoren: Stress und Coping. In: Perrez, M., Baumann, U. (Hrsg.): Lehrbuch Klinische Psychologie – Psychotherapie, 272–304. Bern: Huber.

Perrier, C. P. K., Boucher, R., Etchegary, H., Sadava, S. W., Molnar, D. S. (2010): The overlapping contributions of attachment orientation and social support in predicting life-events distress. *Canadian Journal of Behavioural Science / Revue canadienne des sciences du comportement, 42* (2), 71–79.

Pfefferbaum, B., Pfefferbaum, R. L., Christiansen, E. H., Schorr, J. K., Vincent, R. D., Nixon, S. J. et al. (2006): Comparing stress responses to terrorism in residents of two communities over time. *Brief Treatment and Crisis Intervention, 6* (2), 137–143.

Pham, P. N., Vinck, P., Kinkodi, D. K., Weinstein, H. M. (2010): Sense of coherence and its association with exposure to traumatic events, posttraumatic stress disorder, and depression in eastern Democratic Republic of Congo. *Journal of Traumatic Stress, 23* (3), 313–321.

Pietrzak, R. H., Johnson, D. C., Goldstein, M. B., Malley, J. C., Rivers, A. J., Morgan, C. A. et al. (2010): Psychosocial buffers of traumatic stress, depressive symptoms, and psychosocial difficulties in veterans of operations enduring freedom and Iraqi freedom: The role of resilience, unit support, and postdeployment social support. *Journal of Affective Disorders, 120* (1–3), 188–192.

Pietrzak, R. H., Johnson, D. C., Goldstein, M. B., Malley, J. C., Southwick, S. M. (2009): Psychological resilience and postdeployment social support protect against traumatic stress and depressive symptoms in soldiers returning from operations enduring freedom and Iraqi freedom. *Depression and Anxiety, 26* (8), 745–751.

Pinquart, M., Fröhlich, C. (2009): Psychosocial resources and subjective well-being of cancer patients. *Psychology & Health, 24* (4), 407–421.

Pollock, S. E., Duffy, M. E. (1990): The Health-Related Hardiness Scale: Development and psychometric analysis. *Nursing Research, 39* (4), 218–222.

Powers, A., Ressler, K. J., Bradley, R. G. (2009): The protective role of friendship on the effects of childhood abuse and depression. *Depression and Anxiety, 26* (1), 46–53.

Punamäki, R.-L., Komproe, I., Qouta, S., El-Masri, M., de Jong, J. T. V. M. (2005): The deterioration and mobilization effects of trauma on social support: Childhood maltreatment and adulthood military violence in a Palestinian community sample. *Child Abuse & Neglect, 29* (4), 351–373.

Quale, A. J., Schanke, A.-K. (2010): Resilience in the face of coping with a severe physical injury: A study of trajectories of adjustment in a rehabilitation setting. *Rehabilitation Psychology, 55* (1), 12–22.

Quick, J. C. (2011): Missing: Critical and skeptical perspectives on comprehensive soldier fitness. *American Psychologist, 66* (7).

Ralph, J. A., Mineka, S. (1998): Attributional style and self-esteem; The prediction of emotional distress following a midterm exam. *Journal of Abnormal Psychology, 107* (2), 203–215.

Rand, K. L., Cheavens, J. S. (2009): Hope theory. In: Lopez, S. J., Snyder, C. R. (Eds.): Oxford handbook of positive psychology, 323–333. New York: Oxford University Press.

Regehr, C., Hill, J., Glancy, G. D. (2000): Individual predictors of traumatic reactions in firefighters. *Journal of Nervous & Mental Disease, 188* (6), 333–339.

Regehr, C., Hill, J., Knott, T., Sault, B. (2003): Social support, self-efficacy and trauma in new recruits and experienced firefighters. *Stress and Health: Journal of the International Society for the Investigation of Stress, 19* (4), 189–193.

Reich, J. W., Zautra, A. J., Davis, M. (2003): Dimensions of affect relationships: Models and their integrative implications. *Review of General Psychology, 7* (1), 66–83.

Rena, F., Moshe, S., Abraham, O. (1996): Couples' adjustment ot one partner's disability: The relationship between sense of coherence and adjustment. *Social Science & Medicine, 43* (2), 163–171.

Reschke, K., Schröder, H. (2010): Optimistisch den Stress meistern: Ein Programm für Gesundheitsförderung, Therapie und Rehabilitation. Materialie, Nr. 47. Tübingen: DGVT Deutsche Gesellschaft für Verhaltenstherapie.

Rhodewalt, F., Zone, J. B. (1989): Appraisal of life change, depression, and illness in hardy and nonhardy women. *Journal of Personality and Social Psychology, 56* (1), 81–88.

Richardson, C. G., Ratner, P. A. (2005): Sense of coherence as a moderator of the effects of stressful life events on health. *Journal of Epidemiology and Community Health, 59* (11), 979–984.

Richardson, G. E. (2002): The metatheory of resilience and resiliency. *Journal of Clinical Psychology, 58* (3), 307–321.

Richardson, G. E., Waite, P. J. (2002): Mental health promotion through resilience and resiliency education. *International Journal of Emergency Mental Health, 4* (1), 65–76.

Richardson, J. T. (1995): Clinical and personality assessment of participants in new religions. *International Journal for the Psychology of Religion, 5* (3), 145–170.

Rigby, S. A., Thornton, E. W., Young, C. A. (2008): A randomized group intervention trial to enhance mood and self-efficacy in people with multiple sclerosis. *British Journal of Health Psychology, 13* (4), 619–631.

Robinaugh, D. J., Marques, L., Traeger, L. N., Marks, E. H., Sung, S. C., Gayle Beck, J. et al. (2011): Understanding the relationship of perceived social support to post-trauma cognitions and posttraumatic stress disorder. *Journal of Anxiety Disorders, 25* (8), 1072–1078.

Robinson, T., Marwit, S. J. (2006): An investigation of the relationship of personality, coping, and grief intensity among bereaved mothers. *Death Studies, 30* (7), 677–696.

Röder, B., Jerusalem, M. (2007): Implementationsgrad und Wirkungen eines Programms zur Förderung von Selbstwirksamkeit. *Psychologie in Erziehung und Unterricht, 54* (1), 30–46.

Rosenthal, B. S., Wilson, W. C., Futch, V. A. (2009): Trauma, protection, and distress in late adolescence: A multi-determinant approach. *Adolescence, 44* (176), 693–703.

Ross, L., Holliman, D., Dixon, D. R. (2003): Resiliency in family caregivers: Implications for social work practice. *Journal of Gerontological Social Work, 40* (3), 81–96.

Rossi, N. E., Bisconti, T. L., Bergeman, C. S. (2007): The role of dispositional resilience in regaining life satisfaction after the loss of a spouse. *Death Studies, 31* (10), 863–883.

Rotter, J. B. (1966): Generalized expectancies for internal versus external control of reinforcement. *Psychological Monographs, 80* (609).

Russell, D., Turner, R. J., Joiner, T. E. (2009): Physical disability and suicidal ideation: A community-based study of risk/protective factors for suicidal thoughts. *Suicide and Life-Threatening Behavior, 39* (4), 440–451.

Rutter, M. (1999): Resilience as the millennium Rorschach: Response to Smith and Gorrell Barnes. *Journal of Family Therapy, 21* (2), 159–160.

Rutter, M. (2000): Resilience reconsidered: Conceptual considerations, empirical findings, and policy implications. In: Shonkoff, J. P., Meisels, S. J. (Eds.): Handbook of early childhood intervention, 651–682. New York.

Sabucedo, J. M., Arce, C., Ferraces, M. J., Merino, H., Durán, M. (2009): Psychological impact of the Prestige catastrophe. *International Journal of Clinical and Health Psychology, 9* (1), 105–116.

Sacco, W. P., Wells, K. J., Vaughan, C. A., Friedman, A., Perez, S., Matthew, R. (2005): Depression in adults with type 2 diabetes: The role of adherence, body mass index, and self-efficacy. *Health Psychology, 24* (6), 630–634.

Sack, M., Künsebeck, H.-W., Lamprecht, F. (1997): Kohärenzgefühl und psychosomatischer Behandlungserfolg: Eine empirische Untersuchung zur Salutogenese. *Psychotherapie, Psychosomatik, Medizinische Psychologie, 47* (5), 149–155.

Saltzman, W. R., Lester, P., Beardslee, W. R., Layne, C. M., Woodward, K., Nash, W. P. (2011): Mechanisms of risk and resilience in military families: Theoretical and empirical basis of a family-focused resilience enhancement program. *Clinical Child and Family Psychology Review, 14* (3), 213–230.

Santavirta, N., Björvell, H., Konttinen, Y. T., Solovieva, S., Poussa, M., Santavirta, S. (1996): Sense of coherence and outcome of anteriour low-back fusion: A 5- to 13-year follow-up of 85 patients. *Archives of Orthopaedic and Trauma Surgery, 115* (5), 280–285.

Sarason, I. G., Sarason, B. R., Shearin, E. N. (1986): Social support as an individual difference variable: Its stability, origins, and relational aspects. *Journal of Personality and Social Psychology, 50* (4), 845–855.

Sawyer, A., Ayers, S., Field, A. P. (2010): Posttraumatic growth and adjustment among individuals with cancer or HIV/AIDS: A meta-analysis. *Clinical Psychology Review, 30*, 436–447.

Schaefer, J. A., Moos, R. H. (1992): Life crises and personal growth. In: Carpenter, B. N. (Ed.): Personal coping: Theory, research and application, 149–170. Westport: Praeger.

Scheier, M. F., Carver, C. S. (1985): Optimism, coping and health: Assessment and implications of generalized outcome expectancies. *Health Psychology, 4,* 219–247.

Scheier, M. F., Carver, C. S. (1992): Effects of optimism on psychological and physical well-being: Theoretical overview and empirical update. *Cognitive Therapy and Research, 16* (2), 201–228.

Scheier, M. F., Carver, C. S., Bridges, M. W. (1994): Distinguishing optimism from neuroticism (and trait anxiety, self-mastery, and self-esteem): A reevaluation of the Life Orientation Test. *Journal of Personality and Social Psychology, 67* (6), 1063–1078.

Scheithauer, H., Petermann, F. (1999): Zur Wirkungsweise von Risiko- und Schutzfaktoren in der Entwicklung von Kindern und Jugendlichen. *Kindheit und Entwicklung, 8* (1), 3–14.

Schiffer, E. (2009): Wie Gesundheit entsteht. Salutogenese: Schatzsuche statt Fehlerfahndung. Weinheim: Beltz.

Schiraldi, G. R., Brown, S. L., Jackson, T. K., Jordan, J. B. (2010): Resilience training for functioning adults: Program description and preliminary findings from a pilot investigation. *International Journal of Emergency Mental Health, 12* (2), 117–129.

Schmidt, M., Kravic, N., Ehlert, U. (2008): Adjustment to trauma exposure in refugee, displaced, and non-displaced Bosnian women. *Archives of Women's Mental Health, 11* (4), 269–276.

Schnyder, U., Moergeli, H., Klaghofer, R., Buddeberg, C. (2001): Incidence and prediction of posttraumatic stress disorder symptoms in severely injured accident victims. *American Journal of Psychiatry, 158* (4), 594–599.

Schnyder, U., Wittmann, L., Friedrich-Perez, J., Hepp, U., Moergeli, H. (2008): Posttraumatic stress disorder following accidental injury: Rule or exception in Switzerland? *Psychotherapy and Psychosomatics, 77* (2), 111–118.

Schok, M. L., Kleber, R. J., Lensvelt Mulders, G. J. (2010): A model of resilience and meaning after military deployment: Personal resources in making sense of war and peacekeeping experiences. *Aging & Mental Health, 14* (3), 328–338.

Schokker, M. C., Stuive, I., Bouma, J., Keers, J. C., Links, T. P., Wolffenbuttel, B. H. R. et al. (2010): Support behavior and relationship satisfaction in couples dealing with diabetes: Main and moderating effects. *Journal of Family Psychology, 24* (5), 578–586.

Schüffel, W., Brucks, U., Johnen, R., Köllner, V., Lamprecht, F., Schnyder, U. (Hrsg.) (1998): Handbuch der Salutogenese. Konzept und Praxis. Wiesbaden: Ullstein und Mosby.

Schulz, U., Mohamed, N. E. (2004): Turning the tide: Benefit finding after cancer surgery. *Social Science & Medicine, 59* (3), 653–662.

Schumacher, J., Leppert, K., Gunzelmann, T., Strauß, B., Brähler, E. (2005): Die Resilienzskala – Ein Fragebogen zur Erfassung der psychischen Widerstandsfähigkeit als Personmerkmal. *Zeitschrift für Klinische Psychologie, Psychiatrie und Psychotherapie, 53* (1), 16–39.

Schumann, A., Stein, J. A., Ullman, J. B., John, U., Rumpf, H.-J., Meyer, C. (2008): Patterns and predictors of change in a smoking intervention study: Latent growth analysis of a multivariate outcome model. *Health Psychology, 27,* S233.

Schumm, J. A., Briggs-Phillips, M., Hobfoll, S. E. (2006): Cumulative interpersonal traumas and social support as risk and resiliency factors in predicting PTSD and depression among inner-city women. *Journal of Traumatic Stress, 19* (6), 825–836.

Schwarzer, R. (Ed.) (1992): Self-efficacy: Thought control of action. Washington: Hemisphere Publishing Corp.

Schwarzer, R. (2000): Stress, Angst und Handlungsregulation, 4. Aufl. Stuttgart: Kohlhammer.

Schwarzer, R., Boehmer, S., Luszczynska, A., Mohamed, N. E., Knoll, N. (2005): Dispositional self-efficacy as a personal resource factor in coping after surgery. *Personality and Individual Differences, 39* (4), 807–818.

Schwarzer, R., Hallum, S. (2008): Perceived teacher self-efficacy as a predictor of job stress and burnout: Mediation analyses. *Applied Psychology: An International Review, 57,* 152–171.

Schwarzer, R., Jerusalem, M. (2002): Das Konzept der Selbstwirksamkeit. *Zeitschrift für Pädagogik – Beiheft, 44,* 28–53.

Schwarzer, R., Knoll, N. (2007): Functional roles of social support within the stress and coping process: A theoretical and empirical overview. *International Journal of Psychology, 42* (4), 243–252.

Schwarzer, R., Knoll, N., Rieckmann, N. (2004): Social support. In: Kaptein, A., Weinman, J. (Eds.): Health Psychology, 158–182. Oxford, England: Blackwell.

Schwarzer, R., Renner, B. (2000): Social-cognitive predictors of health behavior: Action self-efficacy and coping self-efficacy. *Health Psychology, 19* (5), 487–495.

Seale, G. S., Berges, I.-M., Ottenbacher, K. J., Ostir, G. V. (2010): Change in positive emotion and recovery of functional status following stroke. *Rehabilitation Psychology, 55* (1), 33–39.

Selander, J., Marnetoft, S.-U., Åsell, M., Selander, U. (2008): Internal locus of control and vocational rehabilitation. *Work: Journal of Prevention, Assessment & Rehabilitation, 30* (2), 149–155.

Seligman, M. E. P. (1990): Learned optimism. New York: Knopf.

Seligman, M. E. P. (2011): Helping American soldiers in time of war: Reply to comments on the comprehensive soldier fitness special issue. *American Psychologist, 66* (7), 646–647.

Seplaki, C. L., Goldman, N., Weinstein, M., Lin, Y.-H. (2006): Before and after the 1999 Chi-Chi earthquake: Traumatic events and depressive symptoms in an older population. *Social Science & Medicine, 62* (12), 3121–3132.

Shin, H. S., Han, H.-R., Kim, M. T. (2007): Predictors of psychological well-being amongst Korean immigrants to the United States: A structured interview survey. *International Journal of Nursing Studies, 44* (3), 415–426.

Shmotkin, D., Shrira, A., Goldberg, S. C., Palgi, Y. (2011): Resilience and vulnerability among aging Holocaust survivors and their families: An intergenerational overview. *Journal of Intergenerational Relationships, 9* (1), 7–21.

Shorey, H. S., Snyder, C. R., Yang, X., Lewin, M. R. (2003): The role of hope as a mediator in recollected parenting, adult attachment, and mental health. *Journal of Social and Clinical Psychology, 22* (6), 685–715.

Shrira, A., Palgi, Y., Ben Ezra, M., Shmotkin, D. (2010): Do Holocaust survivors show increased vulnerability or resilience to post-Holocaust cumulative adversity? *Journal of Traumatic Stress, 23* (3), 367–375.

Silver, R. C., Holman, E. A., McIntosh, D. N., Poulin, M., Gil-Rivas, V. (2002): Nationwide longitudinal study of psychological responses to September 11. *JAMA: Journal of the American Medical Association, 288* (10), 1235–1244.

Sinclair, R. R., Tetrick, L. E. (2000): Implications of item wording for hardiness structure, relation with neuroticism, and stress buffering. *Journal of Research in Personality, 34* (1), 1–25.

Sinclair, V. G., Wallston, K. A. (2004): The development and psychometric evaluation of the brief resilient coping scale. *Assessment, 11* (1), 94–101.

Siu, O.-L., Hui, C. H., Phillips, D. R., Lin, L., Wong, T.-W., Shi, K. (2009): A study of resiliency among Chinese health care workers: Capacity to cope with workplace stress. *Journal of Research in Personality, 43* (5), 770–776.

Slattery, S. M., Goodman, L. A. (2009): Secondary traumatic stress among domestic violence advocates: Workplace risk and protective factors. *Violence Against Women, 15* (11), 1358–1379.

Smeets, T., Giesbrecht, T., Raymaekers, L., Shaw, J., Merckelbach, H. (2010): Autobiographical integration of trauma memories and repressive coping predict post-traumatic stress symptoms in undergraduate students. *Clinical Psychology & Psychotherapy, 17* (3), 211–218.

Smith, B. W., Dalen, J., Wiggins, K., Tooley, E., Christopher, P., Bernard, J. (2008): The Brief Resilience Scale: Assessing the ability to bounce back. *International Journal of Behavioral Medicine, 15* (3), 194–200.

Smith, P. M., Breslin, F. C., Beaton, D. E. (2003): Questioning the stability of sense of coherence: The impact of socio-economic status and working conditions in the Canadian population. *Social Psychiatry and Psychiatric Epidemiology, 38* (9), 475–484.

Snekkevik, H., Anke, A. G. W., Stanghelle, J. K., Fugl-Meyer, A. R. (2003): Is sense of coherence stable after multiple trauma? *Clinical Rehabilitation, 17* (4), 443–453.

Snyder, C. R. (2002): Hope theory: Rainbows in the mind. *Psychological Inquiry, 13* (4), 249–275.

Snyder, C. R., Harris, C., Anderson, J. R., Holleran, S. A., Irving, L. M., Sigmon, S. T. et al. (1991): The will and the ways: Development and validation of an individual-differences measure of hope. *Journal of Personality and Social Psychology, 60* (4), 570–585.

Soet, J. E., Brack, G. A., Dilorio, C. (2003): Prevalence and predictors of women's experience of psychological trauma during childbirth. *Birth: Issues in Perinatal Care, 30* (1), 36–46.

Solcova, I., Kebza, V. (2005): Health protective factors and health protective behaviors of Czech entrepreneurs: Comparison to a population sample. *Studia Psychologica, 47* (1), 17–21.

Solomon, Z., Berger, R. (2005): Coping with the aftermath of terror – resilience of ZAKA body handlers. *Journal of Aggression, Maltreatment & Trauma, 10* (1–2), 593–604.

Solomon, Z., Berger, R., Ginzburg, K. (2007): Resilience of Israeli body handlers: Implications of repressive coping style. *Traumatology, 13* (4), 64–74.

Sommer, I., Ehlert, U. (2004): Adjustment to trauma exposure: Prevalence and predictors of posttraumatic stress disorder symptoms in mountain guides. *Journal of Psychosomatic Research, 57* (4), 329–335.

Sonis, J., Langer, M. (2008): Risk and protective factors for recurrent intimate partner violence in a cohort of low-income inner-city women. *Journal of Family Violence, 23* (7), 529–538.

Sørensen, T., Klungsøyr, O., Kleiner, R., Klepp, O. M. (2011): Social support and sense of coherence: Independent, shared and interaction relationships with life stress and mental health. *The International Journal of Mental Health Promotion, 13* (1), 27–44.

Stanton, A. L., Bower, J. E., Low, C. A. (2006): Posttraumatic growth after cancer. In: Calhoun, L. G., Tedeschi, R. G. (Eds.): Handbook of posttraumatic growth: Research & practice, 138–175. Mahwah: Lawrence Erlbaum.

Stanton, A. L., Kirk, S. B., Cameron, C. L., Danoff-Burg, S. (2000): Coping through emotional approach: scale construction and validation. *Journal of Personality and Social Psychology, 78* (6), 1150–1169.

Stanton, A. L., Sullivan, S. J., Austenfeld, J. L. (2009): Coping through emotional approach: Emerging evidence for the utility of processing and experiencing emotions in responding to stressors. In: Lopez, S. J., Snyder, C. R. (Eds.): Oxford handbook of positive psychology, 225–235). New York: Oxford University Press.

Steensma, H., Den Heijer, M., Stallen, V. (2006): Research note: Effects of resilience training on the reduction of stress and depression among Dutch workers. *International Quarterly of Community Health Education, 27* (2), 145–159.

Steinhardt, M., Dolbier, C. (2008): Evaluation of a resilience intervention to enhance coping strategies and protective factors and decrease symptomatology. *Journal of American College Health, 56* (4), 445–453.

Stevens, M., Higgins, D. J. (2002): The influence of risk and protective factors on burnout experienced by those who work with maltreated children. *Child Abuse Review, 11* (5), 313–331.

Stewart, D. E., Yuen, T. (2011): A systematic review of resilience in the physically ill. *Psychosomatics: Journal of Consultation Liaison Psychiatry, 52* (3), 199–209.

Strand, E. B., Zautra, A. J., Thoresen, M., Ødegård, S., Uhlig, T., Finset, A. (2006): Positive affect as a factor of resilience in the pain-negative affect relationship in patients with rheumatoid arthritis. *Journal of Psychosomatic Research, 60* (5), 477–484.

Strauß, B., Buchheim, A., Kächele, H. (2002): Klinische Bindungsforschung: Theorien, Methoden, Ergebnisse. Stuttgart: Schattauer.

Stroebe, W., Stroebe, M. S. (2005): Verwitwung: Psychosoziale und gesundheitliche Aspekte. In: Schwarzer, R. (Hrsg.): Gesundheitspsychologie (Enzyklopädie der Psychologie, Band 4, 261–279). Göttingen: Hogrefe.

Sumer, N., Karanci, A. N., Berument, S. K., Gunes, H. (2005): Personal resources, coping self-efficacy, and quake exposure as predictors of psychological distress following the 1999 earthquake in Turkey. *Journal of Traumatic Stress, 18* (4), 331–342.

Sutherland, J. A., Cook, L., Stetina, P., Hernandez, C. (2009): Women in substance abuse recovery: Measures of resilience and self-differentiation. *Western Journal of Nursing Research, 31* (7), 905–922.

Svavarsdottir, E. K., McCubbin, M. A., Kane, J. H. (2000): Well-being of parents of young children with asthma. *Research in Nursing & Health, 23* (5), 346–358.

Svavarsdottir, E. K., Rayens, M. K. (2005): Hardiness in families of young children with asthma. *Journal of Advanced Nursing, 50* (4), 381–390.

Svavarsdottir, E. K., Rayens, M. K., McCubbin, M. (2005): Predictors of adaptation in Icelandic and American families of young children with chronic asthma. *Family & Community Health: The Journal of Health Promotion & Maintenance, 28* (4), 338–350.

Taft, C. T., Stern, A. S., King, L. A., King, D. W. (1999): Modeling physical health and functional health status: The role of combat exposure, posttraumatic stress disorder and personal resource attributes. *Journal of Traumatic Stress, 12* (1), 3–23.

Tagay, S., Erim, Y., Brähler, E., Senf, W. (2006): Religiosity and sense of coherence – Protective factors of mental health and well-being? *Zeitschrift für Medizinische Psychologie, 15* (4), 165–171.

Tagay, S., Herpertz, S., Langkafel, M., Senf, W. (2005): Posttraumatic stress disorder in a psychosomatic outpatient clinic: Gender effects, psychosocial functioning, sense of coherence, and service utilization. *Journal of Psychosomatic Research, 58* (5), 439–446.

Tagay, S., Mewes, R., Brähler, E., Senf, W. (2009): Sense of coherence bei Bulimie-Patientinnen: Ein protektiver Faktor für psychische Gesundheit? *Psychiatrische Praxis, 36* (1), 30–34.

Tait, L., Birchwood, M., Trower, P. (2004): Adapting to the challenge of psychosis: Personal resilience and the use of sealing-over (avoidant) coping strategies. *British Journal of Psychiatry, 185* (5), 410–415.

Tarakeshwar, N., Hansen, N. B., Kochman, A., Fox, A., Sikkema, K. J. (2006): Resiliency among individuals with childhood sexual abuse and HIV: Perspectives on addressing sexual trauma. *Journal of Traumatic Stress, 19* (4), 449–460.

Taylor, S. E., Armor, D. A. (1996): Positive illusions and coping with adversity. *Journal of Personality, 64* (4), 873–898.

Taylor, S. E., Kemeny, M. E., Reed, G. M., Bower, J. E., Gruenewald, T. L. (2000): Psychological resources, positive illusions, and health. *American Psychologist, 55* (1), 99–109.

Taylor, S. E., Lerner, J. S., Sherman, D. K., Sage, R. M., McDowell, N. K. (2003): Portrait of the self-enhancer: Well adjusted and well liked or maladjusted and friendless? *Journal of Personality and Social Psychology, 84* (1), 165–176.

Tebes, J. K., Irish, J. T., Vasquez, M. J. P., Perkins, D. V. (2004): Cognitive transformation as a marker of resilience. *Substance Use & Misuse, 39* (5), 769–788.

Tedeschi, R. G., Calhoun, L. G. (2004): Posttraumatic growth: Conceptual foundations and empirical evidence. *Psychological Inquiry, 15* (1), 1–18.

Tedeschi, R. G., McNally, R. J. (2011): Can we facilitate posttraumatic growth in combat veterans? *American Psychologist, 66* (1), 19–24.

Teegen, F., Grotwinkel, M. (2001): Traumatische Erfarhrungen und Posttraumatische Belastungsstörung bei Journalisten – eine internetbasierte Studie. *Psychotherapeut, 46* (3), 169–175.

Todd, J. L., Worell, J. (2000): Resilience in low-income, employed, African American women. *Psychology of Women Quarterly, 24* (2), 119–128.

Tremblay, M., Blanchard, C. M., Pelletier, L. G., Vallerand, R. J. (2006): A dual route in explaining health outcomes in natural disaster. *Journal of Applied Social Psychology, 36* (6), 1502–1522.

Trotter, J. L., Bogat, G. A., Levendosky, A. A. (2004): Risk and protective factors for pregnant women experiencing psychological abuse. *Journal of Emotional Abuse, 4* (2), 53–70.

Tsay, S. L., Halstead, M. T., McCrone, S. (2001): Predictors of coping efficacy, negative moods and post-traumatic stress syndrome following major trauma. *International Journal of Nursing Practice, 7* (2), 74–83.

Tucker, J. S., D'Amico, E. J., Wenzel, S. L., Golinelli, D., Elliott, M. N., Williamson, S. (2005): A prospective study of risk and protective factors for substance use among impoverished women living in temporary shelter settings in Los Angeles County. *Drug and Alcohol Dependence, 80* (1), 35–43.

Tugade, M. M., Fredrickson, B. L. (2004): Resilient individuals use positive emotions to bounce back from negative emotional experiences. *Journal of Personality and Social Psychology, 86* (2), 320–333.

Tugade, M. M., Fredrickson, B. L., Barrett, L. F. (2004): Psychological resilience and positive emotional granularity: Examining the benefits of positive emotions on coping and health. *Journal of Personality, 72* (6), 1161–1190.

Turnipseed, D. L. (1999): An exploratory study of the hardy personality at work in the health care industry. *Psychological Reports, 85* (3), 1199–1217.

Uchino, B. N., Bowen, K., Carlisle, M., Birmingham, W. (2012): Psychological pathways linking social support to health outcomes: a visit with the »ghosts« of research past, present, and future. *Social Science & Medicine, 74* (7), 949–957.

Uchino, B. N., Carlisle, M., Birmingham, W., Vaughn, A. A. (2010): Social support and the reactivity hypothesis: Conceptual issues in examining the efficacy of received support during acute psychological stress. *Biological Psychology, 86* (2), 137–142.

van der Hal-van Raalte, E. A. M., van IJzendoorn, M. H., Bakermans-Kranenburg, M. J. (2008): Sense of coherence moderates late effects of early childhood Holocaust exposure. *Journal of Clinical Psychology, 64* (12), 1352–1367.

van Haaften, E. H., Zhenrong, Y., van de Vijver, F. J. R. (2004): Human resilience in a degrading environment: A case study in China. *Asian Journal of Social Psychology, 7* (2), 205–219.

Vanderwerker, L. C., Prigerson, H. G. (2004): Social support and technological connectedness as protective factors in bereavement. *Journal of Loss and Trauma, 9* (1), 45–57.

Voges, M. A., Romney, D. M. (2003): Risk and resiliency factors in posttraumatic stress disorder. *Annals of General Hospital Psychiatry, 2* (4) [published online].

Vogt, D. S., Tanner, L. R. (2007): Risk and resilience factors for posttraumatic stress symptomatology in Gulf War I veterans. *Journal of Traumatic Stress, 20* (1), 27–38.

Vries, M. de, Soetekouw, P. M., van der Meer, J. W. M., Bleihenberg, G. (2001): Natural course of symptoms in Cambodia veterans: A follow-up study. *Psychological Medicine: A Journal of Research in Psychiatry and the Allied Sciences, 31* (2), 331–338.

Wagner, D., Heinrichs, M., Kerber, U., Wingenfeld, K., Hellhammer, D. H., Ehlert, U. (2001): Wirkfaktoren der Prävention sekundärer posttraumatischer Belastungsstörungen bei Hochrisikopopulationen. In: Maercker, A., Ehlert, U. (Hrsg.): Psychotraumatologie (Jahrbuch der Medizinischen Psychologie, Band 20, 201–225). Göttingen: Hogrefe.

Wagnild, G. M., Young, H. M. (1993): Development and psychometric evaluation of the Resilience Scale. *Journal of Nursing Measurement, 1* (2), 165–178.

Waite, P. J., Richardson, G. E. (2004): Determining the efficacy of resiliency training in the work site. *Journal of Allied Health, 33* (3), 178–183.

Walsh, F. (2006): Strengthening family resilience. New York: Guilford Press.

Watt, N. F., David, J. P., Ladd, K. L., Shamos, S. (1995): The life course of psychological resilience: A phenomenological perspective on deflecting life's slings and arrows. *The Journal of Primary Prevention, 15* (3), 209–246.

Waysman, M., Schwarzwald, J., Solomon, Z. (2001): Hardiness: An examination of its relationship with positive and negative long term changes following trauma. *Journal of Traumatic Stress, 14* (3), 531–548.

Weinberger, D. A., Schwartz, G. E., Davidson, R. J. (1979): Low-anxious, high-anxious, and repressive coping styles: Psychometric patterns and behavioral and physiological responses to stress. *Journal of Abnormal Psychology, 88* (4), 369–380.

Weiss, M. J. (2002): Hardiness and social support as predictors of stress in mothers of typical children, children with autism, and children with mental retardation. *Autism, 6* (1), 115–130.

Werner, E. E. (1993): Risk, resilience and recovery: Perspectives from the Kauai longitudinal study. *Development and Psychopathology, 5,* 503–515.

Werner, E. E. (1996): Vulnerable but invincible: High risk children from birth to adulthood. *European Child & Adolescent Psychiatry, 5* (Suppl. 1), 47–51.

Westphal, M., Seivert, N. H., Bonanno, G. A. (2010): Expressive flexibility. *Emotion, 10* (1), 92–100.

White, N., Richter, J., Koeckeritz, J., Lee, Y. A., Munch, K. L. (2002): A cross-cultural comparison of family resiliency in hemodialysis patients. *Journal of Transcultural Nursing, 13* (3), 218–227.

Wiedebusch, S., McCubbin, M. A., Muthny, F. A. (2007): Der Family Hardiness Index in deutscher Adaptation (FHI-D) – ein Fragebogen zur Erhebung familiärer Resilienz. *Prävention und Rehabilitation, 19* (2), 74–80.

Wilks, S. E., Croom, B. (2008): Perceived stress and resilience in Alzheimer's disease caregivers: Testing moderation and mediation models of social support. *Aging & Mental Health, 12* (3), 357–365.

Williams, K., Francis, S. E. (2010): Parentification and psychological adjustment: Locus of control as a moderating variable. *Contemporary Family Therapy: An International Journal, 32* (3), 231–237.

Winkeler, M., Filipp, S.-H., Aymanns, P. (2006): Direct and indirect strategies of mobilization as determinants of social support provided for cancer patients. *Journal of Applied Social Psychology, 36* (1), 248–267.

Winter, U., Hauri, D., Huber, S., Jenewein, J., Schnyder, U., Kraemer, B. (2009): The psychological outcome of religious coping with stressful life events in a Swiss sample of church attendees. *Psychotherapy & Psychosomatics, 78* (4), 240–244.

Wolff, A. C., Ratner, P. A. (1999): Stress, social support, and sense of coherence. *Western Journal of Nursing Research, 21* (2), 182–197.

World Health Organization (1948): Präambel zur Satzung. Genf: WHO.

World Health Organization (1978): Declaration of Alma-Ata. Alma-Ata: WHO.

World Health Organization (1986): Ottawa-charta for health promotion. Ottawa: WHO.

World Health Organization (1994): Life skills education in schools. Genf: WHO.

Wortman, C. B. (2004): Posttraumatic growth: Progress and problems. *Psychological Inquiry, 15* (1), 90.

Wortman, C. B., Silver, R. C. (1989): The myths of coping with loss. *Journal of Consulting & Clinical Psychology, 57* (3), 349–357.

Wright, L. J., Zautra, A. J., Going, S. (2008): Adaptation to early knee osteoarthritis: The role of risk, resilience, and disease severity on pain and physical functioning. *Annals of Behavioral Medicine, 36* (1), 70–80.

Wright, M. O., Fopma-Loy, J., Fischer, S. (2005): Multidimensional assessment of resilience in mothers who are child sexual abuse survivors. *Child Abuse & Neglect, 29* (10), 1173–1193.

Wu, S. V., Liang, S., Wang, T., Chen, M., Jian, Y., Cheng, K. (2011): A self-management intervention to improve quality of life and psychosocial impact for people with type 2 diabetes. *Journal of Clinical Nursing, 20* (17–18), 2655–2665.

Wydler, H., Kolip, P., Abel, T. (Hrsg.) (2000): Salutogenese und Kohärenzgefühl: Grundlagen, Empirie und Praxis eines gesundheitswissenschaftlichen Konzepts. Weinheim: Juventa.

Yalom, I. D., Lieberman, M. A. (1991): Bereavement and heightened existential awareness. *Psychiatry: Interpersonal and Biological Processes, 54* (4), 334–345.

Yi, J. P., Vitaliano, P. P., Smith, R. E., Yi, J. C., Weinger, K. (2008): The role of resilience on psychological adjustment and physical health in patients with diabetes. *British Journal of Health Psychology, 13* (2), 311–325.

Yi-Frazier, J. P., Smith, R. E., Vitaliano, P. P., Yi, J. C., Mai, S., Hillman, M. et al. (2010): A person-focused analysis of resilience resources and coping in patients with diabetes. *Stress and Health: Journal of the International Society for the Investigation of Stress, 26* (1), 51–60.

Zakin, G., Solomon, Z., Neria, Y. (2003): Hardiness, attachment style, and long term psychological distress among Israeli POWs and combat veterans. *Personality and Individual Differences, 34* (5), 819–829.

Zauszniewski, J. A., Bekhet, A. K., Suresky, M. J. (2009): Effects on resilience of women family caregivers of adults with serious mental illness: The role of positive cognitions. *Archives of Psychiatric Nursing, 23* (6), 412–422.

Zautra, A. J., Hall, J. S., Murray, K. E. (2008): Resilience: A new integrative approach to health and mental health research. *Health Psychology Review, 2* (1), 41–64.

Zautra, A. J., Hall, J. S., Murray, K. E. (2010): Resilience: A new definition of health for people and communities. In: Reich, J. W., Zautra, A. J., Hall, J. S. (Eds.): Handbook of adult resilience, 3–29. New York: Guilford Press.

Zautra, A. J., Johnson, L. M., Davis, M. C. (2005): Positive affect as a source of resilience for women in chronic pain. *Journal of Consulting & Clinical Psychology, 73* (2), 212–220.

Zautra, A., Smith, B., Affleck, G., Tennen, H. (2001): Examinations of chronic pain and affect relationships: Applications of a dynamic model of affect. *Journal of Consulting & Clinical Psychology, 69* (5), 786–795.

Zeigler-Hill, V. (2011): The connections between self-esteem and psychopathology. *Journal of Contemporary Psychotherapy, 41* (3), 157–164.

Znoj, H., Morgenthaler, C., Zwingmann, C. (2004): Mehr als nur Bewältigen? Religiosität, Stressreaktionen und Coping bei elterlicher Depressivität nach dem Verlust eines Kindes. In: Zwingmann, C., Moosbrugger, H. (Hrsg.): Religiosität: Messverfahren und Studien zu Gesundheit und Lebensbewältigung. Neue Beiträge zur Religionspsychologie, 277–297. Münster: Waxmann.

Zoellner, L. A., Foa, E. B., Brigidi, B. D. (1999): Interpersonal friction and PTSD in female victims of sexual and nonsexual assault. *Journal of Traumatic Stress, 12* (4), 689–700.

Zoellner, T., Maercker, A. (2006): Posttraumatic growth in clinical psychology: A critical review and introduction of a two component model. *Clinical Psychology Review, 26* (5), 626–653.

Zöllner, T., Calhoun, L. G., Tedeschi, R. G. (2006): Trauma und persönliches Wachstum. In: Maercker, A., Rosner, R. (Hrsg.): Psychotherapie der posttraumatischen Belastungsstörung, 36–45. Stuttgart.

Zwingmann, C. (2004): Spiritualität/Religiosität und das Konzept der gesundheitsbezogenen Lebensqualität: Definitionsansätze, empirische Evidenz, Operationalisierungen. In: Zwingmann, C., Moosbrugger, H. (Hrsg.): Religiosität: Messverfahren und Studien zu Gesundheit und Lebensbewältigung. Neue Beiträge zur Religionspsychologie, 215–237. Münster: Waxmann.

Zwingmann, C., Müller, C., Körber, J., Murken, S. (2008): Religious commitment, religious coping and anxiety: A study in German patients with breast cancer. *European Journal of Cancer Care, 17* (4), 361–370.

Zwingmann, C., Wirtz, M., Müller, C., Körber, J., Murken, S. (2006): Positive and negative religious coping in german breast cancer patients. *Journal of Behavioral Medicine, 29* (6), 533–547.

Fachheftreihe »Forschung und Praxis der Gesundheitsförderung«

Band 3: Gesundheit von Kindern – Epidemiologische Grundlagen. Eine Expertentagung der BZgA. Bestellnr.: 60603000

Band 4: Prävention durch Angst? – Stand der Furchtappellforschung. Eine Expertise von Jürgen Barth und Jürgen Bengel im Auftrag der BZgA. Bestellnr.: 60604000

Band 5: Prävention des Ecstasykonsums – Empirische Forschungsergebnisse und Leitlinien. Dokumentation eines Statusseminars der BZgA vom 15. bis 17. September 1997 in Bad Honnef. Bestellnr.: 60605000

Band 6: Was erhält Menschen gesund? – Antonovskys Modell der Salutogenese – Diskussionsstand und Stellenwert. Eine Expertise von Jürgen Bengel, Regine Strittmatter und Hildegard Willmann im Auftrag der BZgA. Bestellnr.: 60606000

Band 7: Starke Kinder brauchen starke Eltern – Familienbezogene Suchtprävention – Konzepte und Praxisbeispiele. Bestellnr.: 60607000

Band 8: Evaluation – ein Instrument zur Qualitätssicherung in der Gesundheitsförderung – Eine Expertise. Von Gerhard Christiansen, BZgA, im Auftrag der Europäischen Kommission. Bestellnr.: 60608000

Band 9: Die Herausforderung annehmen – Aufklärungsarbeit zur Organspende im europäischen Vergleich. Eine Expertise im Auftrag der BZgA und Ergebnisse eines internationalen Expertenworkshops vom 2. bis 3. November 1998 in Bonn. Bestellnr.: 60609000

Band 10: Bürgerbeteiligung im Gesundheitswesen – Eine länderübergreifende Herausforderung. Dokumentation einer internationalen Tagung der Fakultät für Gesundheitswissenschaften der Universität Bielefeld in Zusammenarbeit mit dem WHO-Regionalbüro für Europa vom 4. bis 5. Febrauar 1999 in Bonn. Von Bernhard Badura und Henner Schellschmidt. Bestellnr.: 60610000

Band 11: Schutz oder Risiko? – Familienumwelten im Spiegel der Kommunikation zwischen Eltern und ihren Kindern. Eine Studie von Catarina Eickhoff und Jürgen Zinnecker im Auftrag der BZgA. Bestellnr.: 60611000

Band 12: Suchtprävention im Sportverein – Erfahrungen, Möglichkeiten und Perspektiven für die Zukunft. Dokumentation einer Fachtagung der BZgA vom 20. bis 22. März 2000. Bestellnr.: 60612000

Band 13: Der Organspendeprozess: Ursachen des Organmangels und mögliche Lösungsansätze – Inhaltliche und methodenkritische Analyse vorliegender Studien. Von Stefan M. Gold, Karl-Heinz Schulz und Uwe Koch im Auftrag der BZgA. Bestellnr.: 60613000

Band 14: Ecstasy – »Einbahnstraße« in die Abhängigkeit? – Drogenkonsummuster in der Techno-Party-Szene und deren Veränderung in längsschnittlicher Perspektive. Eine empirische Untersuchung von H. Peter Tossmann, Susan Boldt und Marc-Dennan Tensil im Auftrag der BZgA. Bestellnr.: 60614000

Band 15: Qualitätsmanagement in Gesundheitsförderung und Prävention – Grundsätze, Methoden und Anforderungen. Bestellnr.: 60615000

Band 16: »Früh übt sich ...« Gesundheitsförderung im Kindergarten – Impulse, Aspekte und Praxismodelle. Dokumentation einer Fachtagung der BZgA vom 14. bis 15. Juni 2000 in Bad Honnef. Bestellnr.: 60616000

Band 17: Alkohol in der Schwangerschaft – Ein kritisches Resümee. Bestellnr.: 60617000

Band 18: Kommunikationsstrategien zur Raucherentwöhnung – Ein Überblick über die wissenschaftliche Literatur zu diesem Thema. Bestellnr.: 60618000

Band 19: Drogenkonsum in der Partyszene – Entwicklungen und aktueller Kenntnisstand. Bestellnr.: 60619000

Band 20: Das Ernährungsverhalten Jugendlicher im Kontext ihrer Lebensstile – Eine empirische Studie. Von Jürgen Gerhards und Jörg Rössel im Auftrag der BZgA. Bestellnr.: 60620000

Band 21: Suchtprävention im Kinder- und Jugendsport – Theoretische Einordnung und Evaluation der Qualifizierungsinitiative »Kinder stark machen«. Eine Expertise von Prof. Dr. Klaus-Peter Brinkhoff und Uwe Gomolinsky im Auftrag der BZgA. Bestellnr.: 60621000

Band 22: Gesundheitsförderung für sozial Benachteiligte – Aufbau einer Internetplattform zur Stärkung der Vernetzung der Akteure. Von Frank Lehmann, Monika Meyer-Nürnberger u.a. Bestellnr.: 60622000

Band 23: Illegale Drogen in populären Spielfilmen – Eine kommentierte Übersicht über Spielfilme zum Thema illegale Drogen ab 1995, mit ergänzenden Handlungsempfehlungen für den Einsatz von Spielfilmen im Rahmen der Suchtprävention. Von Sabine Goette und Renate Röllecke. Bestellnr.: 60623000

Band 24: Suchtprävention in der Bundesrepublik Deutschland – Grundlagen und Konzeption. Von Bettina Schmidt. Bestellnr.: 60624000

Band 25: Determinanten des Inanspruchnahmeverhaltens präventiver und kurativer Leistungen im Gesundheitsbereich durch Kinder und Jugendliche – Forschungsstand, Interventionen, Empfehlungen. Von Anja Meurer und J. Siegrist. Bestellnr.: 60625000

Band 26: Qualitätszirkel in der Gesundheitsförderung und Prävention. Von Ottomar Bahrs, Björn Jung, Marina Nave und Ulrike Schmidt. Bestellnr.: 60626000

Band 28: MOVE – Motivierende Kurzintervention bei konsumierenden Jugendlichen – Evaluationsergebnisse des Fortbildungsmanuals sowie der ersten Implementierungsphase. Von Kordula Marzinzik und Angelika Fiedler. Bestellnr.: 60628000

Band 29: Expertise zur Prävention des Substanzmissbrauchs. Von Anneke Bühler und Christoph Kröger. Bestellnr.: 60629000

Band 30: Jugendesskultur: Bedeutungen des Essens für Jugendliche im Kontext Familie und Peergroup. Von Silke Bartsch. Bestellnr.: 60630000

Band 31: Neue Wege in der Prävention des Drogenkonsums – Onlineberatung am Beispiel von drugcom.de. Von Peter Tossmann. Bestellnr.: 60631000

Band 32: drugcom.de – Modellhafte Suchtprävention im Internet. Jahres- und Evaluationsbericht 2005. Von Marc-Dennan Tensil, Benjamin Jonas und Dr. Peter Tossmann. Bestellnr.: 60632000

Band 33: Seniorenbezogene Gesundheitsförderung und Prävention auf kommunaler Ebene – eine Bestandsaufnahme. Von Beate Hollbach-Grömig und Antje Seidel-Schulze. Bestellnr.: 60633000

Band 34: Expertise zum Stand der Prävention/Frühintervention in der frühen Kindheit in Deutschland. Von Manfred Cierpka, Michael Stasch, Sarah Groß. Bestellnr.: 60634000

Band 35: Schutzfaktoren bei Kindern und Jugendlichen – Stand der Forschung zu psychosozialen Schutzfaktoren für Gesundheit. Von Jürgen Bengel, Frauke Meinders-Lücking und Nina Rottmann. Bestellnr.: 60635000

Band 36: Zum Zusammenhang von Nachbarschaft und Gesundheit. Von Antje Richter und Marcus Wächter. Bestellnr.: 60636000

Band 37: Prävention im Fokus unterschiedlicher Perspektiven – Werkstattgespräche der BZgA mit Hochschulen. Bestellnr.: 60637000

Band 38: Die Jungen Alten – Expertise zur Lebenslage von Menschen im Alter zwischen 55 und 65 Jahren. Bestellnr.: 60638000

Band 39: Die Rolle der Selbstwirksamkeit und Achtsamkeit bei der Gesundheitsförderung von sozial benachteiligten Menschen – Eine Projektdokumentation. Bestellnr.: 60639000

Band 40: Aufklärung zur Organ- und Gewebespende in Deutschland: Neue Wege in der Gesundheitskommunikation. Bestellnr.: 60640000

Band 41: Gesund aufwachsen in Kita, Schule, Familie und Quartier. Nutzen und Praxis verhaltens- und verhältnisbezogener Prävention – KNP-Tagung am 18. und 19. Mai 2011 in Bonn. Bestellnr.: 60641000

Ausführliche Informationen zu dieser Fachheftreihe sowie zu anderen Schriftenreihen der BZgA finden sich im Internet unter www.bzga.de im Verzeichnis »Fachpublikationen«.
Alle bisher erschienenen Fachhefte stehen unter dieser Adresse auch vollständig als PDF-Datei zum Herunterladen zur Verfügung.